일러스트레이터 김용오의 인도 방황기

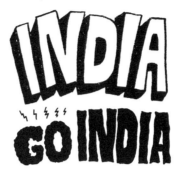

인디아 GO! 인디아

인디아 GO! 인디아

2013년 11월 25일 초판 발행

글·그림   김용오

발행인   전용훈
편 집   장옥희
디자인   김선경

발행처   1984
        등록번호 제313-2012-44호
        주소 서울시 마포구 동교동 158-24 혜원빌딩 1층
        전화 02-325-1984
        팩스 0303-3445-1984
        홈페이지 www.re1984.com
        이메일 master@re1984.com

ISBN   979-11-85042-08-4 03950

인
도

방
황
기

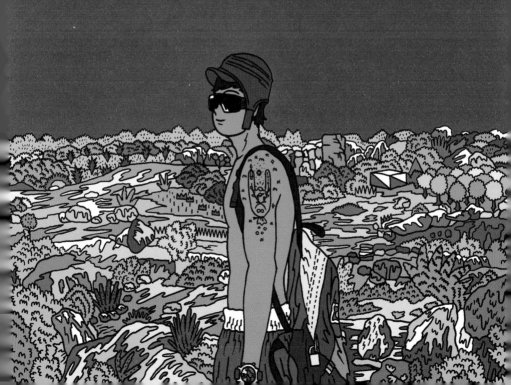

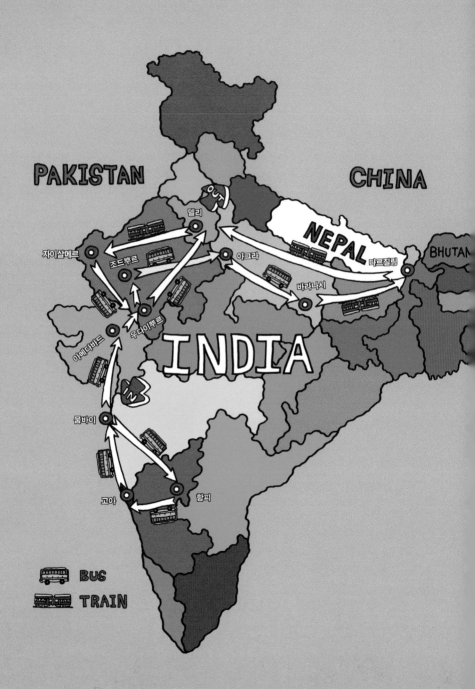

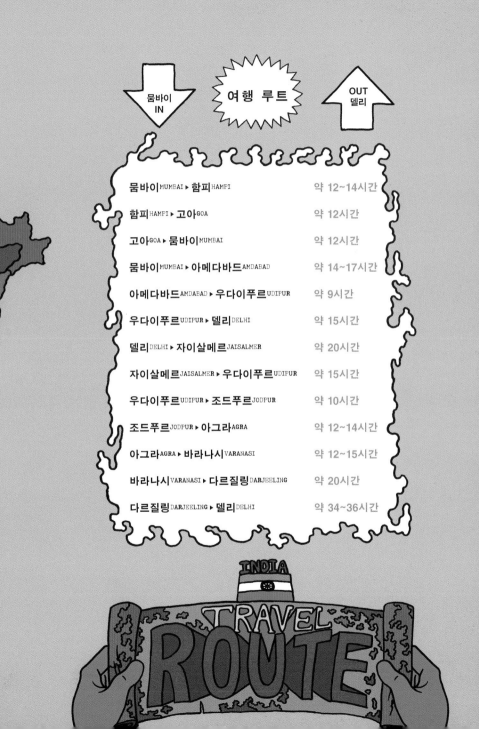

여 행 루 트

뭄바이 IN

OUT 델리

뭄바이MUMBAI ▶ 함피HAMPI	약 12~14시간
함피HAMPI ▶ 고아GOA	약 12시간
고아GOA ▶ 뭄바이MUMBAI	약 12시간
뭄바이MUMBAI ▶ 아메다바드AMDABAD	약 14~17시간
아메다바드AMDABAD ▶ 우다이푸르UDIPUR	약 9시간
우다이푸르UDIPUR ▶ 델리DELHI	약 15시간
델리DELHI ▶ 자이살메르JAISALMER	약 20시간
자이살메르JAISALMER ▶ 우다이푸르UDIPUR	약 15시간
우다이푸르UDIPUR ▶ 조드푸르JODPUR	약 10시간
조드푸르JODPUR ▶ 아그라AGRA	약 12~14시간
아그라AGRA ▶ 바라나시VARANASI	약 12~15시간
바라나시VARANASI ▶ 다르질링DARJEELING	약 20시간
다르질링DARJEELING ▶ 델리DELHI	약 34~36시간

INDIA

TRAVEL
ROUTE

인 도 여 행 의 시 작

차창 밖 칠흑 같은 어둠 속에 몇 시간째 똑같은 풍경만 반복되
고 있었다. 그저 이곳이 드넓은 인도 대륙의 '어딘가'라는 생각
이 들면서 생전 처음 느껴보는 불안과 낯섦이 나를 휘감았다. 지
금 내게 남아 있는 유일한 벗인 휴대용 MP3마저 이미 수명을 다
한 뒤였다. 걱정을 떨쳐보려고 버스를 타기 직전 구입한 담배를
꺼내 불을 붙여본다. 버스 안이지만 사방이 단절되어 있는 나만
의 침대칸이므로 담배를 피워도 된다. 이 와중에 이런 낭만이라
도 없으면 어쩌리.

나는 2주 전쯤 남인도 뭄바이와 함피Hampi라는 도시를
거쳐 '인도 최대의 해변가', '히피들의 성지'라는 고아Goa에서 나
의 24번째 크리스마스를 보내리라 계획했었다.

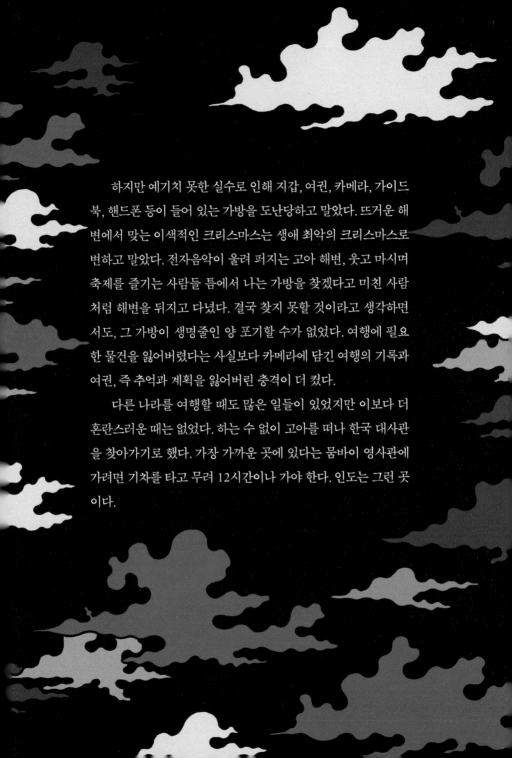

하지만 예기치 못한 실수로 인해 지갑, 여권, 카메라, 가이드 북, 핸드폰 등이 들어 있는 가방을 도난당하고 말았다. 뜨거운 해변에서 맞는 이색적인 크리스마스는 생애 최악의 크리스마스로 변하고 말았다. 전자음악이 울려 퍼지는 고아 해변, 웃고 마시며 축제를 즐기는 사람들 틈에서 나는 가방을 찾겠다고 미친 사람처럼 해변을 뒤지고 다녔다. 결국 찾지 못할 것이라고 생각하면서도, 그 가방이 생명줄인 양 포기할 수가 없었다. 여행에 필요한 물건을 잃어버렸다는 사실보다 카메라에 담긴 여행의 기록과 여권, 즉 추억과 계획을 잃어버린 충격이 더 컸다.

다른 나라를 여행할 때도 많은 일들이 있었지만 이보다 더 혼란스러운 때는 없었다. 하는 수 없이 고아를 떠나 한국 대사관을 찾아가기로 했다. 가장 가까운 곳에 있다는 뭄바이 영사관에 가려면 기차를 타고 무려 12시간이나 가야 한다. 인도는 그런 곳이다.

남한 면적의 30배, 러시아를 제외한 유럽 전역의 크기라면 상상이 될까? 지도에서는 분명 손톱만한 거리였는데 이 정도가 12시간이 걸린다면, 인도 전체가 얼마나 거대한 대륙인지 감이 온다. 더군다나 뭄바이에 있는 영사관은 연말엔 업무를 보지 않는다고 했다. 그렇다면 델리^{Delhi}에 있는 한국 대사관엘 가야 한다. 그런데 고아에서 나가는 모든 기차표가 며칠 뒤까지 전부 매진이었다. 남아 있는 돈도, 여권도 없기에 비행기도 이용할 수 없었다.

내 수중에는 4,000루피 정도의 돈이 남아 있었다. 물가가 치솟은 12월의 고아에선 사흘 방값 수준밖에 안 되는 초라한 돈이었다. 하지만 이 돈을 쪼개고 쪼개서 델리까지 버스를 타고 간다면 대사관에 도착할 수 있을 듯했다. 할 수 없이 버스로 인도의 남쪽에서 북쪽의 수도 델리까지 이동을 감행하기로 했다. 다이렉트 버스가 있을 리 없고, 지도를 보며 무조건 위쪽 지방을 향해 올라가다 보면 언젠가 델리에 도착할 것이다.

이렇게 나의 첫 번째 인도 여행은 시작되었다.

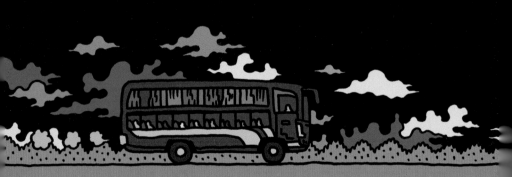

야심차게 계획했던 여행 일정과 루트가 한 방에 박살이 났
다. '타임머신을 타고 다시 그 시간으로 돌아갈 수만 있다면.'이
라는 어이없는 생각을 하다가도 미친 사람처럼 고아를 뒤지고
다녔던 나를 회상하면 실소가 절로 나왔다.

'까짓, 이렇게 된 거 계획 따위 다 버리고, 내 맘대로 다
녀 보는 거야. 발길 가는 대로! 내 마음이 동하는 대로!'

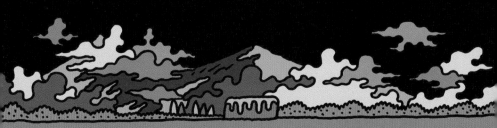

·CONTENTS·

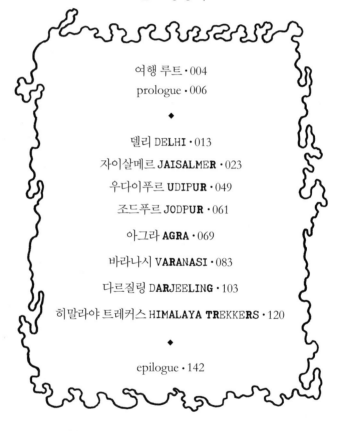

첫 번째 여행

인도 방황기

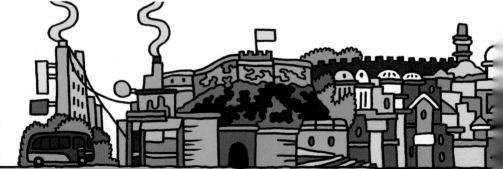

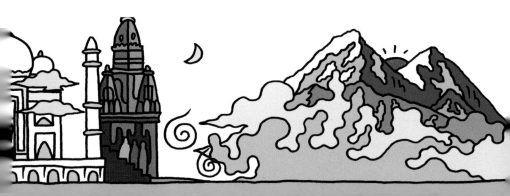

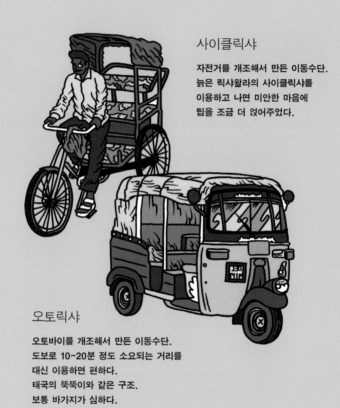

사이클릭샤

자전거를 개조해서 만든 이동수단.
늙은 릭샤왈라의 사이클릭샤를
이용하고 나면 미안한 마음에
팁을 조금 더 얹어주었다.

오토릭샤

오토바이를 개조해서 만든 이동수단.
도보로 10~20분 정도 소요되는 거리를
대신 이용하면 편하다.
태국의 뚝뚝이와 같은 구조.
보통 바가지가 심하다.

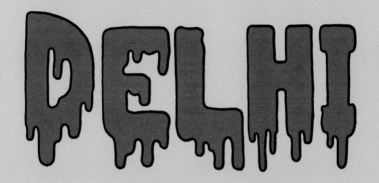

DELHI

델
리

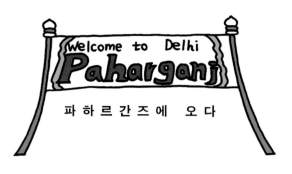

파하르간즈에 오다

고아와 뭄바이, 아메다바드Amadabad, 우다이푸르Udipur를 거쳐 버스
로 60여 시간 만에 도착한 인도의 수도 델리는 남인도지방의 도
시들과는 판이하게 다른 곳이었다. 버스에서 내리자마자 기분
나쁜 도시의 소음과 열기, 거기에 지저분해 보이는 호객꾼들이
나를 덮쳐왔다. 사흘 가까이 버스에 시달려 만신창이가 된 나도,
외국인을 지켜보는 델리의 인도인들도 신경이 날카롭기는 마찬
가지였다.

　옛 인도의 수도였고 남인도 최대의 경제도시인 뭄바이는 깨
끗하고 영국 식민지 때 지은 고풍스런 건물이 유럽의 도시처럼
느껴졌었다. 그러나 인도의 수도 델리는 충격이었다. 무엇보다
도 올드델리 역을 나온 후 내 눈에 들어온 것은 대로에 소가 활보
하는 광경이었다. 특히나 역 주변에는 코를 찌르는 악취와 함께

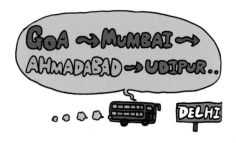

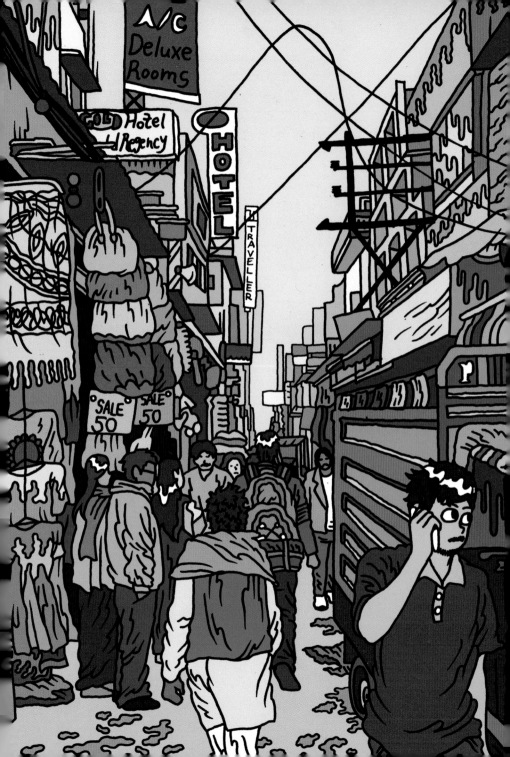

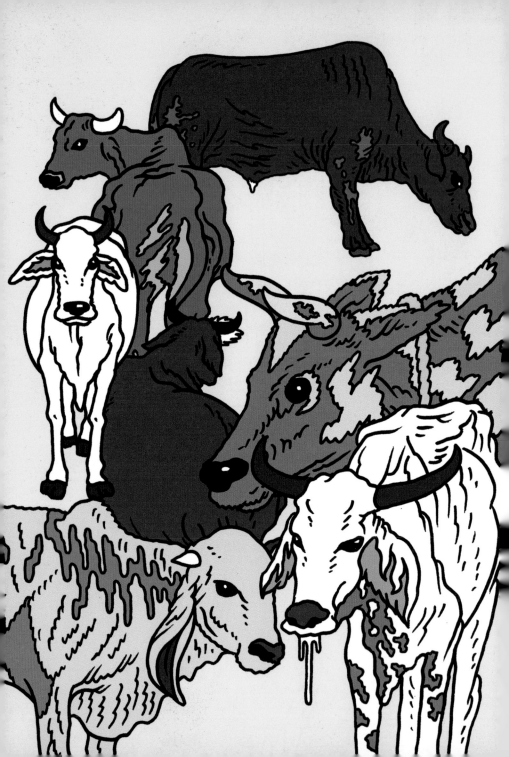

앞을 막는 오토릭샤, 도저히 먹지 못할 것만 같은 음식을 좌판에
깔고 파는 노점상들과 거지들이 가득했다. 그 사이를 거대한 소
와 동물들이 휘젓고 다녔다. 아무리 소를 신성시하는 인도라지
만 좀 심하다는 생각이 들었다.

조용하고 평화로웠던 남인도에 비해 델리는 특유의 혼잡함
과 인도의 단점들이 바로 보이는 듯했다. 거의 사흘 동안 제대로
먹지도 씻지도 못한 나는 델리의 파하르간즈paharganj라는 여행자
거리에 도착하자마자 식당에 가서 남은 돈을 거의 다 써버렸다.
식사를 마친 후 거울에 비친 내 모습은 이미 몇 개월 인도를 여
행한 여행자처럼 남루하기 그지없었다.

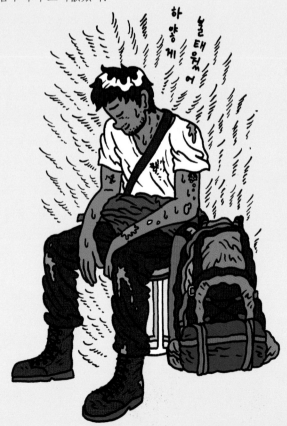

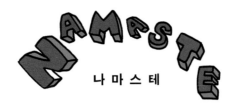

나 마 스 테

두 손을 합장하며 상대를 향해 살짝 고개를 숙이며 말하는 인사말인 나마스테Namaste는 '안녕하세요!'와 '당신에게 깃들어 있는 신께 인사드립니다.'라는 예의바른 표현이라고 한다. 그런데 델리에서는 인도인들끼리의 소통이라기보다는 관광객을 향한 인도인들의 초반 친해지기 기술 같은 인상을 받았다. 남인도에서는 인사에서 진심을 느낀 적이 많았었는데…….

처음엔 나도 그들의 나마스테에 똑같이 합장을 해주며 인사를 해주었는데, 파하르간즈에서 거의 모든 인도인들이 내게 그렇게 인사를 해주니 도무지 하나하나 다 답할 수가 없었다. 똑같이 인사를 해준다 싶으면 금세 내 앞으로 달려와서 그들이 가진 물건을 설명하곤 했다. 그래서 그냥 눈을 한번 마주쳐 주거나 소리도 나지 않는 이어폰을 꽂고 다니게 되었다. '또 뭘 팔아 보려고 그러시나?' 적어도 이곳에서는 인사에 대한 적개심이 생겼다. 그러나 델리를 떠난 후에야 나는 깨닫게 되었다.

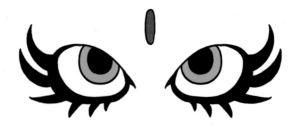

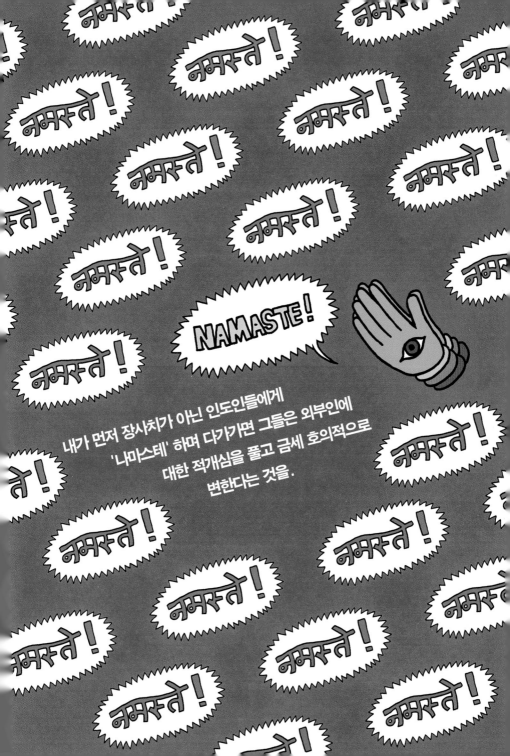

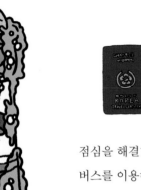

여행의 변화

점심을 해결한 후 릭샤꾼들의 바가지 요금을 이길 수 없어 시내 버스를 이용해서 겨우 도착한 한국 대사관! 델리에도 이런 곳이 있나 싶을 정도로 정갈한 건물과 시원한 에어컨 바람, 깔끔한 대사관 직원들이 있었다. 그들은 인도에서 나를 도와줄 수 있는 순백의 천사들처럼 보였다.

하지만 내가 이곳에 오게 된 이유를 설명하자 대사관 직원은 내게 현실적인 답변과 동시에 우울한 답변도 곁들였다. 네팔을 포기하라는 것이었다. '여권을 잃어버린 상태에서 네팔에 간다면 다시 인도에 재입국해 한국으로 가는 비행기를 타기 힘들다. 그리고 'Frro'라는 단체에 가서 필히 Exit Permit을 받아야 인도에서 출국을 할 수 있다. 하지만 Frro의 직원들은 시니컬하고 남자에게는 까다롭기로 유명해 매일 아침 8시에 가서 수많은 인파를 헤치고 입장을 해봤자 언제 허가를 받을지 알 수가 없다.' 는 답변이었다. 거의 여행을 포기하라는 말과 같았다.

일단 임시 여행증명서를 발급받은 후 대사관을 나왔다. 근처 구멍가게에서 음료수를 하나 사들고 또다시 깊은 생각에 빠지게 되었다.

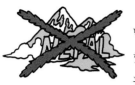

네팔은 이번 여행의 마지막 여행지로 야심차게 계획을 했던 곳이었다. 많은 사람들이 네팔을 추천하였고, 나 역시도 네팔에 간다면 히말라야 트레킹을 할 생각이었다. 하는 수 없이 네팔은 포기하기로 했다. 대신 마음대로 다니기로 했다. 첫 인도 여행의 루트까지 철저히 짜고 왔던 나였지만, 이제 그 모든 것들이 의미가 없어져 버렸다. 원래 계획대로라면 지금의 나는 중남부의 엘로라나 아잔타에서 석굴을 구경하고 있어야 할 팔자였다.

하지만 이제는 일정에 연연하지 않기로 했다. 여권이 없기 때문에 앞으로 닥칠 불이익도 감수해야겠지만 겨우 이런 것들 때문에 지레 겁먹을 필요는 없는 일이었다. 한국에서 대사관을 통해 여행경비를 송금해 준 덕분에 큰 걱정은 하나 덜었다.

고아에서 사용했던 DSLR카메라는 아니지만, 대신 HD 영상촬영도 되는 컴팩트 카메라를 구입했다. 숙소에 와서는 쓸모없는 짐들을 다 버렸다. 앞으론 더 가볍게 바람처럼 다닐 테다.

그러고 나서 마시게 된 킹피셔 맥주 한 모금은 사흘 동안 지쳐 있던 나를 한 템포 쉬게 해주는 명약이었다.

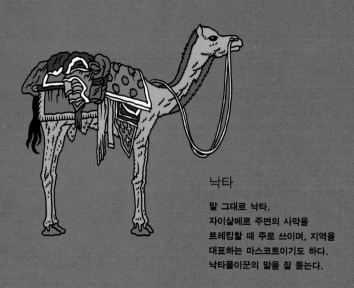

낙타

말 그대로 낙타.
자이살메르 주변의 사막을
트레킹할 때 주로 쓰이며, 지역을
대표하는 마스코트이기도 하다.
낙타몰이꾼의 말을 잘 듣는다.

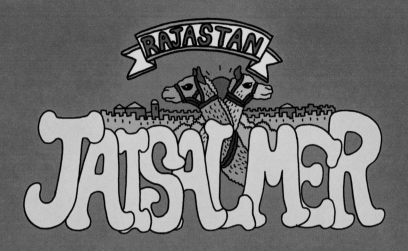

JAISALMER

자
이
살
메
르

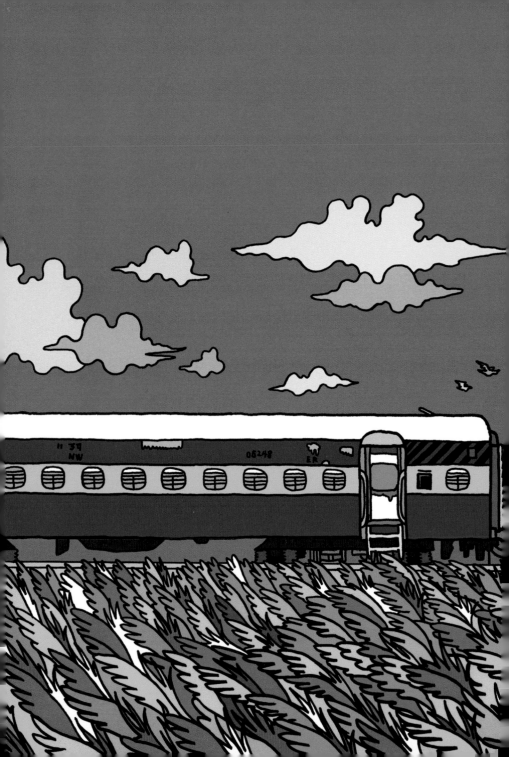

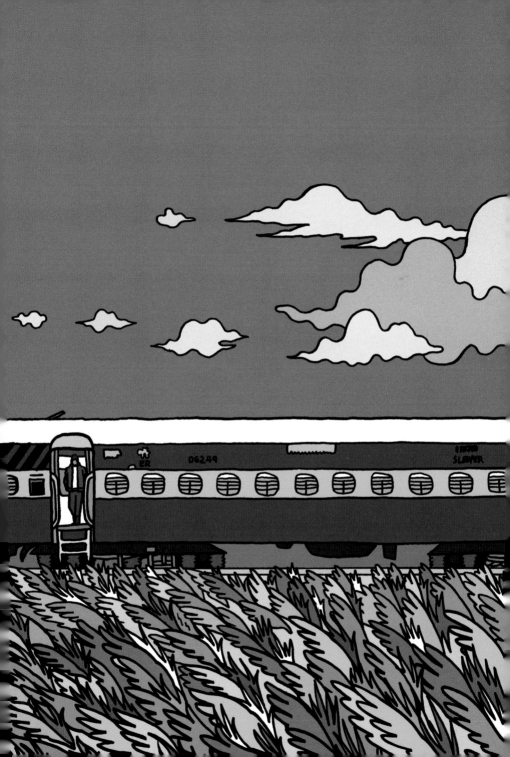

자이살메르

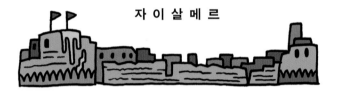

초저녁 올드델리 역에서 출발해 자이살메르Jaisalmer로 향하는 기차를 탔다. 인도에 와서 3주 만에 처음 타보는 기차이기도 했다. 워낙 크기도 하고 엄청난 인파가 몰려 있는 기차역은 플랫폼도 너무 많아 탑승하기가 쉽지 않았는데, 30분이나 연착이 안 되었더라면 기차를 놓칠 뻔했다.

어제 혼자 맥주를 마시다가 식당에 꽂혀 있는 가이드북을 훔쳐보며 여행의 시작점으로 삼은 곳이 자이살메르였다. 도시 자체가 아라비안나이트를 연상시키는 황토색으로 통일된 가옥들과 아직도 성 안에 주민들이 살고 있다는 자이살메르 성 그리고 무엇보다 근처에 모래사막이 있고 낙타 트레킹을 할 수 있다는 정보를 접하니 마음이 동했다. 책장을 넘길수록 영화 〈인디아나 존스〉의 이미지들이 연상되었다. 처음 계획대로라면 자이살메르는 지금보다도 꽤 나중에 볼 곳이었다. 그러나 어제 본 책자의 자이살메르 성과 쿠리 사막의 강렬한 이미지가 나를 끌어당겼다.

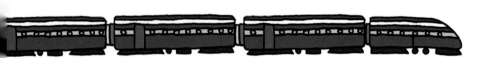

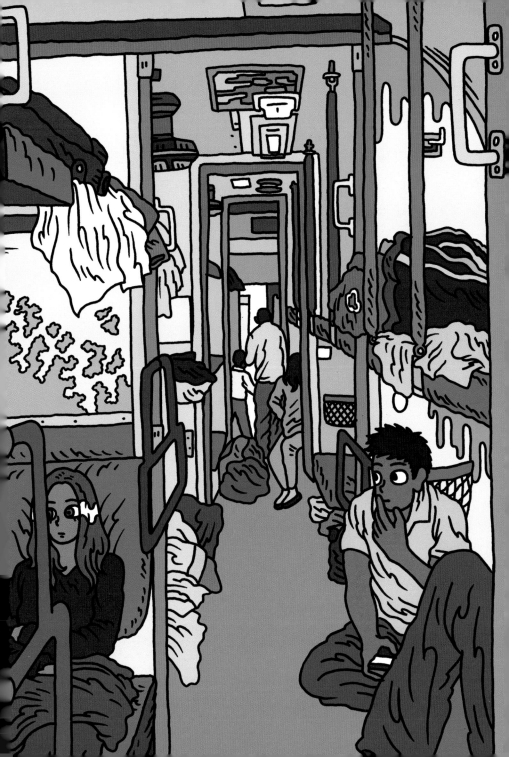

내가 탄 기차 칸은 3A라는 클래스였는데, 인도의 기차는 1A(퍼스트 에어컨), 2A(세컨드 에어컨), 3A(써드 에어컨), SL(슬리퍼)이 보통 여행자들이 많이 이용하는 클래스였으며 그 아래 클래스는 일반 좌석 칸이거나 가축, 화물 칸인 Passenser 클래스도 있다고 한다. 나 같은 배낭 여행자가 3A를 타면 돈을 좀 쓴 편이고, 보통은 SL을 이용한다고 한다. 3A는 에어컨 클래스 중 가장 낮은 급이지만 거지나 장사꾼들이 입장할 수 없다. 첫 신고식 치곤 수월하게 출발해 보자는 의미도 있었다. 그리고 내가 탄 3A 클래스는 한 개의 시드마다 양쪽으로 총 6석의 슬리퍼석이 배정되어 있었는데, 홀로 여행을 왔다는 한국인 여대생과 미국인 커플이 있어 심심하지 않은 여행이었다. 밤새 쪽쪽 빨아대는 소리 때문에 조금 괴로웠지만 말이다.

해가 지고 밤을 꼬박 새우고도 도착할 기미가 없더니, 다음 날 창문 사이로 모래바람이 들어오기 시작했다. 기차는 20여 시간이나 황야와 사막을 달려 자이살메르에 도착했다.

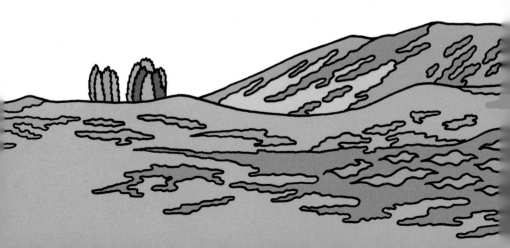

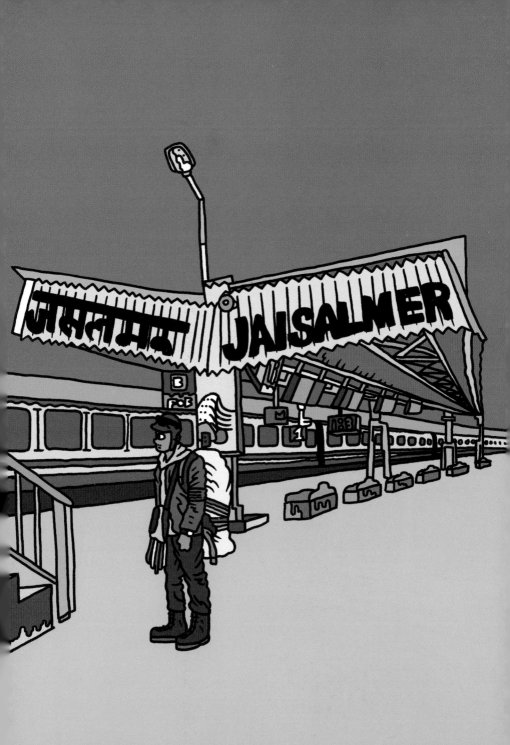

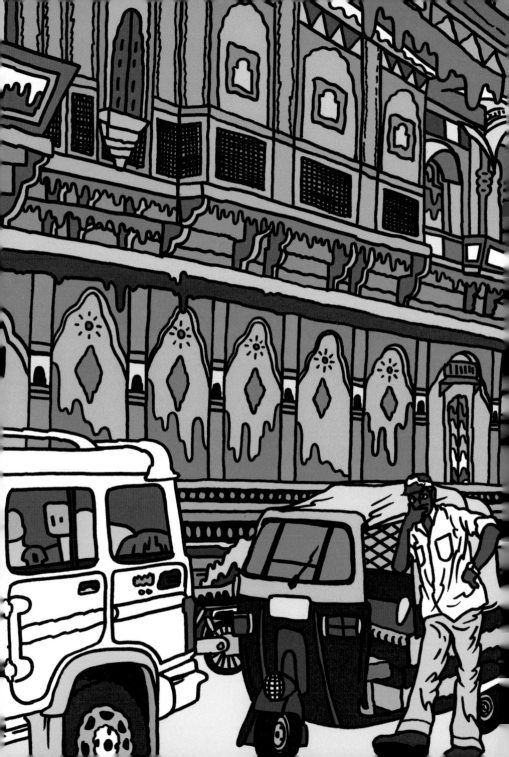

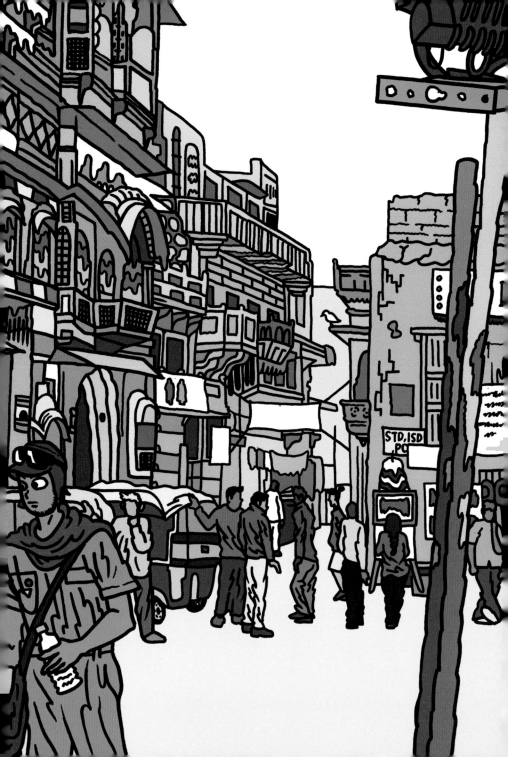

2009년의 마지막 날

자이살메르가 속한 라자스탄Rajasthan 주는 각 도시마다 하나의 색으로 통일된 지구를 이루며 저마다의 개성을 뽐낸다고 한다. 그중 자이살메르는 골드시티라는 별명과 같이 기차역에서부터 성과 성 주변의 가옥들까지 거의 모든 것이 황토색으로 이루어진 멋진 도시였다. 낮에 도착한 게스트하우스 옥상에서는 자이살메르의 모든 전경이 한눈에 들어왔는데, 장관이 따로 없었다. 그리고 이런 통일감은 해가 질 때 감동의 절정을 이룬다.

오늘은 이만 숙소로 돌아가 쉬고 내일 2009년의 마지막 날을 뜻 깊게 사막에서 보낼 생각이다. 내가 외국에서 연말을 보내는 것은 처음이다. 매년 12월말이면 서울에 한파가 닥쳤던 것이 생각났다. 거리마다 새해를 축복하는 전구들과 한창 열리고 있을 친구들과의 송년회 술자리가 상상되었다. 하지만 뭐 어떤가. 지금 나는 홀로 이곳에 있고, 연말을 더운 곳에서 보내는 것도 이색적이지 않은가. 또한 새해를 새로운 친구들과 보낼 거라는 사실도 내게 묘한 설렘을 안겨주었다.

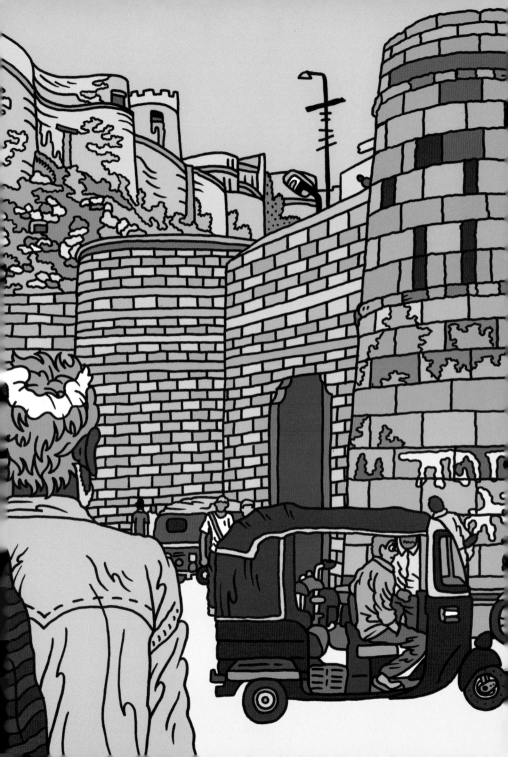

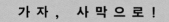

가자, 사막으로!

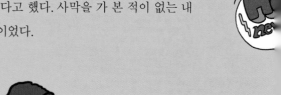

낙타 트레킹을 단돈 2~3만 원이면 할 수 있다니! 인도인들에게는 큰돈이겠지만 내 욕심 앞에서는 그다지 부담스럽지 않은 금액이었다. 1박 2일이 기본 코스이다. 파키스탄 국경과 더욱 가까운 쿠리 사막으로 간다면 15박 코스까지 있을 정도로 선택의 폭이 넓다. 다만 15일을 사막에서 보낸다면 구운 통닭 꼴이 될 것이므로 무리 없는 기본형을 택했다. 인원이 모이면 지프를 타고 사막 초입까지 가서 다시 낙타를 타고 반나절 동안 신나게 엉덩방아를 찧으며 이동하여 사막 중간쯤에 위치해 있는 오두막에서 캠핑을 하고 돌아온다고 했다. 사막을 가 본 적이 없는 내겐 너무나 기대되는 시간이었다.

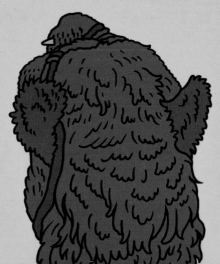

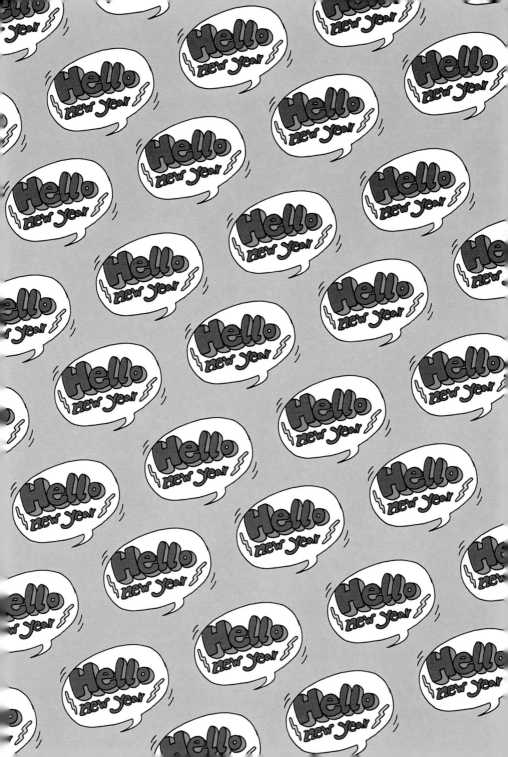

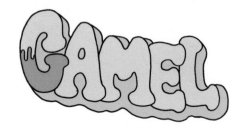
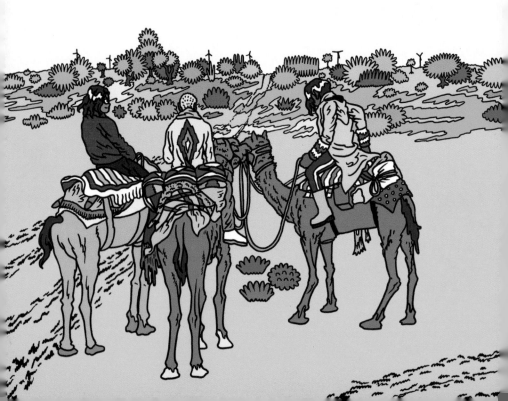

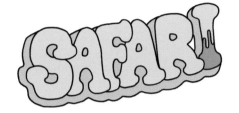

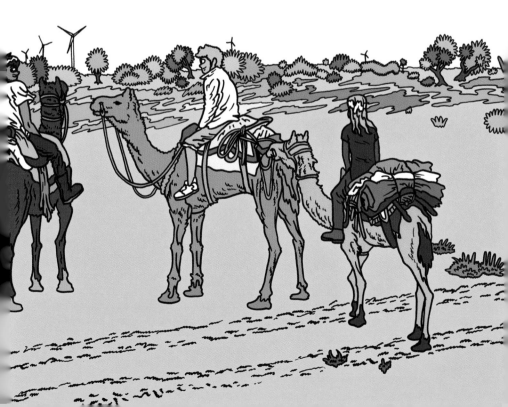

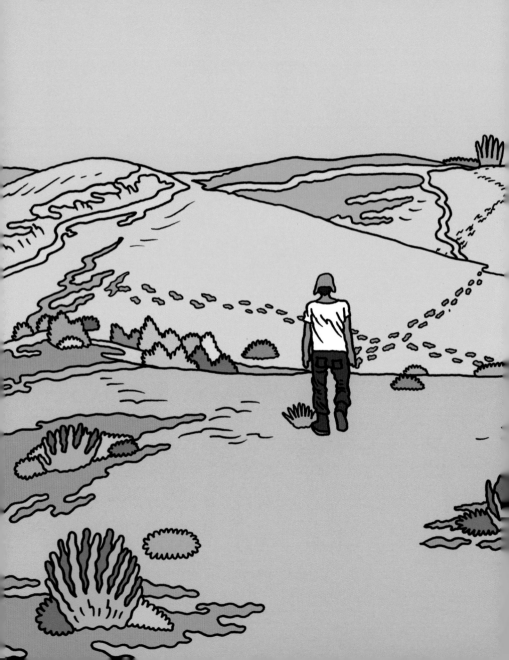

꿈에서 본 듯한 사막의 전경이
내 머리 속에서 재생되고 있었다.

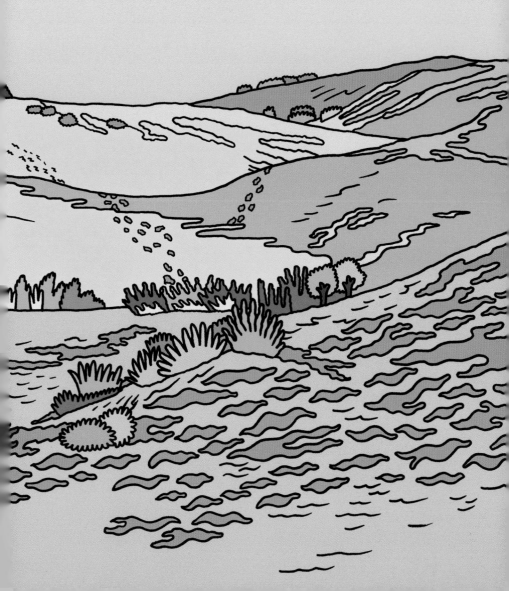

사 막 의 밤

　사막의 밤비는 더위를 식혀주기보다는 오히려 추위에 떨게 했
다. 한 달에 한 번 내릴까 말까 한다는 사막비가 하필 내리다니!
운이 없는 걸까? 하지만 다르게 생각하면 특별한 날이 아닌가.
세상사 모든 게 마음먹기에 달렸다.
　　새벽에 잠이 깨어 볼일을 보러 갔다가 올려다본 사막의 하
늘엔 상상할 수 없는 장관이 펼쳐져 있었다. 금방이라도 쏟아져
내릴 것 같은 별들의 향연!

　문득 인도에 오길 잘했다는 생각이 들었다.

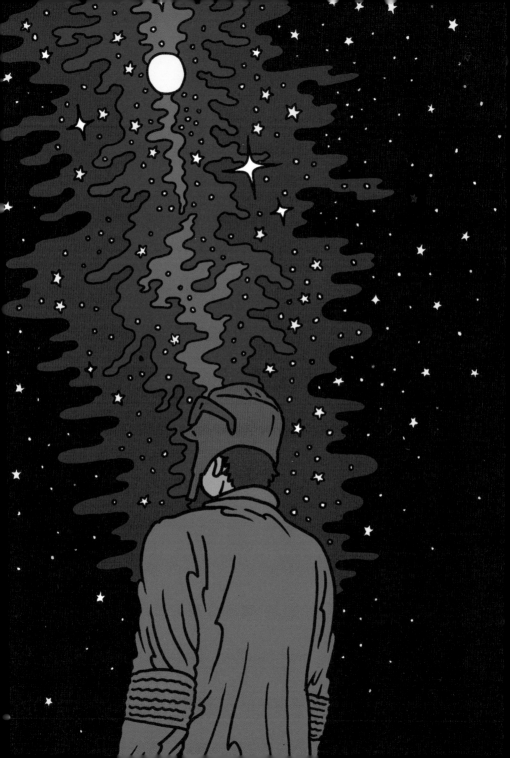

인 도 에 오 게 된 이 유

사막에서 자이살메르로 돌아온 나는 사막 트레킹을 함께 한 일
행들과 친해져 같은 숙소에 묵게 되었다. 매일 저녁 별빛 아래
포커판을 벌였는데 하루도 거르지 않고 맥주를 마셔댔다. 맥주
값은 포커게임의 꼴등이 내는 벌칙금이었다. 여행 초기와는 다
르게 너무나 평화로운 시간이었다. 숙소 옥상에서 맞는 바람의
여유는 끔찍한 일들을 다 잊게 해주었다. 또한 여행에서 만난 친
구들과 나누는 이야기들이 여행지에 대한 또 다른 상상력을 자
극했다. 본래 무리지어 다니는 것을 별로 달가워하지 않았는데
그건 선입견일 뿐이었다. 오히려 될 수 있다면 많은 시간을 함께
여행하고 싶은 마음까지 들었다.

숙소 옥상에서 술을 마시다 저마다 인도에 오게 된 이유를
털어놓게 되었다. 4명 중 남자 두 명은 인도에서 공부하는 유학
생이었다. 방학을 맞아 인도를 여행하기로 했다는 너무도 단순
한 이유였다.

그러면서 여행이 끝나고 다시 제자리로 돌아간다면 졸업이

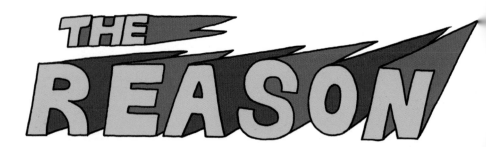

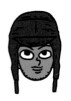

라는 청춘의 무덤이 기다릴 것이라는 우울한 이야기를 했다. 나와는 조금 다른 상황에 처해 있었지만 느끼는 바가 같았다.그리고 나머지 한 명은 우리 또래와는 다르게 나이가 조금 많은 누나였다. 일단 이 홍일점이 어떻게 남자들만 득실대는 파티에 섞여들었는지를 말해야겠다. 이야기는 내가 고아에 머무를 때로 돌아간다. 우연히 고아 해변 카페에서 마주친 누나 일행과 나는 타지에서 만난 한국인이라는 이유로 잠시 동안 함께 하게 되었으나 서로의 일정 때문에 헤어지게 되었다. 그 후 나는 앞서 말했듯이 가방을 도난당한 후 떠돌다가 이곳 자이살메르 낙타 트레킹에서 운명적으로 만나게 된 것이다. 그리고 누나의 일행들이 모두 조기복귀를 하며 혼자가 된 누나는 우리들 틈에 자연스레 합류하게 되었다. 누나는 서울의 모 여대에서 동양화를 전공하고 있어서 나와 통하는 부분이 많았다. 그저 '인도가 궁금하고 여행을 해보고 싶어서 떠나왔다.'고 했다. 가장 대학생다운 답변이 아니었나 싶다.

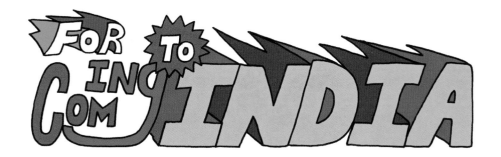

"태국 여행에서 만난 형이 인도 얘기를 그렇게 하더라고……."
나는 이 말밖에 할 수가 없었다. 하지만 속내는 달랐다. 사실
작년 군대를 제대한 후 나는 큰 혼란에 빠졌었다. '앞으로 어떻게
살아가야 할까?' 하는 명제가 나를 괴롭혔다.

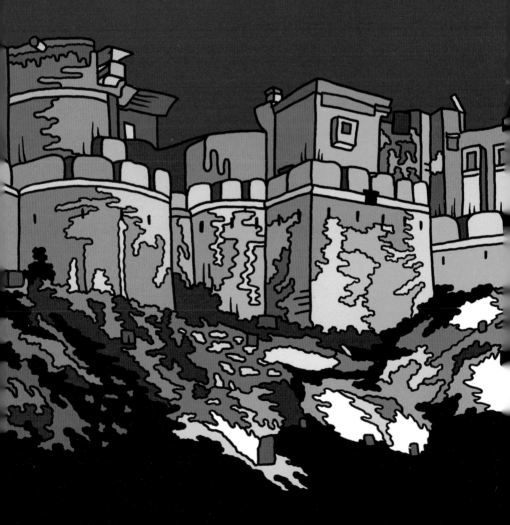

함께 그림을 그리거나 작곡을 하는 등 멋진 작업을 하며 작가의 꿈을 키웠던 형들은 내가 제대를 한 후 수소문해 보니 전부 다 꿈을 포기한 상태였다. 왜 내가 혼란스러웠나 하면, 내 안목에서는 그들은 재능을 타고났고 누구보다 열심히 하는 사람들이었기 때문이었다. 나와 몇 년을 함께 했던 사람들은 "열심히 할 필요 없어."라는 말을 내뱉으며 내게서 멀어져 갔다.

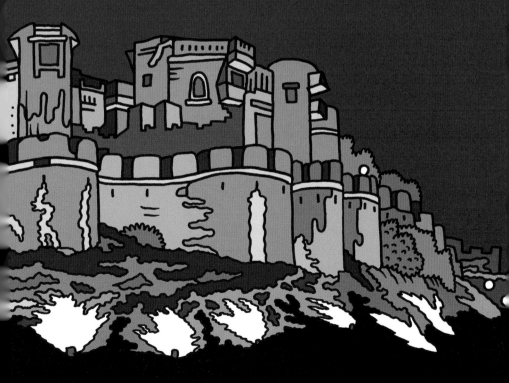

내가 열심히 했던 모든 것들에 대해 회의감이 들었고, 불안감이 증폭되었다. '잘할 수 있을까? 아니, 포기하지 않을 수 있을까?' 그리고 내겐 작은 전시를 할 수 있는 몇 번의 기회가 왔었다. 그리고 그뿐이었다. 전시를 하면서도 나는 점점 그림을 멀리했으며 내 자신에 대한 불신이 가득 차게 되었다. 결국 그림을 그리기는커녕 그림에 관한 모든 일들을 하지 않게 되었다. 쉽게 말해 연필을 놓은 것이다.

남들에게 '그림을 그리고 작업을 하는 사람'이라고 드러내지 않게 되었으며, 근 1년 동안 몸으로 하는 일만을 해오며 철저히 내 자신을 숨기고 있었다. 어릴 땐 그림에선 누구보다도 열정적이었고 누구에게도 지기 싫어했는데, 결국 뒤틀린 열정이 되어 버렸다.

군대 제대 후 바로 복학할 수도 있었지만 나는 흔들리고 있었다. 어쩌면 앞으로 그림은 영영 그리지 않거나 취미 정도로만 남겨둘 생각마저 하고 있었다. 그러면서 여행을 다녔다. 아르바이트를 하며 돈을 조금 모았다 싶으면 주저 없이 여행을 떠났다.

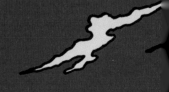

여행에서 대단한 모험을 원하는 것도 아니었다. 그저 모르는 곳에서 떠돌아보고 싶었다. 인도는 올해의 4번째 여행지였다. 레스토랑에서 서빙을 하며 돈을 모아 도망치듯 떠나온 것이었다.

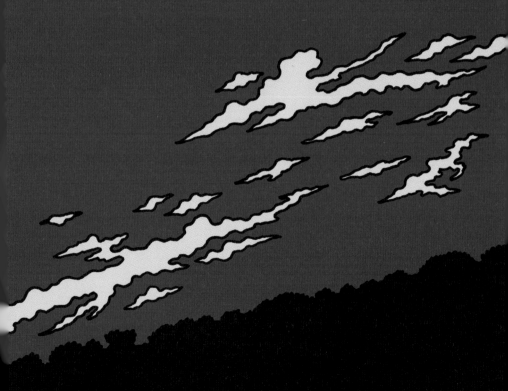

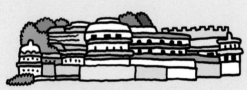

레이크 펠리스

우다이푸르 호수 한가운데
홀로 떠있는 레이크 펠리스는
신혼 여행지에 맞는 낭만과
로맨틱한 분위기를 자아낸다.

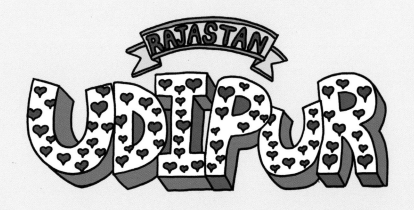

RAJASTAN

UDIPuR

UDIPUR

우 다 이 푸 르

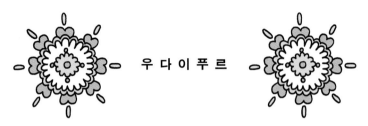

우다이푸르

어제 새벽, 심야 버스를 타고 라자스탄 주의 우다이푸르^{Udaipur}에 도착했다. 우다이푸르엔 일행들의 일정에 따라 얼떨결에 오게 되었지만 후회는 없었다. 그럴 만한 것이 신혼여행지답게 한층 더 평화롭고 신혼부부들로 북적이는 곳이었다. 많은 사람들이 강력하게 추천을 했던 곳이라 나도 기대가 컸다. 라자스탄 주는 어떤 특정 지역을 트레킹하거나 탐험하는 여행지가 아니라 지친 여행자들이 쉬었다 갈 수 있게끔 해주는 곳인 것 같다.

우리가 묵었던 게스트하우스는 이 일대에서 가장 매너가 좋고 시설이 깨끗하다고 소문난 곳이었다. 특이한 점은 주인장이 인도인 남자와 프랑스인 여자 부부라는 것이었다. 아마도 과거 인도 여행을 온 프랑스 여자가 우다이푸르에 반했는지, 이 인도 남자에게 반했는지는 몰라도 그래서 정착을 했으리라.

서로 다른 인종 간의 국제결혼이 맺어준 인연은 너무 로맨틱해보여서 나에게도 잊고 있던 감정을 불러일으켰다. 인도에 오기 직전 헤어진 여자친구 생각이 났다.

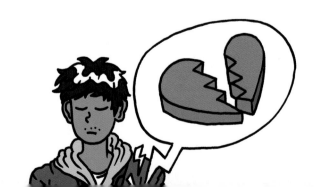

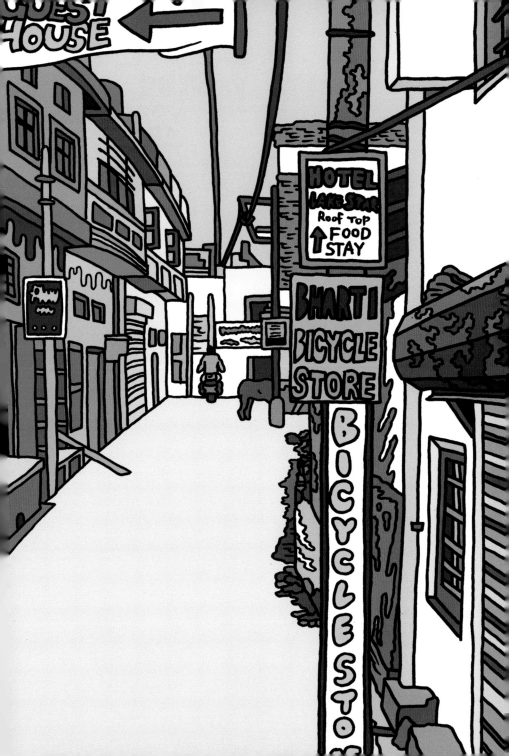

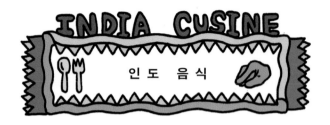

인 도 음 식

우다이푸르가 좋은 점은 또 있다. 끼니마다 인도 음식을 먹었는데, 신혼여행지라 그런지 거의 모든 음식이 맛있었다. 고급 식당에 가면 힌디어를 쓰지 않고 영어를 쓰며 포크와 나이프를 사용하는 부유층이 있다고 한다. 그렇지만 대부분의 인도인들은 오른손을 사용해서 음식을 집어 먹는다. 처음엔 나도 손으로 음식을 먹는 게 꺼림칙했지만 한두 번 해보니 푸석푸석한 밥을 포크로 먹는 것보다 손으로 뭉쳐서 먹는 것이 더 편해졌다.

끈기 없는 쌀로 이루어진 볶음밥 '비리야니', 화덕에 구운 넓은 빵 모양의 '난', 난과 비슷하나 좀 더 저렴한 '짜파티', 화덕에 깊게 구운 '탄두리 치킨'과 그것들을 찍어먹는 용도의 소스 격이라 할 수 있는 커리 종류가 주를 이룬다.

무엇보다도 인도 음식에서 가장 빼놓을 수 없는 것은 '짜이' 차tea일 것이다. 홍차에 설탕과 우유, 계피나 생강, 카르다몬 등의 향신료를 넣고 끓인 음료이다. 인도 어딜 가나 흔한 국민차인 짜이는 처음엔 "이게 뭐야, 퉤!" 하는 반응을 보였던 나였지만 어느새 그들의 음식 문화에 적응해가며 매끼마다 디저트를 겸하게 되었다.

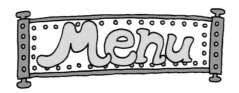

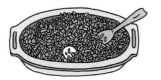

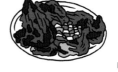

탄두리 치킨

인도의 전통화덕인 탄두르에서
구웠다 하여 탄두리 치킨이라 부른다.
종종 후라이드 치킨이
생각날 때마다 먹은 음식.

비리야니

인도식 볶음밥.
쌀이 끈기가 없어 밥알이 흩어진다.

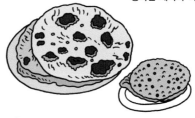

난(왼쪽), 짜파티(오른쪽)

밀가루로 만든 둥글고 평평한 빵.
주로 화덕이나 오븐에서 구워 만든다.
커리 종류에 찍어 먹기 제격이다.

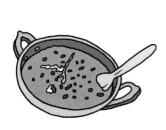

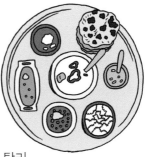

짜이

인도 국민차(Tea)

커리

너무나 유명한 인도 요리.
자세한 설명은 생략.

탈리

밥, 커리, 난(짜파티), 달(콩) 등이
세트로 구성되어 있으며,
우리나라 백반정식과 비슷하다.

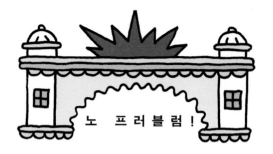

노 프러블럼!

며칠째 우다이푸르 시내를 가로지르는 강에서의 일출과 일몰을 보면서 하루를 마감했다. 내가 여행한 지 벌써 한 달이 되었다. 한 달이라면 인도 여행객들에게는 그리 긴 시간이 아니지만 나는 그 짧은 시간에도 인도의 다양한 모습들을 보게 되었다.

그중 가장 황당한 것은 '노 프러블럼!'이라는 표현이다. 인도인들이 여행자들을 만나 가장 많이 하는 말 중 하나인 노 프러블럼은 말 그대로 걱정 없다는 뜻이지만 나는 이 말을 들을 때마다 황당하기 그지없었다.

단적인 예로 자이살메르에서 우다이푸르로 오는 버스 승강장을 가기 위해 릭샤를 잡을 때도 그랬었다. 버스 출발 시간보다 적어도 10여 분은 일찍 도착해야 안전하다고 생각해 미리 오토릭샤를 잡아탔는데, 문제는 중간에 릭샤가 고장나면서부터였다. 시간은 점점 버스 출발시각을 향해갔고 나는 초조할 수밖에 없었다. 이윽고 오토릭샤 운전수에게 "난 다른 걸 탈 거야!"라고 말하자 그는 연신 "노 프러블럼!"이라며 시간을 벌어 다시 릭샤를 고쳐 몰아 아슬아슬하게 승강장에 도착했다.

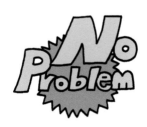

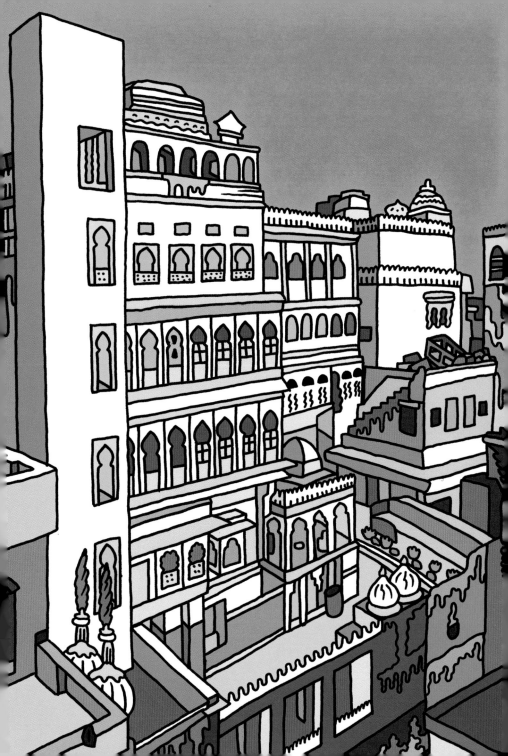

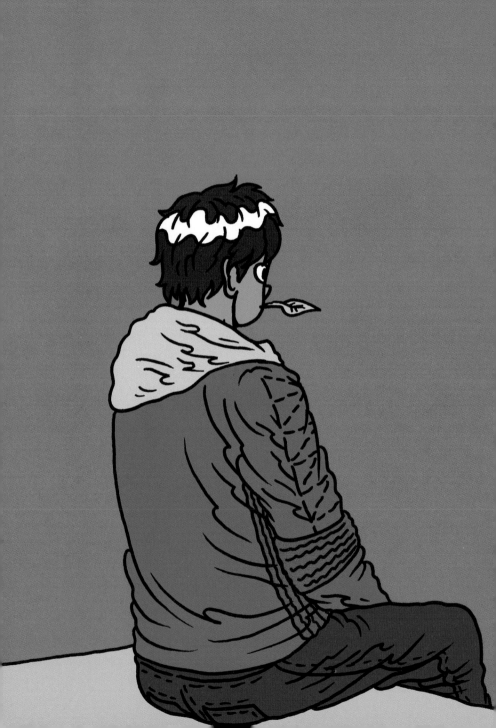

또 어떤 인도인은 내가 영어로 길을 묻자 "노 프러블럼! 노 프러블럼!"이라며 바보 같은 대답을 했다. 앵무새와 다름없었던 그는 영어를 몰라 외국인들이 말만 걸면 활짝 웃으며 노 프러블럼이라고 답하는 사람이었다. 그러고 보면 노 프러블럼은 단순히 상황을 모면하려는 돌림식 표현뿐만이 아니라 매사에 긍정적인 인도인들의 표현방식 중 하나가 아닐까 싶다.

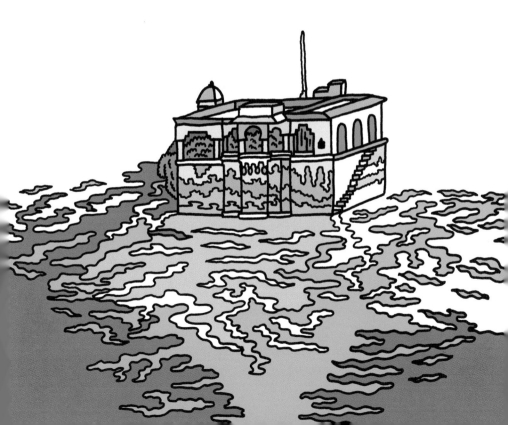

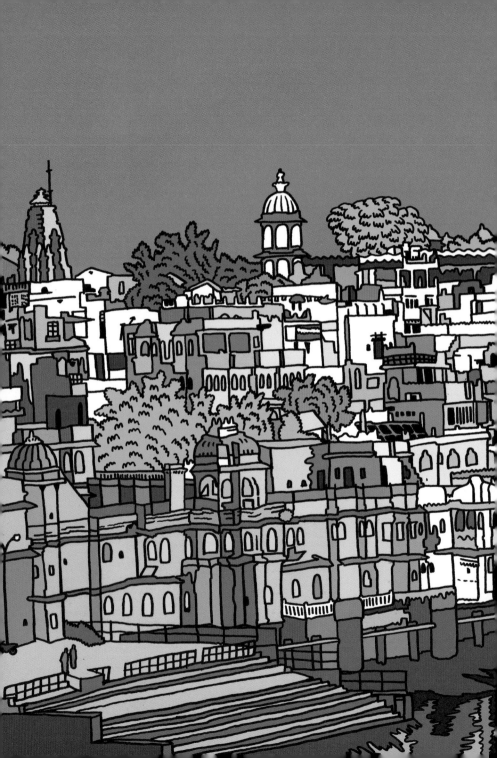

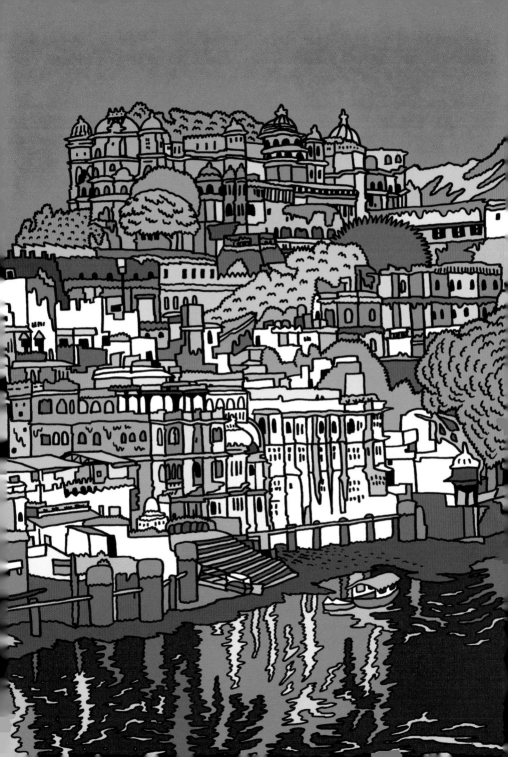

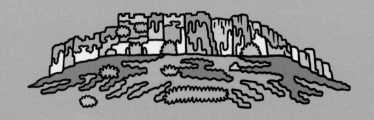

메헤랑가르 성

'블루시티'라 불리는 '조드푸르'의
절벽 위에 위치한 거대 요새.
자이살메르 성과는 달리 성 안에서 사람들이
살지 않지만 더욱 웅장하다.
영화 〈김종욱 찾기〉,
〈배트맨 다크나이트 라이즈〉에도 등장한다.

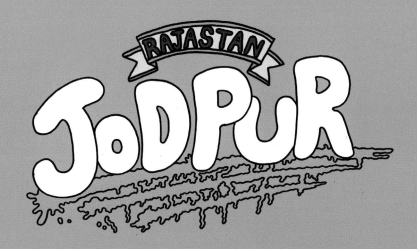

JODPUR

조 드 푸 르

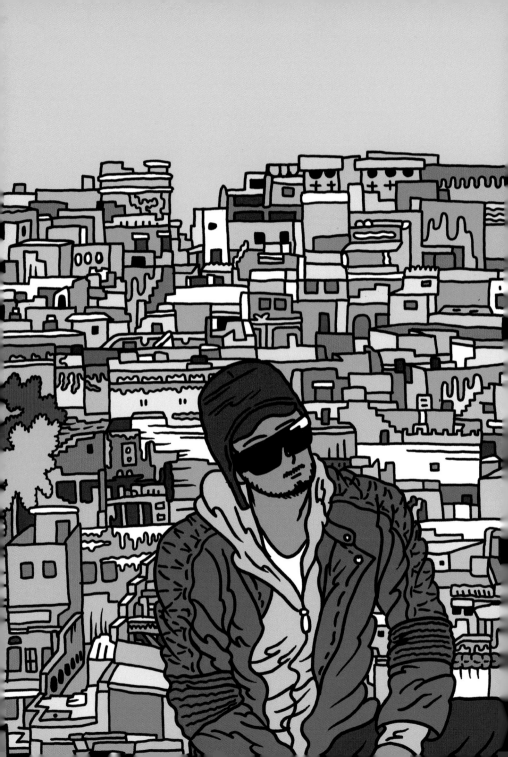

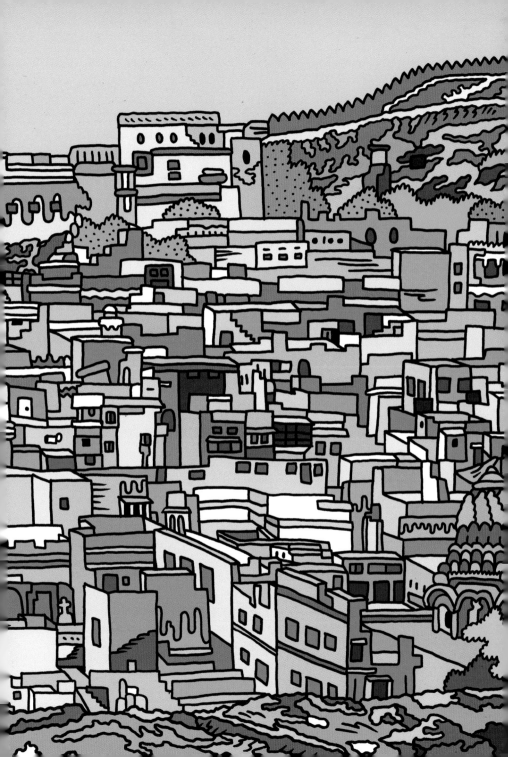

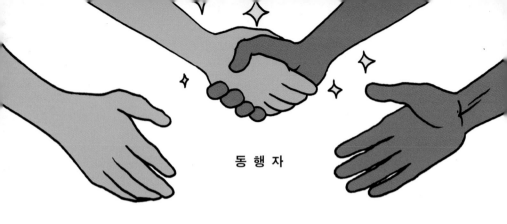

동 행 자

조드푸르Jodhpur의 파란색 가옥들이 내려다보이는 메헤랑가르 Meherangar 성벽에 잠시 앉았다. 스치는 바람들이 여행의 피곤함을 조금이나마 풀어주는 것 같았다. 여행한 지도 벌써 한 달이 넘었 다. 그동안 자란 머리카락과 수염이 시간을 말해주는 듯하다. 여 행지에 도착하면 체력을 생각해서 느리게 다녔었는데, 지역 간 의 이동만 하게 되면 이야기는 달라진다. 대부분 여행지 간의 거 리가 최소 10시간을 넘는 긴 여정이므로 버스도 저녁쯤에 출발 한다. 때문에 도착이 새벽이나 다음 날 오전이 되어서 몸 상태가 만신창이가 되고야 만다. 그래도 라자스탄 주에서는 표 끊기 힘 든 기차보다는 버스 이동이 용이하다. 자이살메르부터 우다이푸 르까지 동행했던 남자 일행들은 집으로 돌아갔다. 조드푸르부터 는 누나와 단둘이 동행을 하게 되었는데, 이 누나도 일행과 헤어 져 발을 동동 구르던 차에 나를 만났던 것이다.

둘다 인도는 초행길이었고, 그 와중에 나는 여행 초반에 안 좋은 일까지 겹친 터라 서로 위안이 되었다. 다행인지 불행인지 누나에게서 '여행지의 로맨스' 같은 감정 따위를 느끼지는 못했

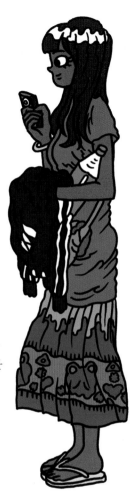

다. 그래도 우리가 죽이 잘 맞았던 것은, 둘 다 그림을 공부하는 학생이었기 때문이었다. 취향, 개그코드, 그림 이야기, 이성 이야기가 얼추 잘 통했던 그녀는 이번 여행 나의 좋은 동행자였다. 물론 친구로서 말이다.

조드푸르에서 가장 기억에 남았던 것은 웅장하기로 소문난 메헤랑가르 성이나 블루시티도 아니었다. 시계탑 앞 초라한 노점에서 인생을 다 바쳐 오믈렛과 토스트를 만들고 있는 할아버지였다.

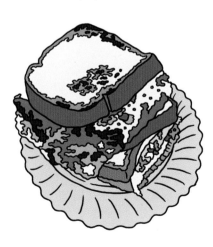

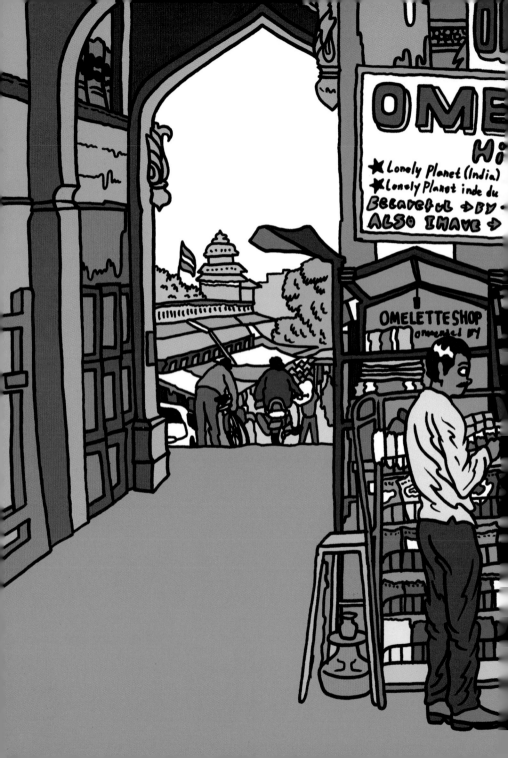

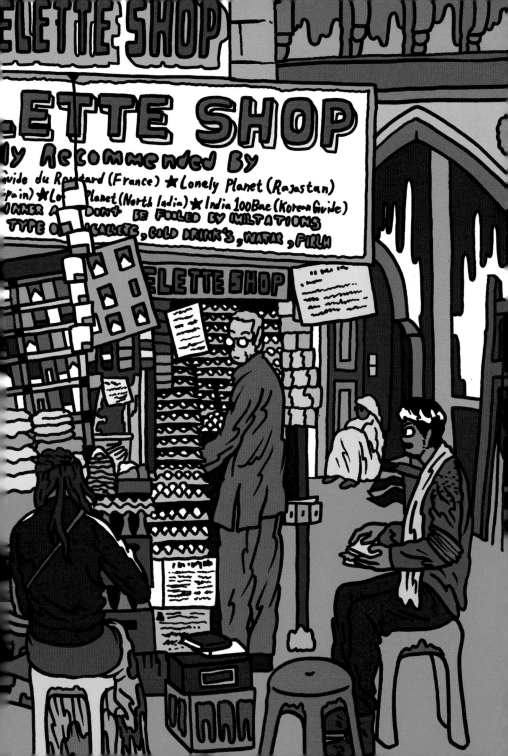

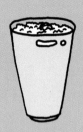

라씨

인도 여행을 하면서 많이 마시게 될
요구르트 음료인 '라씨'는 특히나 더운
지방에서 더 찾게 될 확률이 높고
취향에 따라 다른 재료와 혼합하여
새로운 맛을 내기도 한다.

위험인물들

인도뿐만 아니라 여행을 하면서
꼭 한 번 이상은 만나게 되는
사기꾼과 좀도둑을 유의하자.

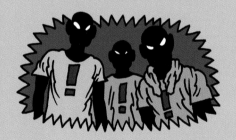

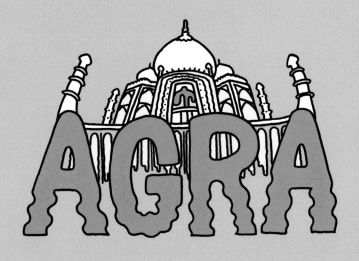

AGRA

아
그
라

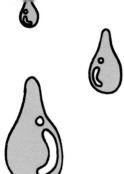

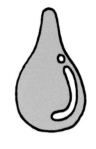

공 포 의 도 시

인도하면 떠오르는 것이 아마 타지마할Taj Mahal일 것이고, 누구나
한번쯤은 사진으로 보아 잘 알 것이다. 무굴제국의 황제 샤 자한
Shah Jahan이 15번째 아이를 낳다가 사망한 왕비 뭄타즈 마할Mumtaz
Mahal을 위하여 1631년부터 짓기 시작해서 1653년에 완공
을 본 왕비의 무덤이다. 세계에서 가장 아름다운 건축물
이지만 엄청난 돈과 사람들의 희생으로 만들어졌다는
걸 들으면 씁쓸할 것이다.

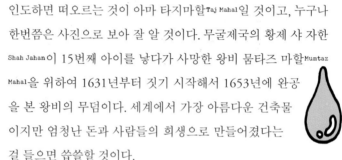

　　아그라Agra는 타지마할 그 자체의 도시다. 타지마할 외에도
'붉은 성'과 다른 유적지가 부근에 있지만 내 눈에는 아무것도
들어오지 않았다. 게다가 아그라를 둘러싼 이상한 소문들이 퍼
지고 있었는데, 타지마할을 보고 바로 떠나는 관광객들이 많아
다른 지역보다 장사가 안 되는 숙박업, 요식업주들과 현지 의사
가 손을 잡고 몰래 관광객들의 음식에 배탈약을 탄다는 것이었
다. 그 음식을 먹은 사람은 고통을 호소하며 근처의 병원에 가지
만, 돌아오는 것은 고액의 약값 그리고 입원 대신 병원과 제휴한
숙소에서 천천히 몸을 추스르는 동안 비용을 탕진하게 된다는

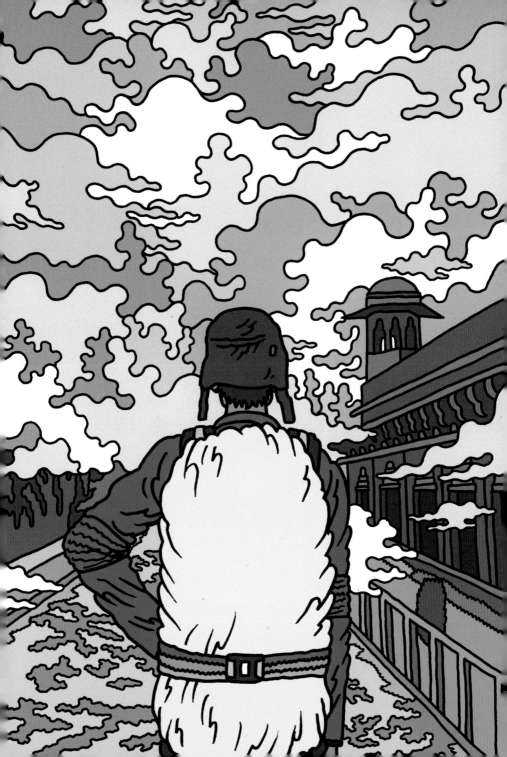

것이었다. 만약 그 타깃이 나라면? 상상도 하기 싫다. 이런 아그라에 대한 괴소문들은 이미 자이살메르를 여행할 때부터 여행자들 사이에서 꽤나 화제가 되었다.

　이런 소문 때문에라도 타지마할만 방문한 후, 당일 저녁 곧바로 아그라를 뜰 생각이었다. 일단 조드푸르-아그라행 버스와 도착 당일 저녁시간의 아그라-바라나시Varbnasi행 기차를 함께 예매하는 데 성공했다. 그리고 1박을 하지 않을 작정이니, 두 끼의 식량까지 미리 확보해두었다. 다음 여행지에 도착하기도 전에 이런 적은 처음이었다.

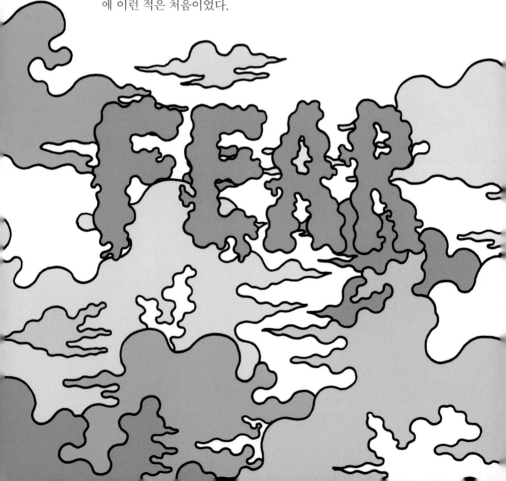

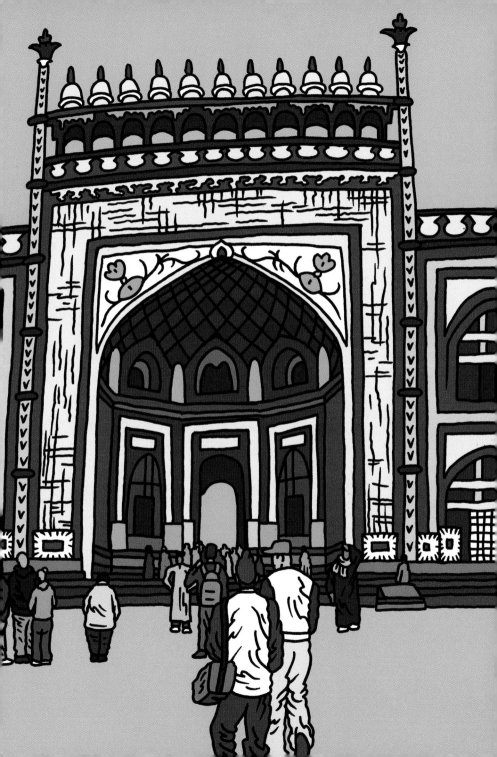

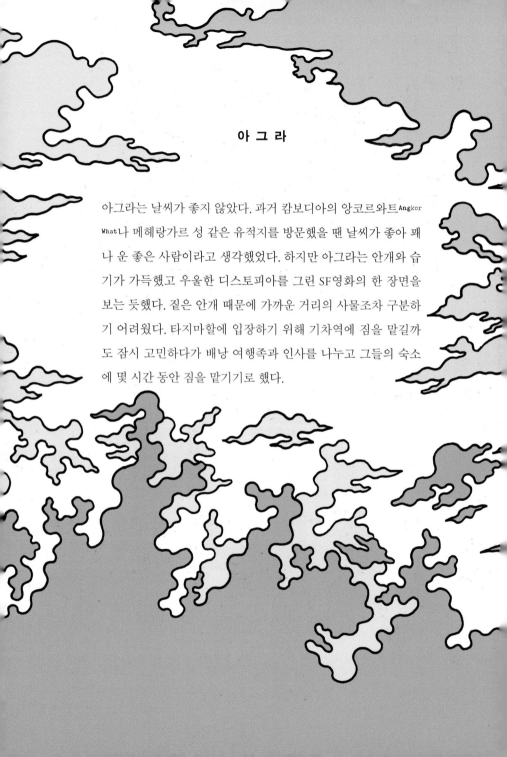

아 그 라

아그라는 날씨가 좋지 않았다. 과거 캄보디아의 앙코르와트Angkor What나 메헤랑가르 성 같은 유적지를 방문했을 땐 날씨가 좋아 꽤 나 운 좋은 사람이라고 생각했었다. 하지만 아그라는 안개와 습 기가 가득했고 우울한 디스토피아를 그린 SF영화의 한 장면을 보는 듯했다. 짙은 안개 때문에 가까운 거리의 사물조차 구분하 기 어려웠다. 타지마할에 입장하기 위해 기차역에 짐을 맡길까 도 잠시 고민하다가 배낭 여행족과 인사를 나누고 그들의 숙소 에 몇 시간 동안 짐을 맡기기로 했다.

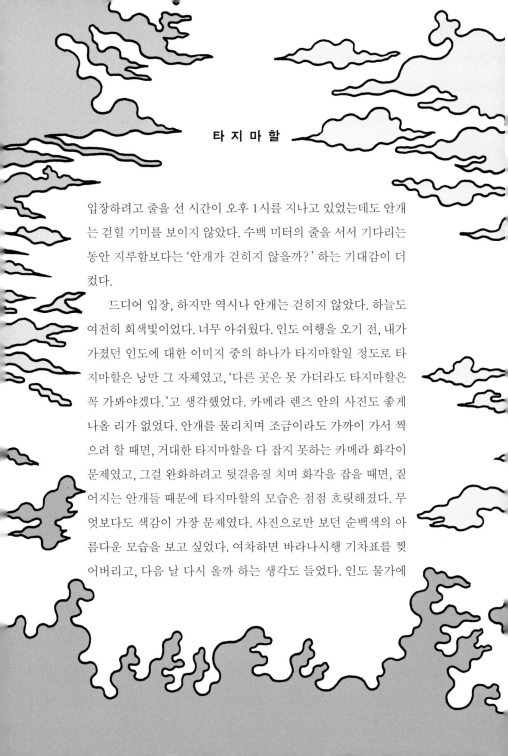

타 지 마 할

입장하려고 줄을 선 시간이 오후 1시를 지나고 있었는데도 안개는 걷힐 기미를 보이지 않았다. 수백 미터의 줄을 서서 기다리는 동안 지루함보다는 '안개가 걷히지 않을까?' 하는 기대감이 더 컸다.

드디어 입장, 하지만 역시나 안개는 걷히지 않았다. 하늘도 여전히 회색빛이었다. 너무 아쉬웠다. 인도 여행을 오기 전, 내가 가졌던 인도에 대한 이미지 중의 하나가 타지마할일 정도로 타지마할은 낭만 그 자체였고, '다른 곳은 못 가더라도 타지마할은 꼭 가봐야겠다.'고 생각했었다. 카메라 렌즈 안의 사진도 좋게 나올 리가 없었다. 안개를 물리치며 조금이라도 가까이 가서 찍으려 할 때면, 거대한 타지마할을 다 잡지 못하는 카메라 화각이 문제였고, 그걸 완화하려고 뒷걸음질 치며 화각을 잡을 때면, 짙어지는 안개들 때문에 타지마할의 모습은 점점 흐릿해졌다. 무엇보다도 색감이 가장 문제였다. 사진으로만 보던 순백색의 아름다운 모습을 보고 싶었다. 여차하면 바라나시행 기차표를 찢어버리고, 다음 날 다시 올까 하는 생각도 들었다. 인도 물가에

비해 꽤 비싼 입장료까지 지불했으니 해질녘까지는 이곳에서 버틸 심산으로 계단에 걸터앉아 누나와 이런저런 이야기를 나누며 시간을 보내고 있었다. 그때 어떤 한국인 남자가 내게 다가와 말을 걸었다.

"혹시 XX밴드에서 노래하시는 분 아니세요?"

그래서 우리는 잠시 즐거웠던 해프닝도 있었다.

날씨는 점점 더 흐려졌지만 내 마음은 그렇게 우울하지도 않았다. 인도에 온 후로 내가 계획하거나 원하는 일이 생각보다 쉽게 이루어지지 않는다는 사실에 적응하던 때였다. 그리고 이럴 때 동행이 있어 참 다행이라는 생각이 들었다. 만약 나 혼자였다면 하늘을 원망하며 당장 타지마할을 박차고 나갔을 것이다. 우리가 얘기를 나누며 기다린 지 한 시간 정도 지났을까? 순간 멋진 광경이 우리 눈앞에 펼쳐졌다.

순식간에 안개가 걷히며 강렬한 햇빛이 모습을 비추었고, 이어서 흰색 궁전의 타지마할이 자태를 드러냈다. 정말 만화의 한 장면처럼 순식간에 일어난 일이었다. 햇빛을 받은 타지마할은 그야말로 명불허전이었다. 나는 몇 년 전 방문했던 앙코르와트 사원에서 일출을 보았을 때와 비슷한 감동을 느꼈다. 변덕스런 날씨가 이런 식으로 내게 감동을 주다니. 해가 질 때까지 놀이공원에 처음 온 꼬마처럼 타지마할 안에서의 시간을 맘껏 즐겼다. 항상 이리저리 치이고 다녔던 내게 이런 시간은 정말 달콤했다.

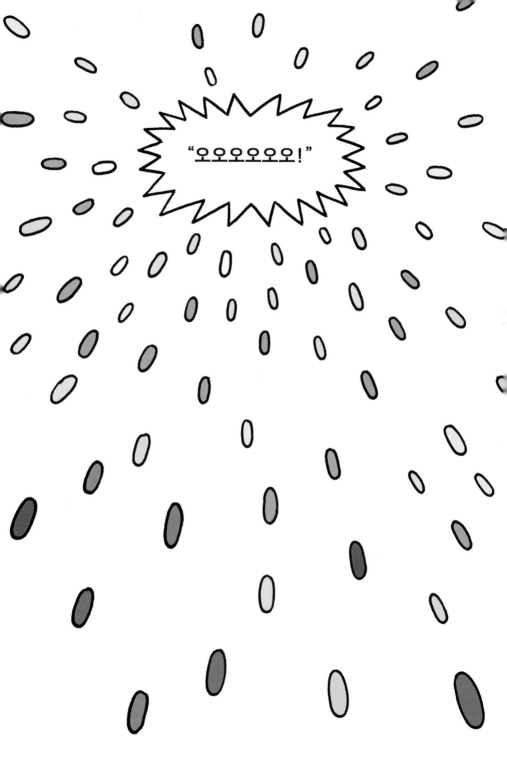

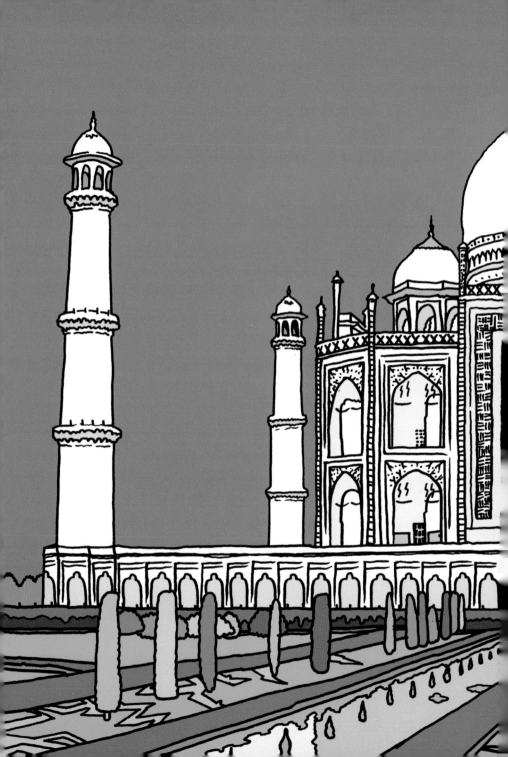

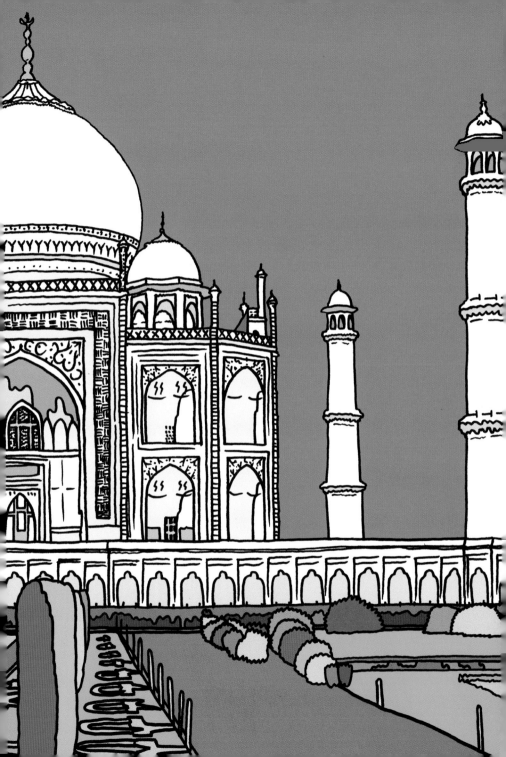

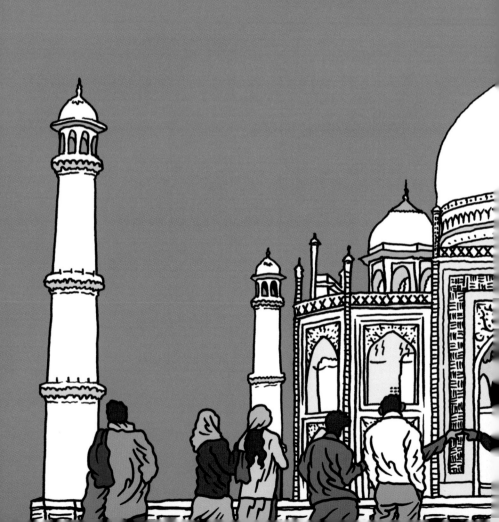

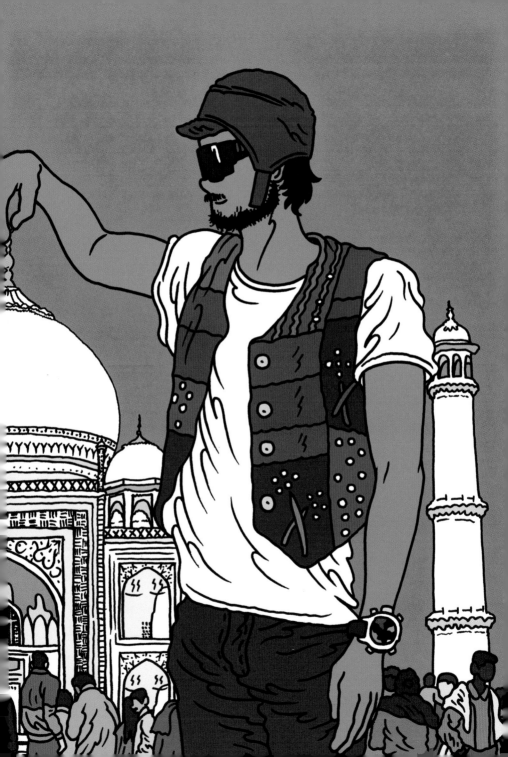

디아

바라나시 갠지스 강에 소원을 빌며
띄우는 꽃초. 어행자든 인도인이든
너나 할 것 없이 각자의 진정성을 담는다.

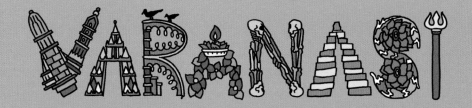

VARANASI

바
라
나
시

SLEEPER CLASS

기 차 이 동

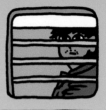

타지마할에서 나와 아그라칸트 역에서 바라나시행 기차 SL칸에 올랐다. 기차 이동을 많이 해야 하는 인도 여행에서 나는 겨우 두 번째 경험이었다. 인도 여행 후 많은 사람들이 잊을 수 없는 추억으로 기차 이동을 꼽는데, 그중에서도 SL클래스가 아닐까 싶다.

델리에서 자이살메르 구간을 이용했던 3A클래스와의 차이점은 에어컨이 없다는 점이지만, 실제론 엄청난 차이가 있었다. SL클래스는 그야말로 무법천지였다. 무임승차를 한 수많은 인도인들은 호시탐탐 내 자리를 노렸고, 좀도둑들 때문에 배낭을 와이어나 쇠사슬을 이용해 좌석 하단에 고정해야만 새벽 도둑들을 방지할 수 있었다. 거기에 거지들의 구걸, 자리다툼, 강제판매, 코고는 소리, 갓난아이를 들쳐 업은 아낙의 자리 구걸 등 많은 요소들을 안고 가야 한다. 하지만 지금 와서 생각해본다면 왜 사람들이 SL을 기차 이동의 묘미로 꼽는지 이해가 된다. 적어도 3A보다는 인도스럽달까. 그리고 가격도 싸다. 여행자들에겐 많은 장애요소가 있지만 인도 사람들의 장난기어린 성격과 온정 또한 느낄 수 있는 곳이 SL이다. 특히 델리, 아그라−바라나시 구간은 인도 전역의 구간들 중에서도 가장 악명 높다고 한다.

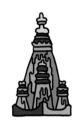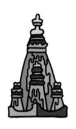

바 라 나 시

여행 초반에 험난한 이동을 한 덕택인지 이제 10~20시간 정도의 지루함은 무덤덤해졌다. 지난밤엔 영어를 한 마디도 못하는 인도 남성 무리가 나와 누나를 신기하게 쳐다보며 힌디어로 비웃듯이 조롱을 해댔다. 그들은 내 선글라스를 뺏어 쓰기도 하며 장난을 쳤는데, 반복되는 장난은 당하는 사람의 분노를 끄집어내는 결과를 초래했다.

"짤로!(꺼져!)"

그리고 내 좌석 대각선 쪽에 대전에서 왔다던 남자들은 아그라에서 말로만 들었던 '음식 사기'에 된통 당한 뒤 4일을 앓아누웠다고 한다. 겨우 몸을 추스르고 공포의 도시를 탈출했다는데, 아직 몸이 완전한 상태가 아니었다. 우리는 아그라에 대한 욕을 하면서 친해져 다시 4명의 파티가 이루어졌다.

바라나시 정션Junction역을 나오자마자 마주친 엄청난 인파들이 뿜어내는 강한 에너지에 놀랐으며, 탁한 공기와 혼란스러움의 극치에 숨이 막혔다. 그리고 지금까지 여행했던 인도의 모습들과는 조금 다른, 본연에 가까운 심연을 느낄 수 있었다.

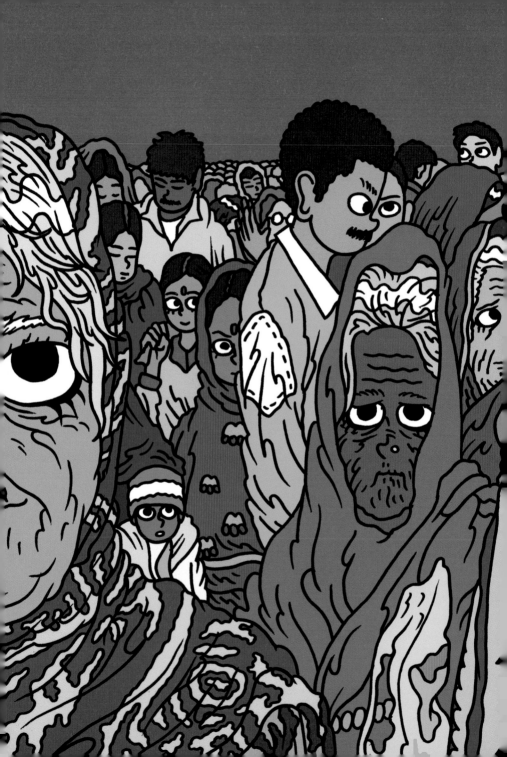

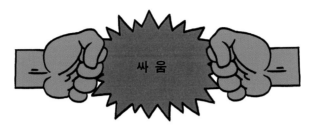

싸 움

사실 바라나시와의 첫 만남은 그리 유쾌하지 못했다. 우리는 여행자 숙소가 몰려 있으며 가트(갠지스 강의 층계단)와 가까운 뱅갈리토라Bangali Tola 동네를 가기 위해 오토릭샤를 잡아타야 했는데, 일반적으로는 적극적으로 흥정을 한 뒤 오토릭샤를 타는 편이지만, 모두들 지쳐 있었으며 신경이 날카롭게 서있던 터라 오늘은 대충 흥정을 하고 탑승을 했다.

본래 봐두었던 숙소가 있었기에 그곳을 지명하고 한 대의 오토릭샤에 운전수까지 총 5명이 타는 불편함이 있었지만, 비온 뒤의 질퍽한 길을 걸어가느니 당연히 얼른 가서 쉬자는 쪽으로 의견이 일치했다. 문제는 숙소에 도착하고 나서부터였다. 아무리 보아도 사진으로 봤던 그 숙소가 아니었다. 다만 숙소 이름이 스펠링 하나를 빼곤 똑같았다. 시설에 비해 비싼 숙박료는 말할 것도 없었다. 곧이어 '이 녀석이 이곳과 제휴를 한 뒤, 우리를 속였구나!' 하는 생각이 들어 당장 뱅갈리토라에 위치한 숙소로 데려가 달라고 항의를 했다.

그 사기꾼 녀석은 아주 당당했다. 다시 릭샤를 타고 그곳에 가려면 100루피를 더 내고, 그게 싫다면 걸어가는 대신 20루피를 추가로 내라는 말도 안 되는 소리를 했다.

"우린 이제부터 걸어서 갈 거다. 이 사기꾼 놈아."

하지만 그는 다시 우릴 붙잡으며 끈질기게 돈을 요구해왔다. 그는 내가 인도에서 만난 모든 릭샤왈라들, 장사치들 중에 가장 독종이었다. 처음엔 뻔뻔하게 나오다가도 이렇게 한번 으레 성질을 내고 나면 보통 떠나기 마련이었다. 인도를 여행하면서 생기는 어이없는 에피소드와 인도인의 뻔뻔함에 대해선 이미 '그럴 수도 있지.'라는 체념으로 넘기게 되었는데, 그날은 도저히 참을 수가 없었다. 분노한 우리 일행은 일제히 그 녀석에 대항해 욕을 퍼부었다.

"이 거지 같은 놈아! 더 이상 우릴 짜증나게 하면 널 죽일지도 모르니 꺼지라고!"

"나도 널 죽일 수 있다. 죽기 싫으면 얼른 돈을 내놔."

순간 꾹꾹 참고 있던 내 안의 분노가 드디어 폭발했다. 나는 배낭을 땅바닥에 내팽개친 뒤, 왼손으로 있는 힘껏 녀석의 멱살을 잡아 올렸다.

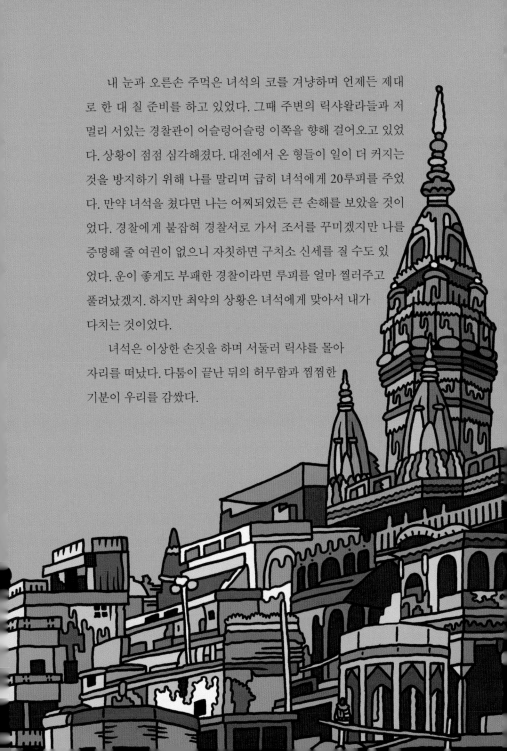

내 눈과 오른손 주먹은 녀석의 코를 겨냥하며 언제든 제대로 한 대 칠 준비를 하고 있었다. 그때 주변의 릭샤왈라들과 저 멀리 서있는 경찰관이 어슬렁어슬렁 이쪽을 향해 걸어오고 있었다. 상황이 점점 심각해졌다. 대전에서 온 형들이 일이 더 커지는 것을 방지하기 위해 나를 말리며 급히 녀석에게 20루피를 주었다. 만약 녀석을 쳤다면 나는 어찌되었든 큰 손해를 보았을 것이었다. 경찰에게 붙잡혀 경찰서로 가서 조서를 꾸미겠지만 나를 증명해 줄 여권이 없으니 자칫하면 구치소 신세를 질 수도 있었다. 운이 좋게도 부패한 경찰이라면 루피를 얼마 찔러주고 풀려났겠지. 하지만 최악의 상황은 녀석에게 맞아서 내가 다치는 것이었다.

녀석은 이상한 손짓을 하며 서둘러 릭샤를 몰아 자리를 떠났다. 다툼이 끝난 뒤의 허무함과 찜찜한 기분이 우리를 감쌌다.

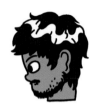 **삶 과 죽 음**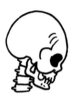

이동의 피로감과 진흙밭의 길을 피하고 싶어 릭샤를 이용했지만, 결과적으로 우린 질퍽이는 길을 몇백 미터 걸어서 원하는 숙소에 도착하였다. 1월이지만 배낭의 무게와 그리 춥지 않은 기온 때문에 온몸은 땀투성이가 되었다. 숙소에 짐을 풀고 바로 가트를 보러 나갔다.

힌두교와 불교 등 종교의 성지이며 순례자들의 순례행렬이 끊이지 않는 풍경이었다. 하지만 그 옆에는 사기꾼들이 가짜 마사지와 가짜 기도로 여행자들에게 작업을 하고 있었다. 가트 중간엔 많은 이들이 일렬로 걸터앉아 구걸 행세를 하고 있었고, 까마귀 떼들이 짙은 안개를 헤치며 날아다니고 있었다.

가트는 약 3~4km에 걸쳐 수많은 종류가 있는데 그중에서도 가장 많은 사람들이 몰려 있는 곳은 마니카르니카 가트 Manikarnika Ghat다. 이유는 가장 오래된 성스러운 곳으로 죽은 사람을 불태워 갠지스 강물에 뿌리는 중심 화장터가 있기 때문이다. 마니카르니카 가트는 24시간 불이 꺼지지 않으며 '라마신은 알고 계신다.'라는 의미의 '람람 싸드아헤'라는 말이 주문처럼 울려 퍼지고 있었다.

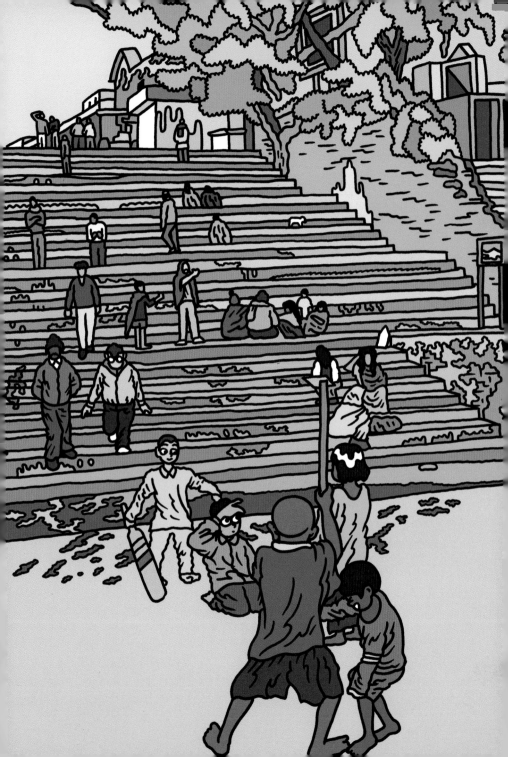

화장한 시체의 잔재가 윤회적인 의미를 가진 갠지스 강으로 흘러가는 것을 보며, 많은 사람들이 죽음에 대해서 생각하고 자신의 삶을 되돌아본다고 한다. 화장터의 바로 옆에는 이런 의식이 일상이 되어서 감정 자체가 무뎌졌는지, 아니면 죽음의 의미조차 모르는 건지, 천진난만한 아이들이 너무나 평화롭게 크리켓을 하고 있었다. 가트는 삶과 죽음, 극과 극은 항상 공존한다는 것을 보여주었다.

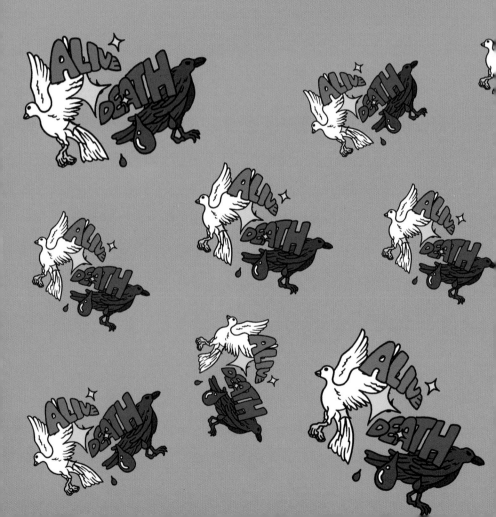

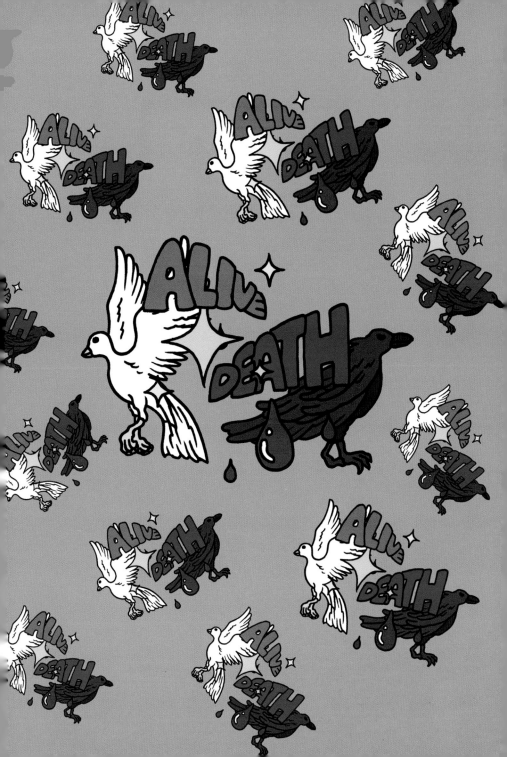

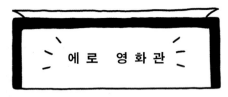

에로 영화관

뱅갈리토라에서 나와 고돌리아Godoulia 시장을 돌아다니다가 꽤나 흥미로운 곳을 발견했다. 에로 영화관이었다. 고등학생 시절 학교로 가는 길모퉁이에 외관이 허접한 에로 영화관이 있었다. 그 영화관은 3년 내내 내 시선을 잡아끌었다. 결국 내가 성년이 되기 직전에 망했지만 그 길을 지날 때마다 그때를 떠올리곤 한다.

에로 영화지만 수위는 높지 않았다. 여성이 전라로 나오는 장면 따위는 없었다. 인도가 보수적인 가치관의 나라라는 점을 생각한다면 충분히 이해가 되었다. 하지만 술도 마음껏 구입할 수 없는 성지인 바라나시에 에로 영화관이라니, 얼마나 아이러니한 일인가. 영화보다도 재미있던 건 관객들의 반응이었다. 영사기가 너무 낡은 탓에 덜덜거리는 소리와 함께 가끔씩 화면이 꺼졌다. 그럴 때면 수많은 남성들이 스크린을 향해 팝콘을 던지거나 욕을 퍼부었다. 다시 화면이 돌아오거나 러브신이 나올 때면 환호성과 휘파람소리를 내며 흥분했다. 늙고 힘없어 보이는 노인 관객들은 쉰소리를 내며 반응했다. 영화가 끝나자 그들은 다시 일터로 돌아갔다. 그들에게 있어 영화는 고단한 일상을 잠시 덜어 주는 활력소였다.

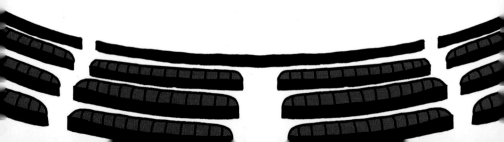

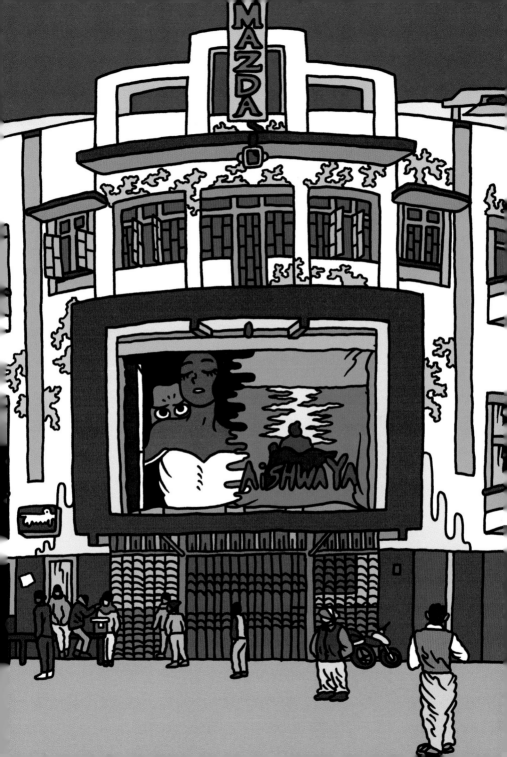

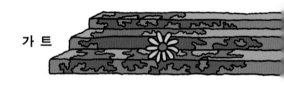

가 트

바라나시에 있는 동안 가장 많이 갔던 곳이 가트였다. 점심을 먹
고 나면 북적이는 화장터를 벗어나 한적한 가트에 앉아 음악을
들으며 책을 읽는 시간을 가졌다. 사실 바라나시에 온 후로 몸
이 계속 아팠는데, 그걸 이겨내 보고자 밖으로 돌아다니다가 결
국엔 가트로 오게 된 것이다. 그렇게 하염없이 낮 시간을 보내고
숙소로 돌아올 때면 많은 생각이 나를 따라오게 된다.

성서에 몰입해 자신만의 세계로
빠져 들어간 '사두'는 도대체 종교의 어
떤 힘이 많은 사람들의 마음을 한곳으
로 모으며, 맹목적임을 갖게 하는지 궁
금하게 만들었다.

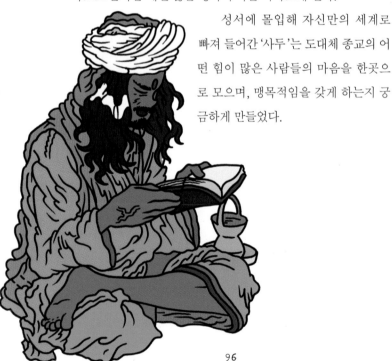

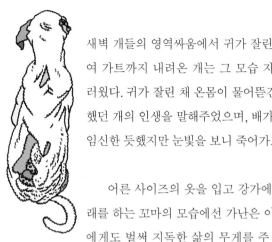

새벽 개들의 영역싸움에서 귀가 잘린 채 부상을 당하여 가트까지 내려온 개는 그 모습 자체로 너무 안쓰러웠다. 귀가 잘린 채 온몸이 물어뜯긴 상처들이 험난했던 개의 인생을 말해주었으며, 배가 부른 걸로 보아 임신한 듯했지만 눈빛을 보니 죽어가고 있었다.

어른 사이즈의 옷을 입고 강가에서 악에 받쳐 빨래를 하는 꼬마의 모습에선 가난은 이 꼬마에게도 벌써 지독한 삶의 무게를 주었다는 암울한 느낌을 지울 수가 없었다. 자기보다 훨씬 큰 어른옷의 빨래를 내리치면서 반복적으로 일그러지는 아이의 표정은 너무나 고통스러워 보였다. 내가 몰래 사진을 찍는 걸 알아차린 녀석은 내게 소리쳤다.

"기브 미 원 루피!"

다 짐

신을 향해 바치는 기도의식인 아르티 푸자Arti Puja를 감상한 후, 너도 나도 디아(손바닥 만한 꽃초)에 불을 붙여 소원을 빌며 어두운 강 위에 띄워 보낸다. 사람들은 모두 두 손을 합장한 후 밤을 비추는 디아를 보며 경건하게 기도를 올렸다.

여행이 끝나면 앞으로 어떻게 살아갈 것인지에 대해, 그리고 또다시 흔들릴 나를 위해 기도를 했다. 미래에 어떤 일들을 하고 있더라도 후회 없는 선택을 하길 바라며, 어떠한 고난이 닥쳐도 버틸 수 있는 힘과 성과의 크기에 연연하지 않는 성격을 갖겠다고 다짐하며 조심스레 갠지스 강 위에 디아를 띄웠다.

여행 오기 몇 달 전부터 지금까지 나는 그림을 단 한 장도 그리지 않았었다. 그런데 디아를 띄워 보내고 나니 그림에 대한 열망이 조금씩 살아남을 느끼고 있었다.

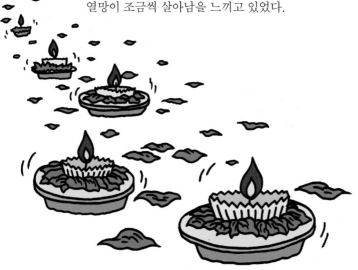

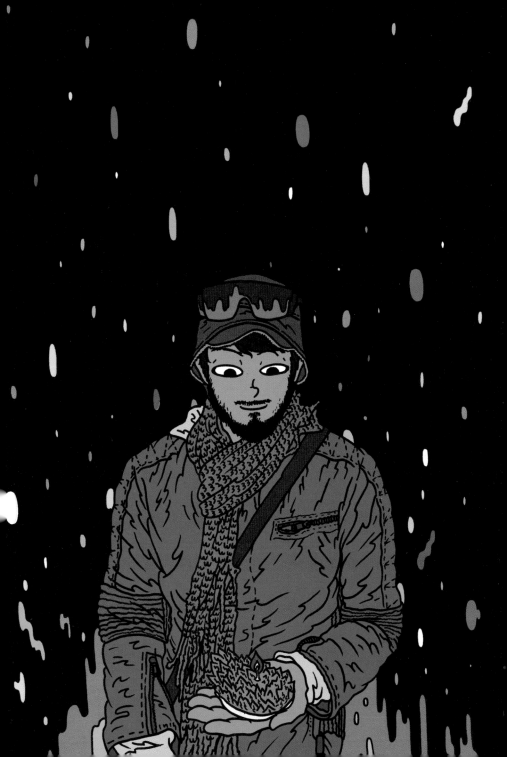

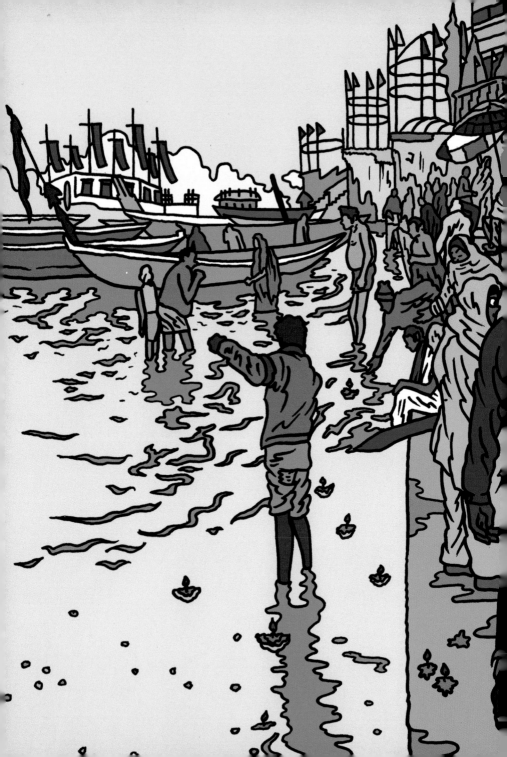

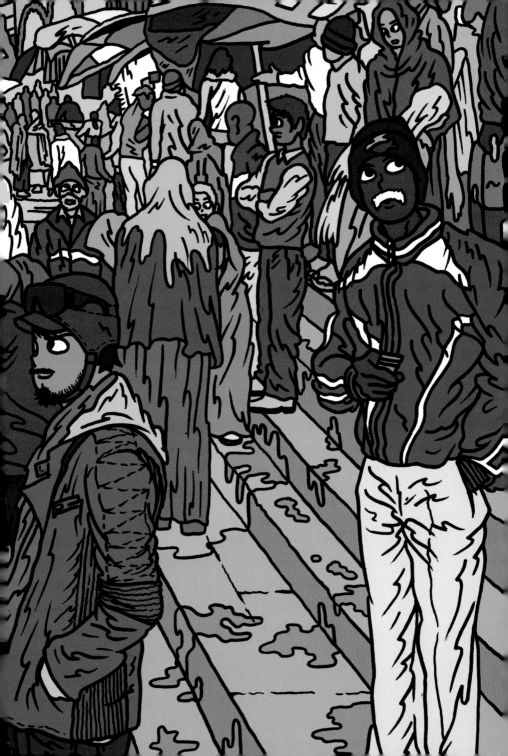

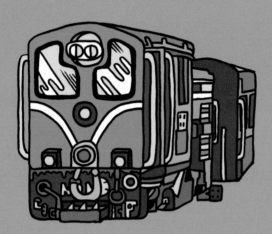

토이 트레인
본래는 다르질링 차Tea를 나르기 위해
만들어진 증기기관차였으나 현재는
관광용으로의 의미가 더 크다.
너무 느려서 나는 이용하지 않았다.

다르질링 홍차
질이 좋기로 세계적으로 유명한
다르질링 일대에서 재배되는 홍차.
기념품으로 좋다.

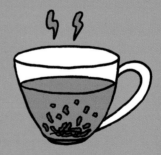

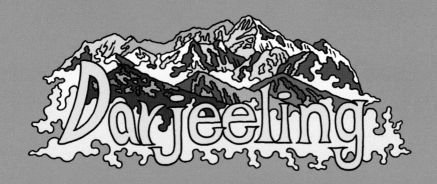

DARJEELING

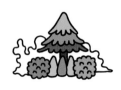 # 다 르 질 링 가 는 길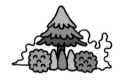

바라나시를 떠나기 전날 누나와 나는 둘 다 많이 아팠다. 다르
질링Darjeeling을 가기 위해서는 바라나시 정션 기차역에서 기차
를 타지 않고 릭샤를 타고도 꽤나 먼 거리에 위치한 무갈사라이
Mughalsarai라는 역을 이용해야 했는데, 미처 역까지 가는 시간을
계산 못하고 골골 대며 있다가 제대로 인사도 못하고 황급하게
누나와 헤어졌다. 이번 여행에서 잊을 수 없는 고마운 사람인데,
'서울에서 다시 만나자!'라는 짧은 인사만 남긴 채 헤어진 것이
자꾸 마음에 걸렸다. 아그라에서 바라나시까지 오는 기차에서
만난 대전 형님들은 이미 며칠 전 귀국을 위해 떠난 뒤였다.

용케도 시간에 맞춰 역에 도착했건만 열차는 오지 않았다.
겨울철에 자주 연착되는 것이 인도 기차인 터라 이곳 사람들은
대수롭지 않게 여겼다. 나 역시 이젠 몇 시간의 기다림 정도는
아무렇지도 않았지만 고열증세 때문에 몸이 너무도 아팠고 또다
시 나는 혼자가 되었다는 사실, 그리고 3시간이 지나도 언제 기
차가 도착한다는 소식조차 없어 몸은 물론 심리적으로도 괴로웠
다. 누군가가 옆에 있었으면 했다.

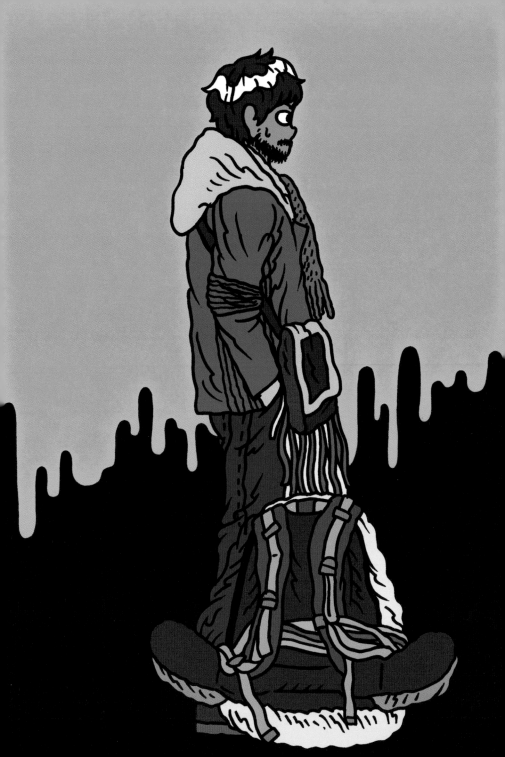

3시간, 4시간, 5시간이 지나도 기차는 오지 않았다. 밤이 깊어가자 기온이 급하게 떨어져, 나처럼 오매불망 기차를 기다리고 있는 사람들이 모여 있는 대합실 웨이팅룸에 가서 잠시 눈을 붙였다.

그리고 다음 날 아침 6시, 드디어 기차가 왔다. 원래 도착 시간보다 12시간이나 연착된 것이다. 우리나라에선 있을 수 없는 일이다. 나는 방전된 몸을 이끌고 힘겹게 내 자리를 찾아갔다. 얼마나 잠을 잤을까. 내 건너편 좌석에 앉은 인도인이 나를 깨웠다.

"헤이! 이제 곧 NJP^{New-Jalpaiguri} 에 도착한다고!"

내가 잠에서 깨자, 모든 승객들의 시선이 나에게로 집중되었다. 하긴 이 기차 칸에서 나는 유일한 외국인 여행자다. 시간은 새벽 1시를 넘기고 있었다. '맙소사! 바라나시에서 NJP까지 약 20여 시간을 내내 잔 것이다. 이런 축복이 있다니!'

게다가 전날 이 기차를 타자마자 인도에서 구입한 감기약을 먹은 뒤 바로 곯아떨어졌다. 약효가 제대로 들었는지 몸이 너무나도 가벼워짐을 느낄 수가 있었다. 갑자기 기분이 좋아졌다. 열차의 칸과 칸 사이 통로에 가서 담배를 피고 돌아왔다.

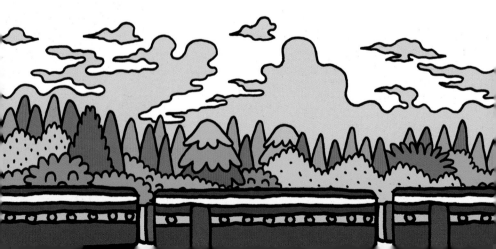

제정신이 들자 열차 안의 분위기는 지금까지 탔던 기차들과는 다른 느낌이었다. 그 이유가 바로 인도인들보다 부탄인들이 많이 타고 있었기 때문이었다. 네팔인은 한국에서도 몇 번 봤지만, 부탄 사람은 처음이었다. 한국 사람과 매우 비슷했지만, 조금 더 촌스럽다고 해야 하나? 마치 나의 할아버지, 할머니의 젊은 시절을 보는 것만 같았다. 시간을 초월한 묘한 느낌들이 났다. 그리고 내 좌석 옆에 앉은 부탄 아줌마는 생김새처럼 마음이 따뜻해 보였다. 나에게 나이를 묻더니 이렇게 말씀하셨다.

"나에겐 너와 동갑인 아들이 있단다. 아까 네가 담배를 피우고 오는 것을 봤어. 만약 내 아들이었다면 나한테 반 죽었을 거야."

또한 20시간 공복으로 허기진 나에게 자신의 음식을 나누어 주었다. 기차 안의 네팔, 부탄인들은 짧은 영어로 다르질링에 대해 궁금증이 많은 나에게 성심껏 답변을 해주었다. 장난기 많은 인도인과는 달리 진지함과 따뜻함을 가진 민족인 듯했다. 아마 인도인이었다면 반대로 대답했을 것이다.

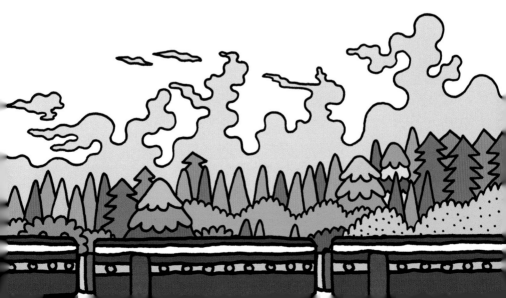

NJP역에 도착한 때는 어느새 2시를 조금 넘긴 시각이었다. 다르질링에 가려면 NJP에서 '토이트레인'이나 지프를 타고 3시간을 또 가야 한다. 토이트레인은 다르질링의 명물로 작은 콘셉트 기차라고 생각하면 된다. 하지만 너무 느려서 7시간이나 걸린다. 문제는 내가 도착한 시간이 깊은 새벽이라 어떠한 교통수단도 운행하지 않는다는 점이었다. 역 근처엔 마땅히 잘 곳도 없었다. 하는 수 없이 기차역에서 아침 6시까지 노숙을 하기로 했다. 여행하며 처음 해보는 노숙이었지만 별로 두려울 것도 없었다. 배낭 여행자가 침낭에 들어가 홀로 노숙을 하고 있는 근처에 나도 침낭을 깔았다. 그러나 너무 추워서 잠이 오지 않았다. 내 초경량 침낭은 1월의 다르질링 추위를 막아내기엔 역부족이었다. 옆에서 곤히 자고 있는 녀석의 두꺼운 침낭이 너무나 탐났다. 그렇다고 도둑이 될 수는 없으므로 조금 더 따뜻한 곳을 찾아 떠났다. 그러다가 기차역 건물 유리창을 통해 침대가 죽 놓여 있는 것이 눈에 들어왔다. '아하! 역에서 운영하는 리타이어링 도미토리구나!' 시간이 늦어서 그런지 관리하는 사람은 보이지 않았다. 나는 몰래 문을 열고 들어가 그들 틈에서 도둑잠을 잤다.

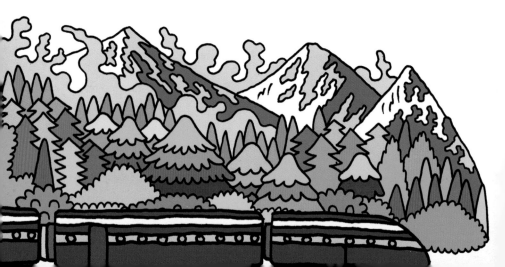

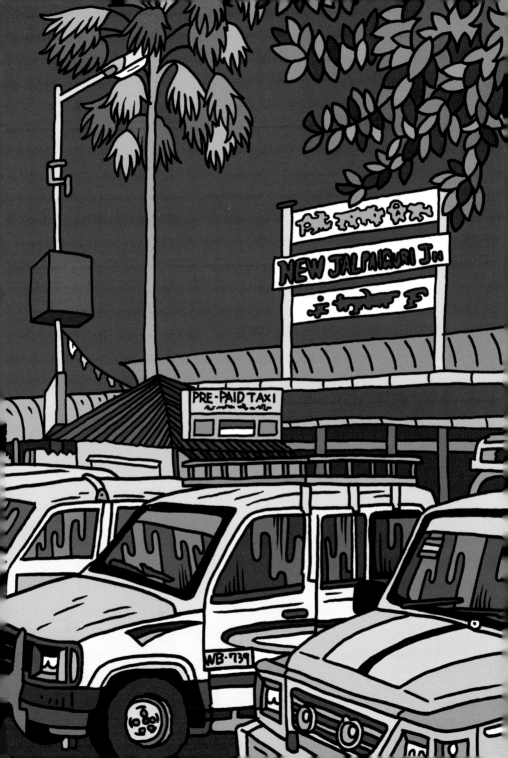

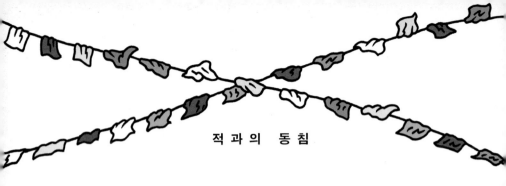

적 과 의 동 침

늦잠에서 깼다. 원래 잠귀가 밝고 예민한 터라 잠이 들어도 중간
에 깨는 편인데, 이번 여행에서 이틀 동안은 세상모르고 잤다.

토이트레인은 도무지 탈 엄두가 나지 않아서, 할 수 없이 지
프를 타기로 했다. 지프에선 탁 트인 시야의 조수석을 두고 미국
인 할아버지와 말싸움을 하게 되었다. 결국엔 내가 양보를 하였
지만 사실 기분이 너무 더러웠다. 그 할아버지는 동양인을 차별
하듯 내게 욕을 해댔고, 운전수에게 무작정 1,000루피를 더 쥐어
주며 자리를 차지했다. 순식간에 나는 돈이 없어서 자리를 빼앗
긴 사람이 되고 말았다.

나는 인도를 여행하면서 겁이 없어졌다. 내게 닥친 상황에
대해서도 피하지 않고 정면으로 맞설 만한 용기와 배짱이 생겼
다고 확신했다. 그러나 이번엔 다른 경우였다. 내 감정보다도 나
보다 훨씬 많은 인생을 살아온 사람에 대한 최소한의 예우가 더
중요하다고 여겼다. 하지만 그가 나에게 한 행동은 정말 무례하
다고 생각되었다. NJP에서 다르질링으로 가는 3시간의 길은 너
무도 아름다웠다. 하지만 적과의 동침으로 너무도 괴로운 시간
이었다.

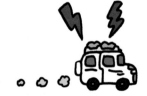

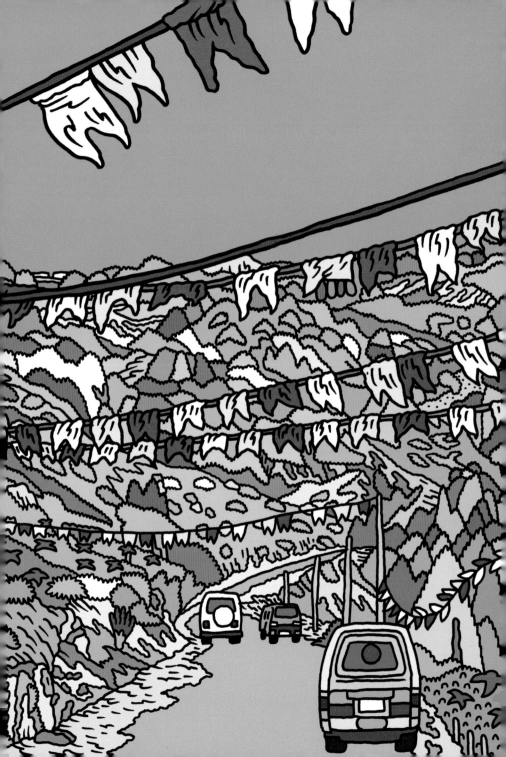

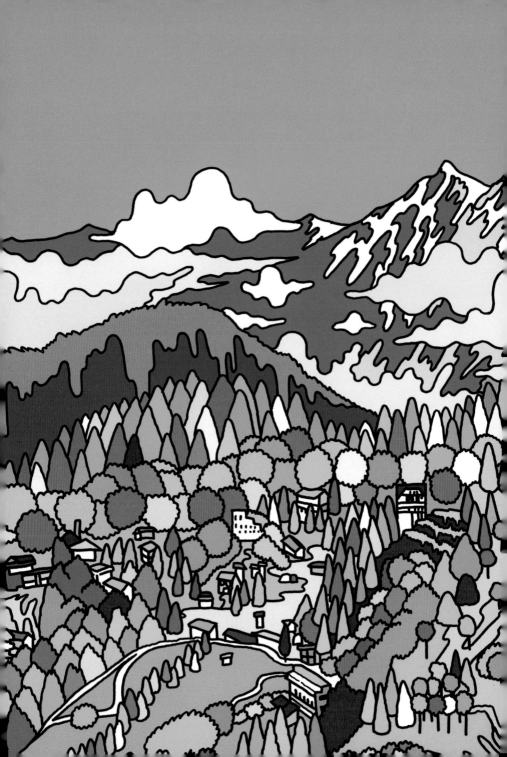

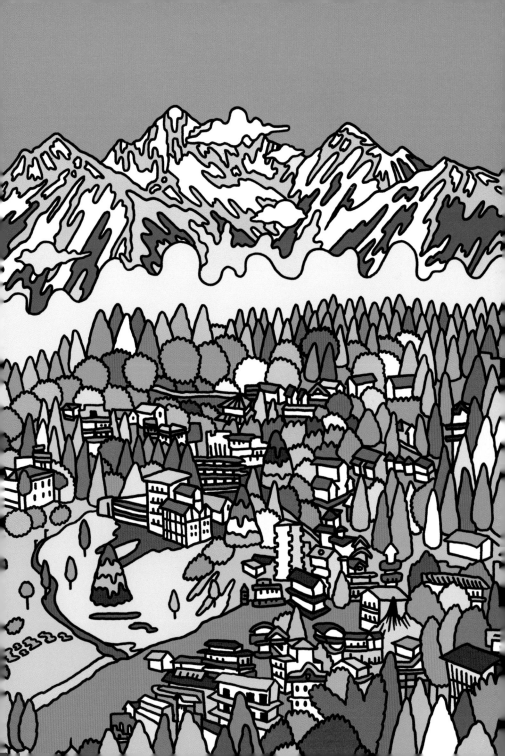

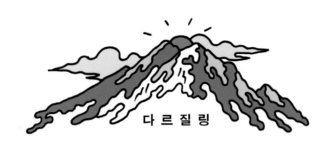

다르질링

밤과 낮의 기온차가 너무 심해 근처 트레킹용품 대여점에 들어가 두꺼운 패딩점퍼를 빌렸다. 여행을 처음 시작한 남인도에서는 12월인데도 너무 더워서 거의 다 벗고 다니다시피 했는데, 지금은 반대로 너무 추워 파카는 기본이고 겹겹이 껴입고 다니게 되었다. 인도의 광활함과 다양함에 다시 놀라게 되었다.

다르질링은 해발 2,200미터의 높은 고도에 위치한 산간 휴양지다. 다르질링 차^{Tea}와 영화 〈다즐링 주식회사〉때문에 더 유명해진 곳이지만 과거엔 이곳도 영국의 식민지령으로 많은 고역과 영향을 받은 곳이다. 인도 사람들보다는 네팔과 부탄에서 온 사람들이 더 많이 살고 있었으며 병풍처럼 다르질링을 감싸고 있는 히말라야 칸첸중가^{Kanchenjunga} 봉의 모습이 압권이었다. 눈앞에 보이는 거대한 설산의 모습이 너무나 멋져서 숙소를 일부러 고지대에 위치한 곳으로 잡았는데, 아침마다 일출과 함께 곁들인 차가 있어 더 이상 부러울 것이 없었다.

한 가지 아쉬운 점은 너무 추워서 그런지 이상하게도 여행자들이 그다지 보이지 않는다는 점이었다. 외국인 여행자들도

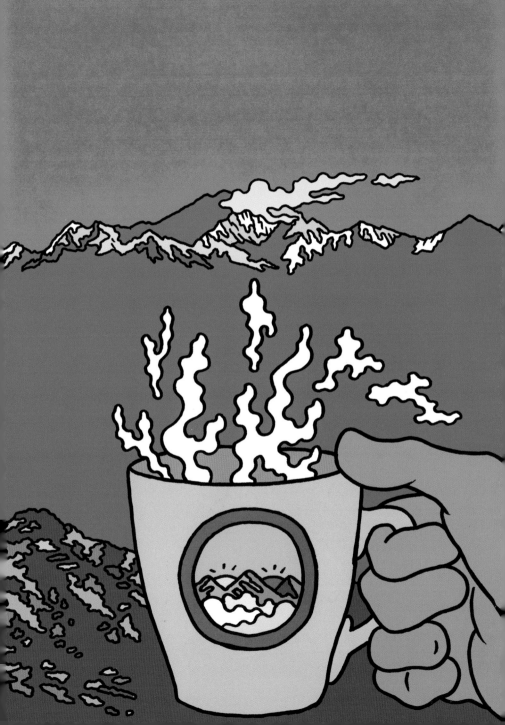

드문드문 있었고, 한국인 여행자는 공교롭게도 나와 같은 숙소에 투숙중인 설인처럼 생긴 사람을 제외하면 단 한 명도 볼 수가 없었다. 그분과 친해져서 같이 다니고 싶었지만 방 안에서 마리화나만 피워대느라 정신이 없어 보였다. 지금은 집으로 돌아갔을 여행에서 만난 친구들이 너무나 그리웠다. 이 좋은 풍경과 낭만을 같이 즐기면 배가 될 텐데……. 혼자 먹는 밥과 차는 그다지 달지 않다.

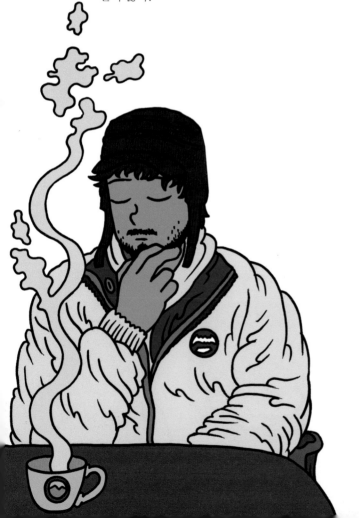

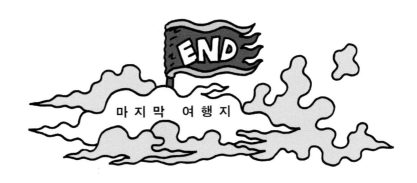

마지막 여행지

여행 막바지에 다르질링을 선택한 것은 다분히 충동적인 결정이었다. 바라나시에 있을 때 내게 남은 여행기간은 2~3주 정도였다. 딱히 어디를 갈 생각이 없었던 터라 이대로 바라나시에서 지내다 귀국하려 했다. 그러나 어떤 이유인지 바라나시에만 있으면 몸이 무겁고 자주 아팠다. 쉽게 떨어지지 않는 잔병치레가 바라나시를 떠나고 싶은 마음을 자꾸만 부추겼다.

그때 우연히 숙소 로비에서 본 지도와 다르질링에 대한 안내 책자가 결정적으로 나를 움직였다. 원래 여행의 마지막으로 네팔의 설산을 보러 가고 싶었으나 여권 문제로 사실상 포기를 했던 내게 다르질링은 또 다른 가능성을 불러일으켰다. 네팔의 국경과 맞닿아 있으며, 히말라야 칸첸중가의 산맥이 뻗어 있는 곳. 지금까지 여행한 인도와는 다른 모습이 상상되었다. 아마 다르질링엘 간다면 그곳이 이번 여행의 마지막 지점이라고 생각했다.

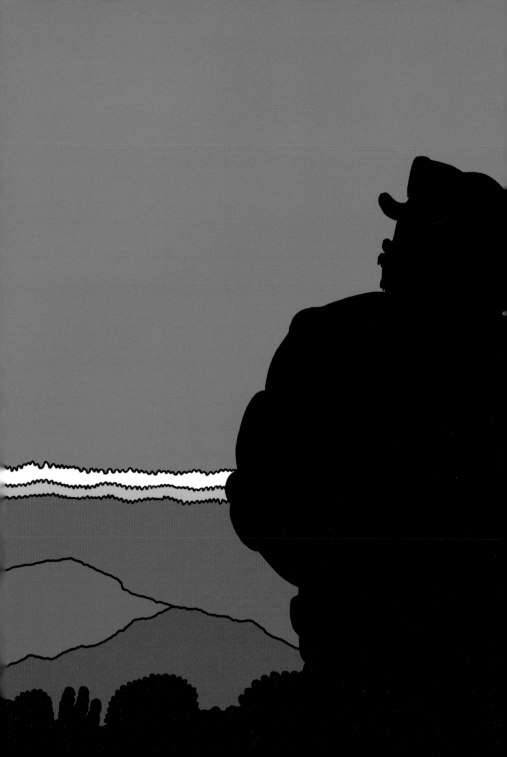

그리고 다음 날 아침
히말라야를 보러 떠나기로 결심했다.

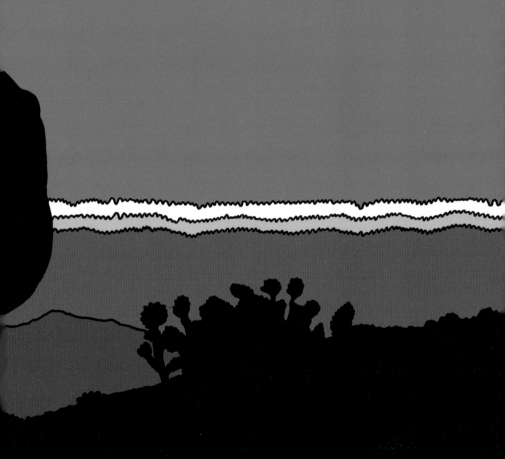

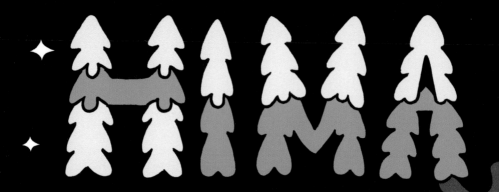

HIMALAYA

히
말
라
야

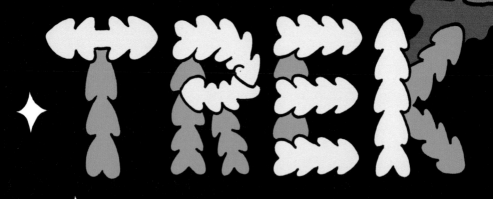

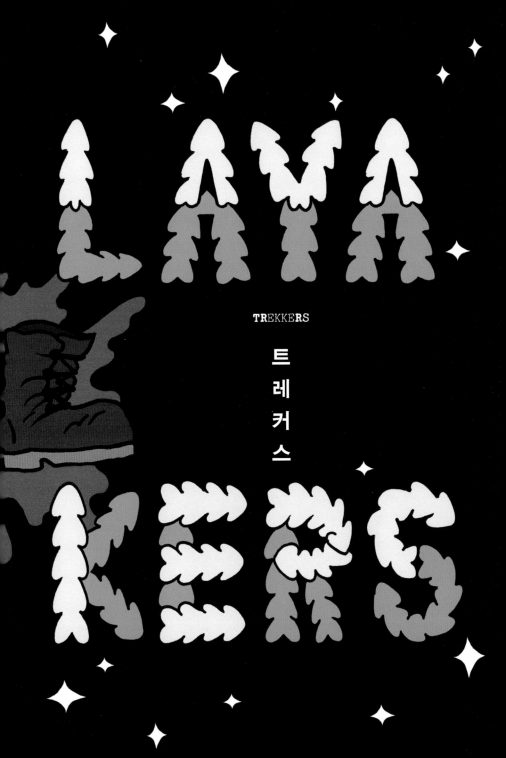

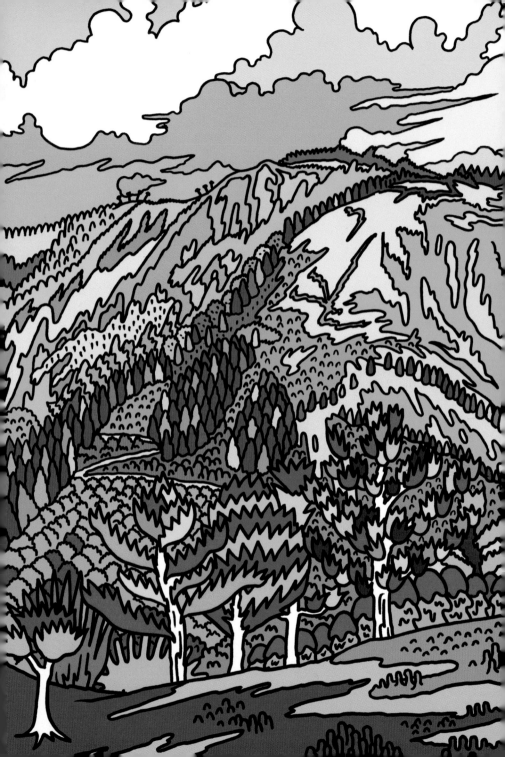

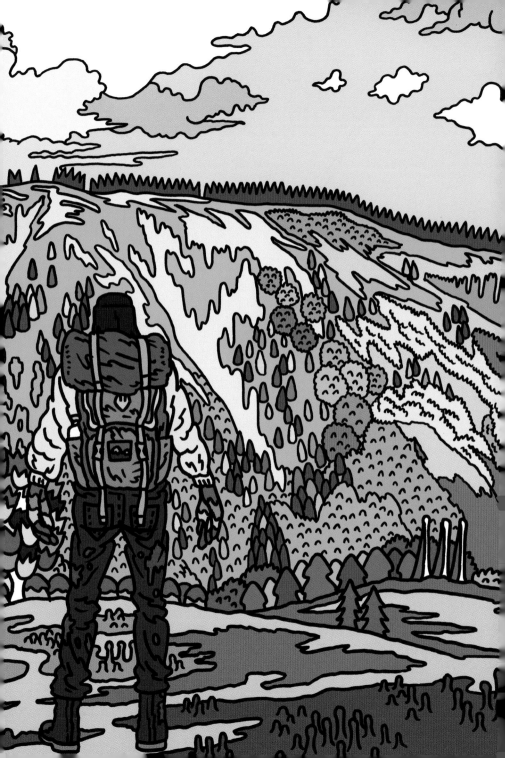

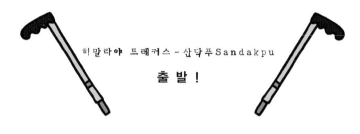

드디어 히말라야를 향한 출발의 아침이 밝아왔다. 필요 없는 짐들은 모두 숙소에 맡기거나 버리고 가볍게 배낭을 꾸려서 나왔다. 한국에서 인도로 출발할 때엔 뭐가 그리 많이 필요했는지 이것저것 다해서 9㎏이나 되었는데, 이제는 조금이라도 더 버렸으면 하는 마음이 간절했다. 여행을 다니면서 내게 필요한 것들과 불필요한 것들을 잘 구별할 수 있게 된 것도 큰 강점이다.

어젯밤에 방문한 여행사에서는 다르질링은 네팔 카트만두나 포카라처럼 트레킹을 주목적으로 오는 곳이 아니기 때문에 셀파(트레킹 가이드)를 고용하는데 이틀에 8,000루피라는 터무니없는 가격을 제시했다. 8,000루피면 내겐 너무도 큰 액수의 금액이었다. 게다가 3박4일을 목표로 잡고 트레킹을 하려면 1만6천 루피의 거액을 지불해야 하는데 내겐 그만한 여유가 없었다.

낙담하여 여행사를 나오다가 우연히 길에서 마주친 나이 많은 트레커가 내게 나지막이 말을 건넸다.

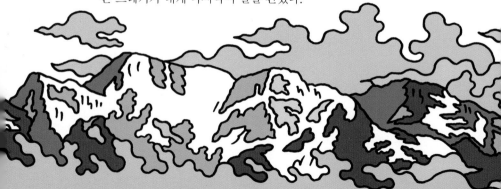

생각을 해보니 트레커의 말이 백번 맞았다. 나는 트레킹=여행사라는 암묵적인 공식에 나도 모르게 수긍하고 있었던 것이다. 어쩌면 시스템이나 상황에 맞춘 것들이 습관화 될 때 여행의 질은 하락할지도 모른다는 생각이 들었다. 현재 다르질링에 얼마 남지 않은 트레커들은 모두 여행사를 거치지 않는다는 사실 또한 알게 되었다. 나는 내 힘으로 혼자 해보기로 결심했다.

트레커와의 짧은 대화 후 다르질링 시내를 돌아다니며 트레킹에 대한 정보를 캐내기 시작했다. 여행사를 거치는 방법보다는 개인적으로 산에 가는 루트를 알아내고 셸파까지 수수료 없이 고용해보는 방식을 택한 것이다. 이렇게 하면 비용을 대폭 줄일 뿐만 아니라 더 많은 것을 경험할 것이다. 트레킹숍 직원부터 산일을 하는 사람들, 그리고 숙소 주인들에게서 최신 정보들을 빠르게 입수했다.

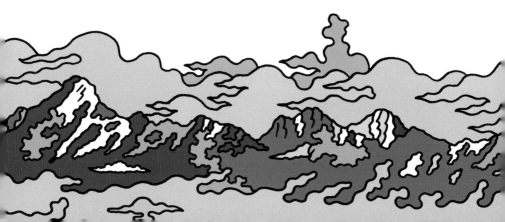

아침 일찍 다르질링 버스 정류장에서 버스를 탄 후, 2번을 더 미니버스와 지프를 갈아타고 나서야 겨우 트레킹 출발지인 '마니반장' 마을에 도착하게 되었다. 여행사를 통했다면 한방에 모든 것이 해결되었겠지만 대신 지금의 나는 감을 잡을 수 없는 무한의 자신감을 얻게 되었다. 이대로라면 내 눈앞의 설산을 단숨에 정복이라도 할 기세였다. 셸파 고용도 쉽게 할 수 있었다. 비용도 4일을 동행하는 조건으로 800루피. 우리나라 돈으로 2~3만 원가량이다. 처음 여행사에서 제시했던 금액의 20분의 1밖에 안 되는 금액이었다. 그리고 나와 함께 4일간 동행을 하게 된 셸파는 자신의 이름을 '카르마'라고 소개했다. 그동안 여행을 하면서 들어본 타인의 이름 중 가장 멋진 이름이었다.

"내 이름은 용오다. 김용오, 용오킴. 아니, 프렌드라고 불러!"

126

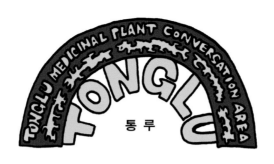

통루

산닥푸Sandakpu를 향한 본격적인 첫걸음이 시작되었다. 혹시나 모르기 때문에 열량이 높은 비상식량을 몇 개 사서 배낭에 찔러 넣은 뒤 가벼운 발걸음으로 출발하게 되었다.

카르마가 말하길 산닥푸는 히말라야 산맥의 줄기가 뻗친 산이며, 목적지인 산닥푸까지 올라간다면 세계 제3봉인 칸첸중가를 아주 가까이서 볼 수 있다고 했다. 그 말을 듣고, 너무나 흥분이 되었지만 해발고도 3,000m 이상의 산을 오른다는 것은 쉬운일이 아니니 체력과 걸음걸이를 잘 조절해서 꼭 완주를 하겠다는 마음을 굳게 먹었다.

한국에 있을 때 나는 산을 자주 오르는 편도, 캠핑이나 트레킹을 주기적으로 하는 편도 아니었다. 하지만 어딘가로 여행을 떠나올 때면 반드시 트레킹에 대한 욕심이 생겨났다. 기록을 낸다던지, 뭔가를 정복한다는 의미보다는 그저 아름다운 자연을 가까이에서 생생하게 느끼는 것이 너무 좋았다. 그렇기 때문에 체력적인 많은 부분을 감수하더라도 트레킹을 시도할 수 있는 것이다.

산을 오르며 카르마와 나는 둘 다 짧은 영어지만 꽤 많은 대
화를 나누었다. 나보다도 그가 더 상대방에 대해 궁금한 것들이
많은 모양이었다. 가족구성부터 시작하여 이성 이야기, 축구에
대한 이야기 등 온통 남성성에 대한 주제들이었다. 솔직히 이마
저도 없었다면 처음의 지루한 시간을 어떻게 보낼지 막막했다.
그리고 가족에 대한 이야기를 할 때, 나는 이 여행에서 처음으로
가족이 그리워졌다.

카르마는 나와 동갑인 24살이었지만 축구를 좋아한다는 점
을 빼면 공통점이 없었다. 그는 한 집안을 먹여 살리는 가장이었
고 아주 독실한 불교도였다. 게다가 컴퓨터는 태어나서 써 본 적
도 없다니! 많은 시간을 컴퓨터 앞에서 보내는 내 친구들과는
대조적이었다. 내가 이성에 대한 이야기를 하자 이 친구는 깜짝
깜짝 놀란 듯한 표정을 지었다. 그 표정에서 순수함이 느껴졌다.

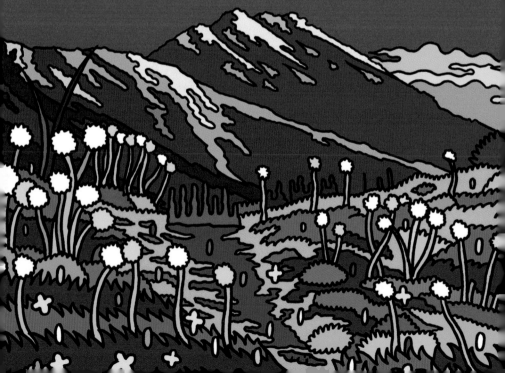

온종일 대화를 하며 부지런히 걸으니 오후 3시쯤에 첫 번째 마을인 메그마가 나타났다. 한 치 앞을 분간하기 힘든, 사방이 짙은 안개로 둘러싸여 있고 조랑말 몇 필이 그림을 만든 신비로운 이미지의 마을이었다. 우리는 이곳에서 1박을 할 것인지, 아니면 조금 더 올라가서 해발 3,000미터에 위치한 통루 마을에서 1박을 할 건지 고민하다가 결국 조금 더 올라가보기로 했다. 오늘 더 산을 오르면 내일은 여유 있을 테지만, 그것보다도 통루가 훨씬 아름다운 전경을 갖고 있다는 말에 끌렸기 때문이었다. 해가 지려 할 때쯤 우리는 가까스로 통루에 도착하였다.

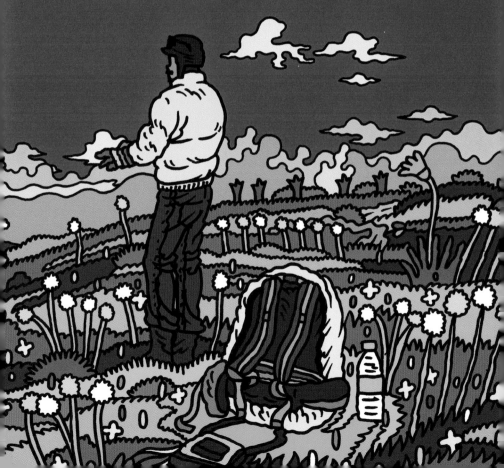

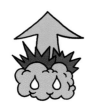

고 산 병

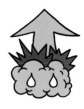

"용! 용오!"

어설프게 나를 부르는 카르마 덕에 늦잠을 면했다. 통루에 도착한 우리는 롯지에 묵었는데, 가장 고통스러운 것이 추위였다. 한국에서도 겪어보지 못했던, 이런 추위는 처음이었다. 내복과 모든 옷을 껴입고, 그 위에 롯지에 비치된 두꺼운 이불을 전부 다 덮어도 내 몸은 영하 30도의 강추위 앞에서는 너무도 초라했다. 온몸을 사시나무 떨듯이 떨다가도 겨우 잠이 들면, 추위 때문에 겨우 2시간을 자다가 깨고 다시 떨며 자는 지옥의 패턴을 반복했었다.

최종 목적지인 산닥푸에 가기 위해 다시 길을 떠나려 하는 찰나, 롯지에 살던 노인이 우릴 불러 세우며 뭔가 마실 것을 주었다. 술이었다. 술 이름은 기억나지 않지만 맛이 구수한 것이 막걸리와 비슷했다. 벌컥벌컥 원샷을 한 후, 우린 길을 떠났다.

3,000m 이상의 고산지역에서는 대부분 고산병을 호소한다는데, 나는 평소와 똑같이 술과 담배를 해도 몸의 이상이 없었다. 고산병을 예방해준 신의 축복까진 아니라 해도 적어도 저주는 피한 것이다.

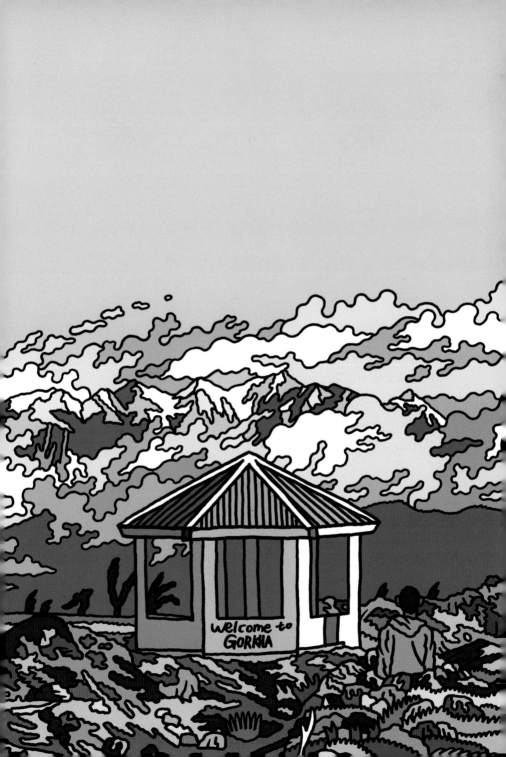

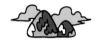 아 기 산

비교적 완만하게 산행을 하다가 점심을 먹고 다시 길을 떠나던 중, '뭐야! 별거 아니잖아?' 라고 방심을 하는 순간, 지옥 같은 급경사의 오르막길이 나타났다. 바로 책과 트레킹 지도에서 봤던 마의 구간인 가이리바스Gairibas였다. 나는 그나마 무게가 덜나가는 작은 가방을 메고 있었지만 4~5kg 정도의 큰 배낭을 대신 메고 앞장선 카르마는 더 고생이었다. 어제부터 트레킹하는 내내 어떻게든 대화를 이어갔던 우리는 어느새 말이 없어졌다. 산의 기운을 받고 태어나 매일 산을 타던 셀파족도 이런 자연 앞에서는 한낱 작은 존재에 불과한 것이다. 그렇지만 그는 저 큰 배낭을 메고 나를 앞서서 기어이 가이리바스를 지나갔다. 그 모습을 보면서 도시에서 자라나 문명에 길들여진 나와는 다른, 타고난 면들이 부러웠다. 이 정도 큰 고개를 넘는 것도 숨이 차는데, 도대체 세계 최고봉인 에베레스트를 정복한 사람들은 어떤 괴물들일까?

"카르마! 에베레스트 트레킹과 지금 우리가 하고 있는 트레킹을 비교하면 어때?"

"에베레스트는 이런 길보다 더 험하고 높은 길들이 끊이질 않지. 산닥푸는 아기 산에 불과해."

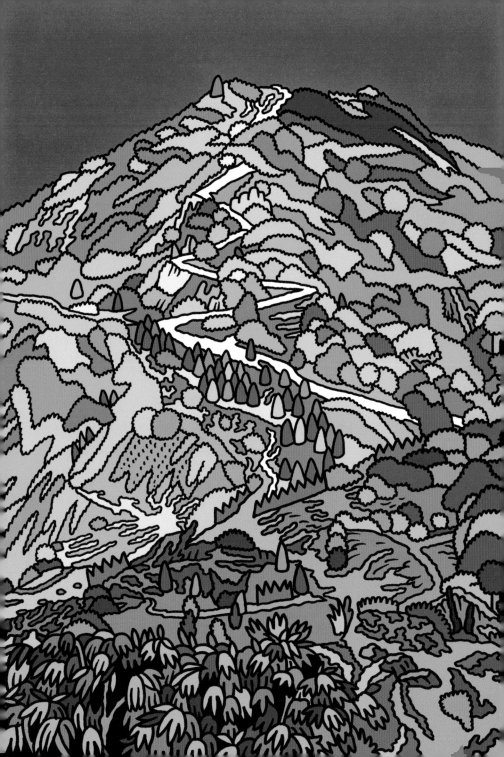

변 해 가 는   자 연

가이리바스 때부터 체력적인 부담이 더해져 점점 고통스러웠지만, 반대로 히말라야 산맥의 모습들은 굉장했다. 나는 트레킹 경험이 그리 많은 편은 아니지만 지금까지 경험했던 곳들과는 다르게, 엄청난 모습의 자연을 볼 수 있었다. 뭐라고 표현해야 할까? 건축물에서 볼 수 있는 인공적인 색감들이 아닌 대자연 그대로의 총천연색들이 가는 길마다 변색하며 나를 기다리고 있었으며, 나무와 자연물들이 갖는 강력한 생명력이 온몸으로 느껴졌다.

그 에너지는 지금까지 경험해보지 못했던 것이라서 특별했다. 점점 지쳐가는 내게 산이 '조금만 더 힘내라고! 목적지가 코앞이야!'라며 파이팅을 외쳐주는 것만 같았다. 그래서 그런지 더욱 힘이 났다. 카르마와 나는 속도를 냈다. 한국에서의 나는 잠이 많고 게으른 편이라 산행은 생각조차 안 하는 사람인데 이제는 왜 사람들이 산을 오르는지 조금은 알 것 같았다.

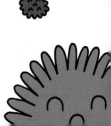

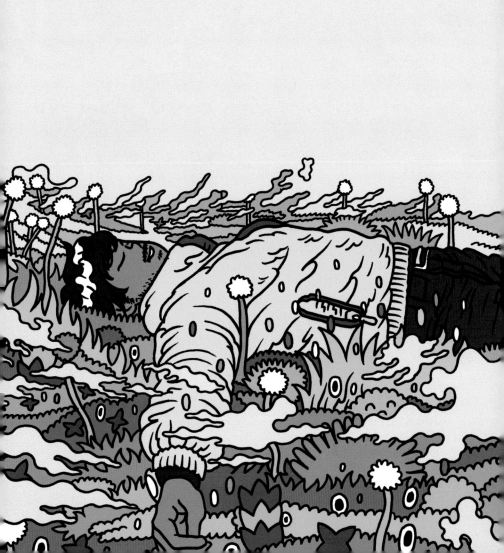

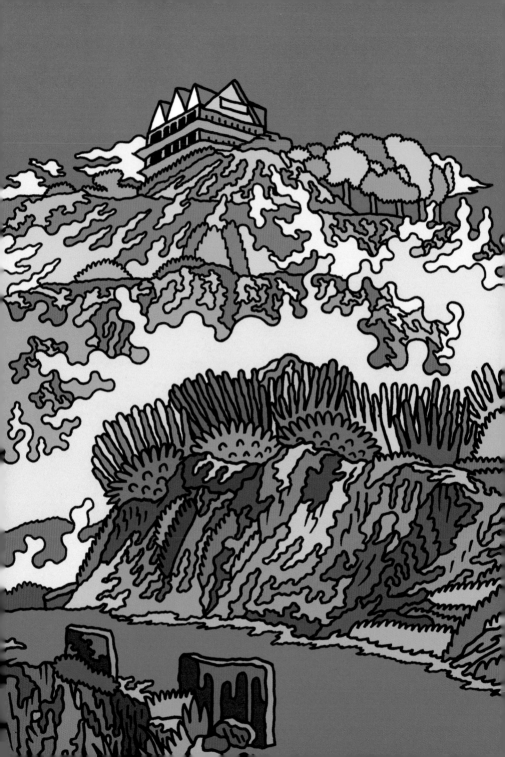

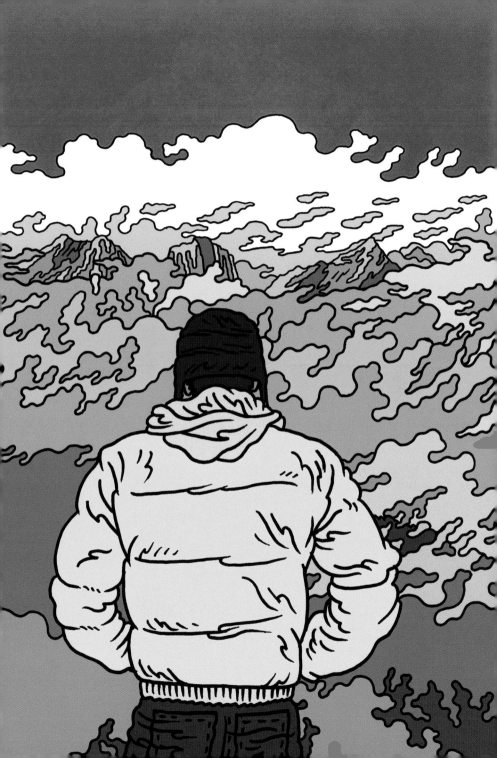

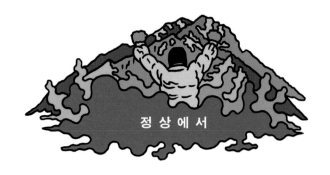

정 상 에 서

안개로 뒤덮인 길을 헤쳐 나가던 카르마가 눈앞에 있는 높은 곳을 가리키며 말했다.

"바로 저기야!"

목적지인 산닥푸였다. 만약 전문 트레커나 산악인이 내 트레킹 일기를 읽는다면 웃어넘길 정도의 난이도겠지만, 여기까지 별 탈 없이 올라와 준 내 몸에게 고마웠다. 이 정도 높이의 산을 밟아 본 적도 없는 내겐 엄청난 흥분이었다. 우리는 남은 힘을 다 짜내어 드디어 정상에 도착했다. 해발 3,600미터! 지금까지 경험해 보지 못한 고도에 들어선 것이다. '그래도 이곳까지 오긴 왔구나.' 하는 안도감이 들었다. 다르질링에서부터 보았던 칸첸중가 산은 훨씬 가까이 보였으며, 구름들이 내 발밑에 있었다. 석양이 발산하는 강렬한 빛을 받아 해가 지기 전에 낼 수 있는 마지막 생명력을 내뿜고 있었다. 대자연의 모든 것들은 변해가는 하늘색과 햇빛에 맞추어 저마다 다른 색으로 변해갔다.

다시 말하지만 결정적으로 색감이 환상적이었다. 모니터와

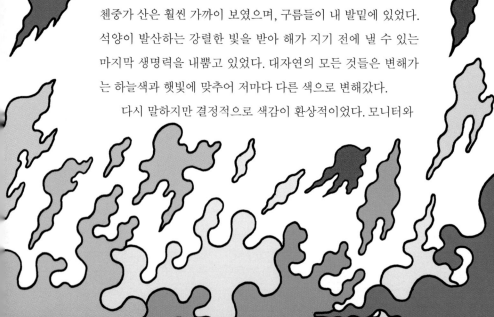

인쇄물로는 절대 보지 못할 색의 향연들. 그 안에서 나는 기어이 이곳에 왔다는 성취감과 함께 편안함을 느끼고 있었다. 너무도 아름다운 광경이었다. 30여 분 후, 구름이 천천히 칸첸중가를 가려 내가 그렇게나 갈망했던 설산의 모습은 결국 내 눈앞에서 퇴장했다. 칸첸중가가 시야에서 사라지는 모습을 지켜보는 시간에, 내 머릿속은 이번 여행을 오기까지의 과정들이 세세하게 회상되었다. 여행을 오기 전까지 매일같이 돈을 벌며 서울을 방황했던 밤 시간들, 인도의 뭄바이에서부터 함피, 고아를 거치던 중 가방을 털린 일화, 계획 없이 겪게 된 짧은 방랑과 그로 인해 만나게 된 여행자 친구들, 내가 여행했던 라자스탄의 도시들과 바라나시, 자신만의 여행을 하고 있는 멋진 여행자들, 그리고 인도인. 그 모두가 소중한 경험이자 친구들이었다.

이곳을 마지막으로 나는 또다시 델리로 돌아가 집엘 가기 위한 노력을 해야 한다. 솔직히 처음엔 두려움도 있었다. 하지만 많은 사람들을 만나고 아름다운 건축과 자연을 접하다 보니 어느새 인도라는 나라에 적응해 많은 것을 받아들이고 헤쳐 나갈 수 있게 되었다.

여행은 나를 변화시켰을까? 그건 확실히 알 수 없지만, 중요한 건 여행을 오기 전과 지금의 나는 달라졌다는 것이다. 집에 돌아간다면 내가 두려워했던 것들에 대해서 이제는 정면 돌파를 할 생각이다.

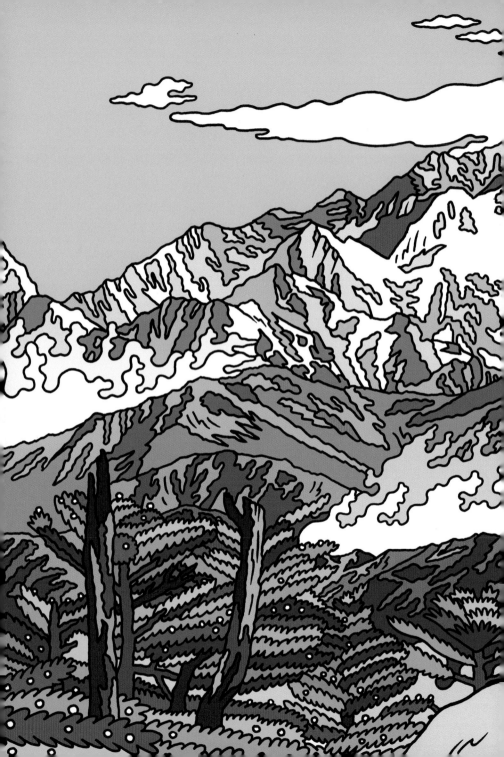

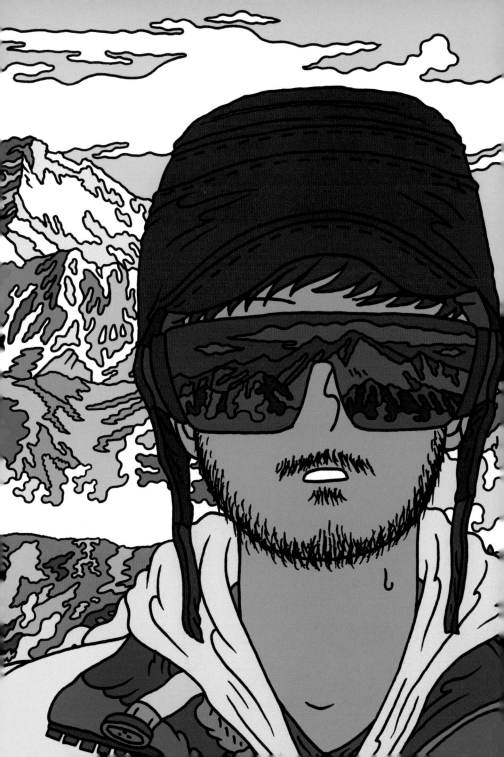

인도에서 두 달이라는 시간이 지나버렸다. 그렇지만 나는 결코 인도를 잘 알게 되었다고 말하지는 못하겠다. 돌발적이며 다양함, 변화무쌍함으로 가득 찬 인도에서 두 달이라는 시간은 너무나 짧아서 단편영화를 한 편 보고 나온 느낌이랄까. 군대엘 가기전, 친구들과 합심해서 처음 단편영화를 만들었을 때의 그 환희와 허무한 감정을 느꼈다.

여행이 끝나도 한국에 가면 '어떻게 살아가야 할까?'라는 청춘의 미스터리는 여전히 풀리지 않았다. 하지만 변수가 많았던 이번 여행이 내게 알려주었던 것은 사는 것에 있어서 정답은 없다는 것이었다. 여행하며 겪은 돌발상황들로 인해 모든 일이 마음먹은 대로 쉽게 되지 않음을 알았으며 나는 오히려 내 감정에 대해서 더 솔직해지게 되었다.

또한 여행이 내게 주었던 가장 큰 선물은 다시 '그림'을 그리고 싶은 마음과 용기를 심어주었다는 사실이다. 자이살메르의 사막에서부터 정말 아름다운 색들을 보여주었던 히말라야 산닥푸까지. 인도를 여행하면서 만난 '색'들은 여행을 떠나기 전, 한없이 권태로웠고 패배의식에만 빠져 있던 내 그림과 내 마음에 불을 지펴주었다.

집에 돌아온 나는 다시 그림을 그리기 시작했다.

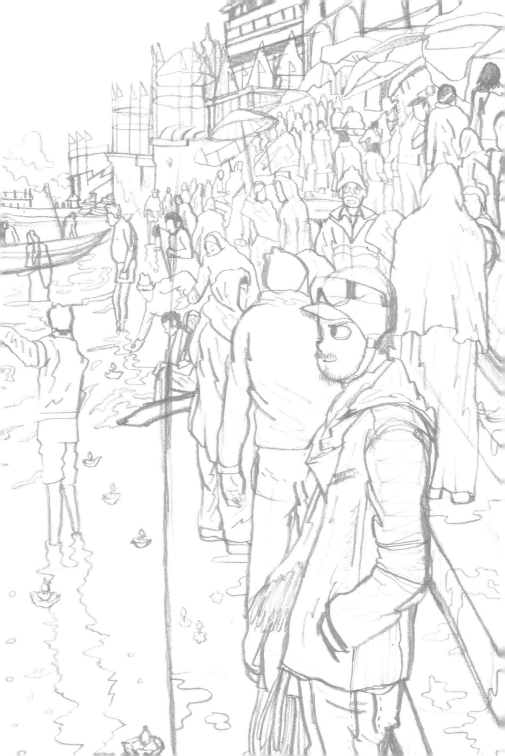

그리고⋯⋯

2년 후…….

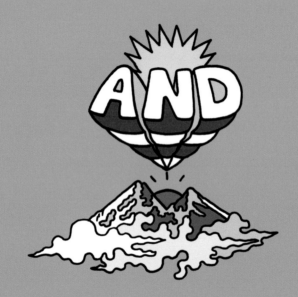

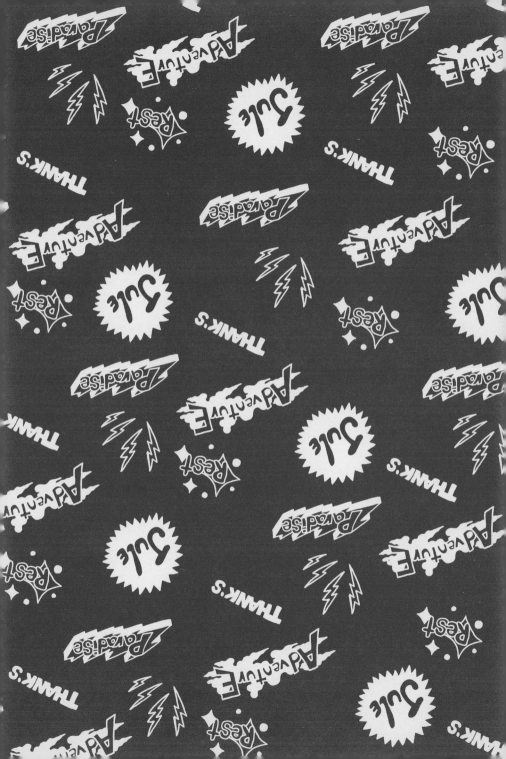

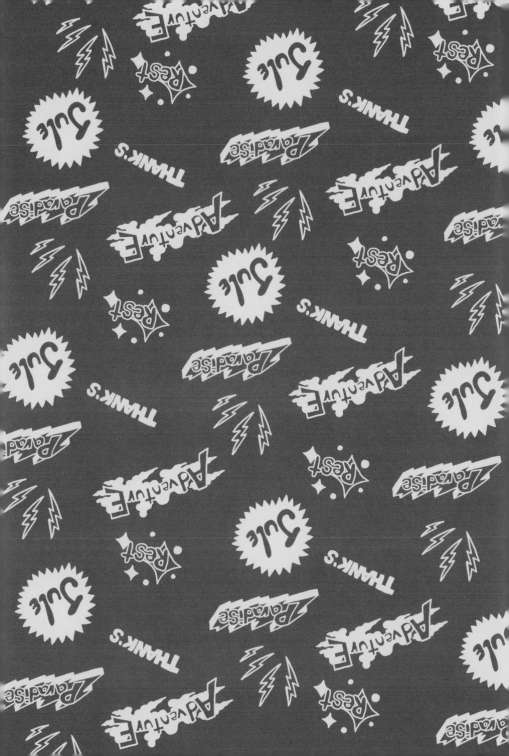

일러스트레이터 김용오의 북인도 여행기

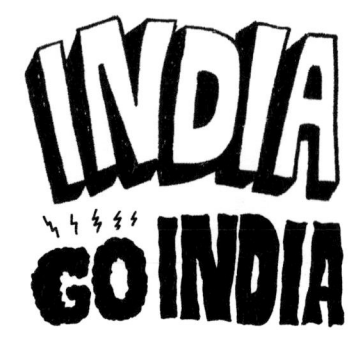

INDIA
GO INDIA

인디아 GO! 인디아

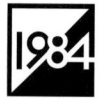

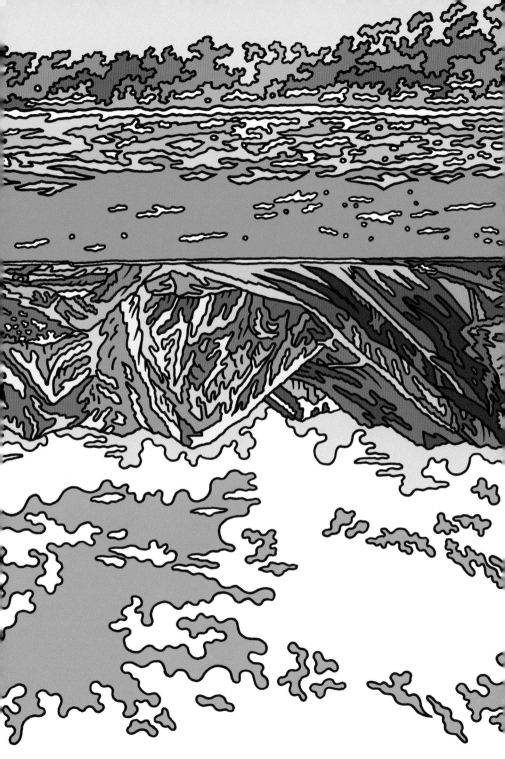

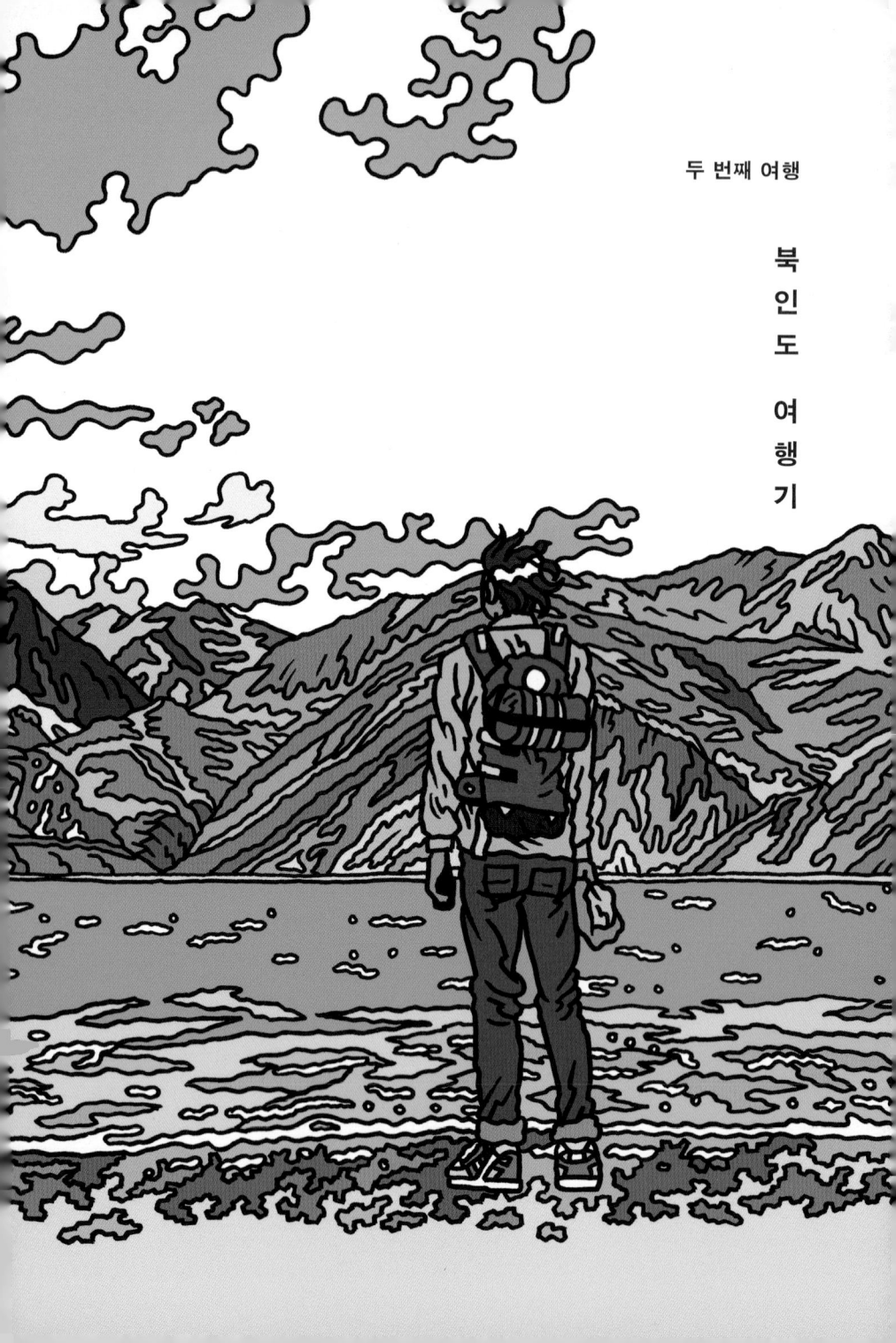

두 번째 여행

북
인
도

여
행
기

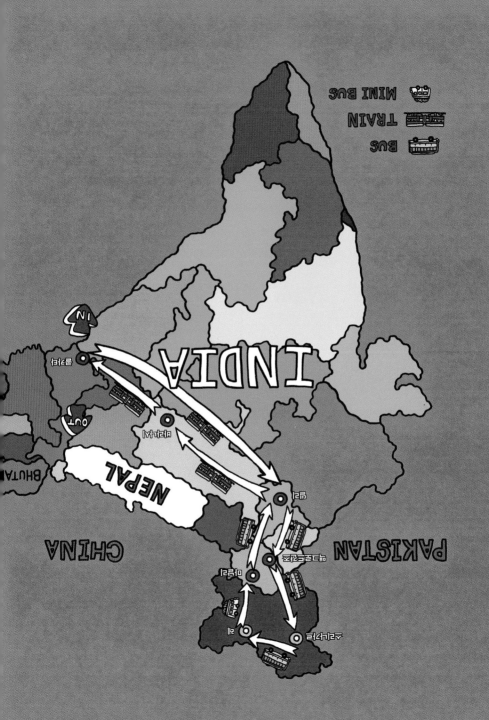

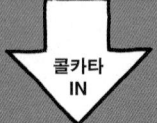

콜카타
IN

여행루트

OUT
콜카타

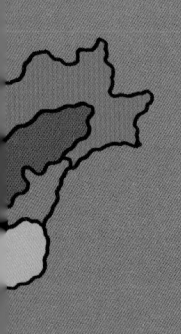

콜카타KOLKATA ▸ 델리DELHI	약 23시간
델리DELHI ▸ 맥그로드간즈MC. GANZ	약 12시간
맥그로드간즈MC. GANZ ▸ 잠무JAMMU	약 9시간
잠무JAMMU ▸ 스리나가르SRINAGAR	약 10시간
스리나가르SRINAGAR ▸ 레LEH	약 33시간
레LEH ▸ 마날리MANALI	약 17시간
마날리MANALI ▸ 델리DELHI	약 16시간
델리DELHI ▸ 바라나시VARANASI	약 9시간
바라나시VARANASI ▸ 콜카타KOLKATA	약 16시간

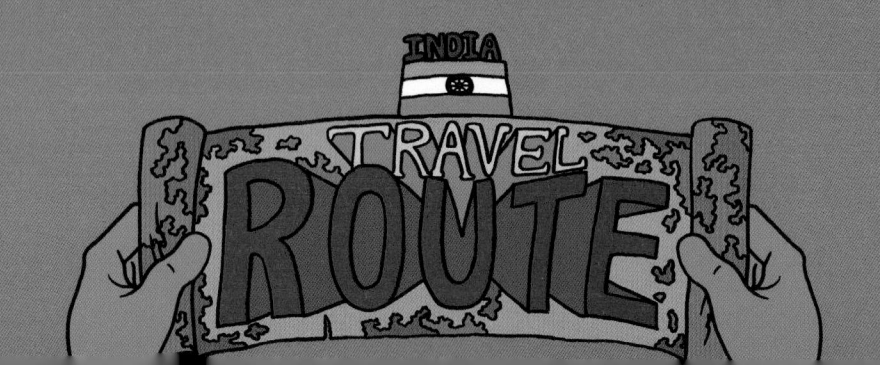

INDIA
TRAVEL
ROUTE

prologue

다 시 , 인 도 로 ……

인도 여행을 다녀온 후 몇 번의 연애와 전시활동, 순식간에 많은 일들이 지나갔다. 복학생이란 신분으로 학교를 다니다가 감히 졸업까지 했으며, 의미도 없이 고민하다 지친 날들이 계속되었다.

한편으론 여행이 너무 그리웠다. 또한 일상이 너무 지루했다. 하지만 이젠 여행을 현실도피의 목적으로 떠나고 싶진 않았다. 여행을 떠날 때마다 언제나 그랬듯 '호기심과 모험심'이 항상 문제였던 것이다.

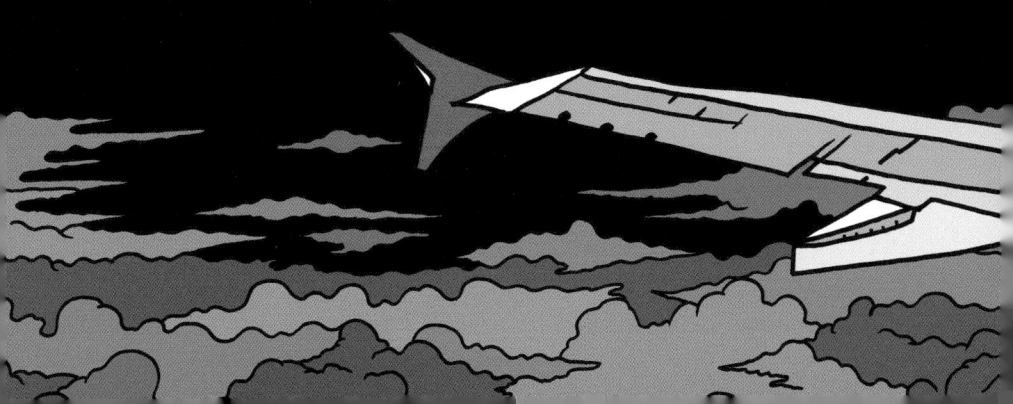

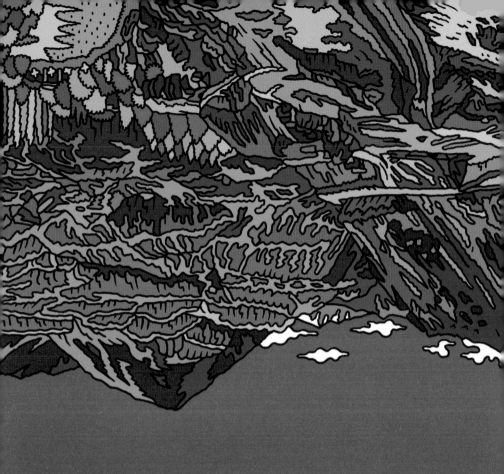

2012년 여름,
2년 만에 다시 만난 아혜이 시작되었다.

·CONTENTS·

첫 번째 여행

인도 방황기

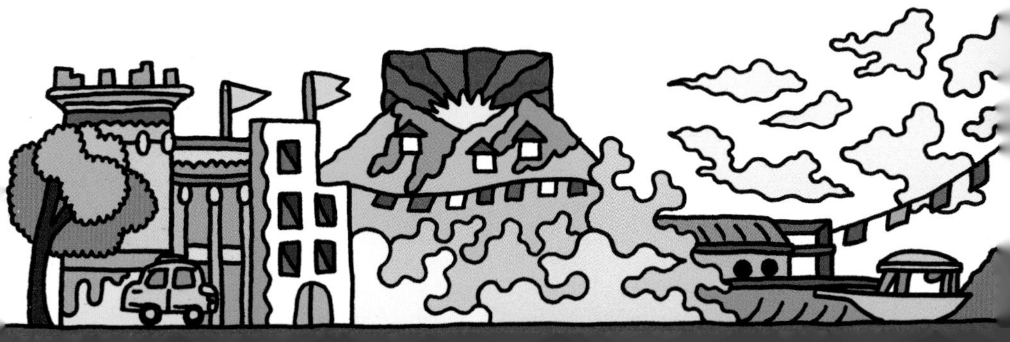

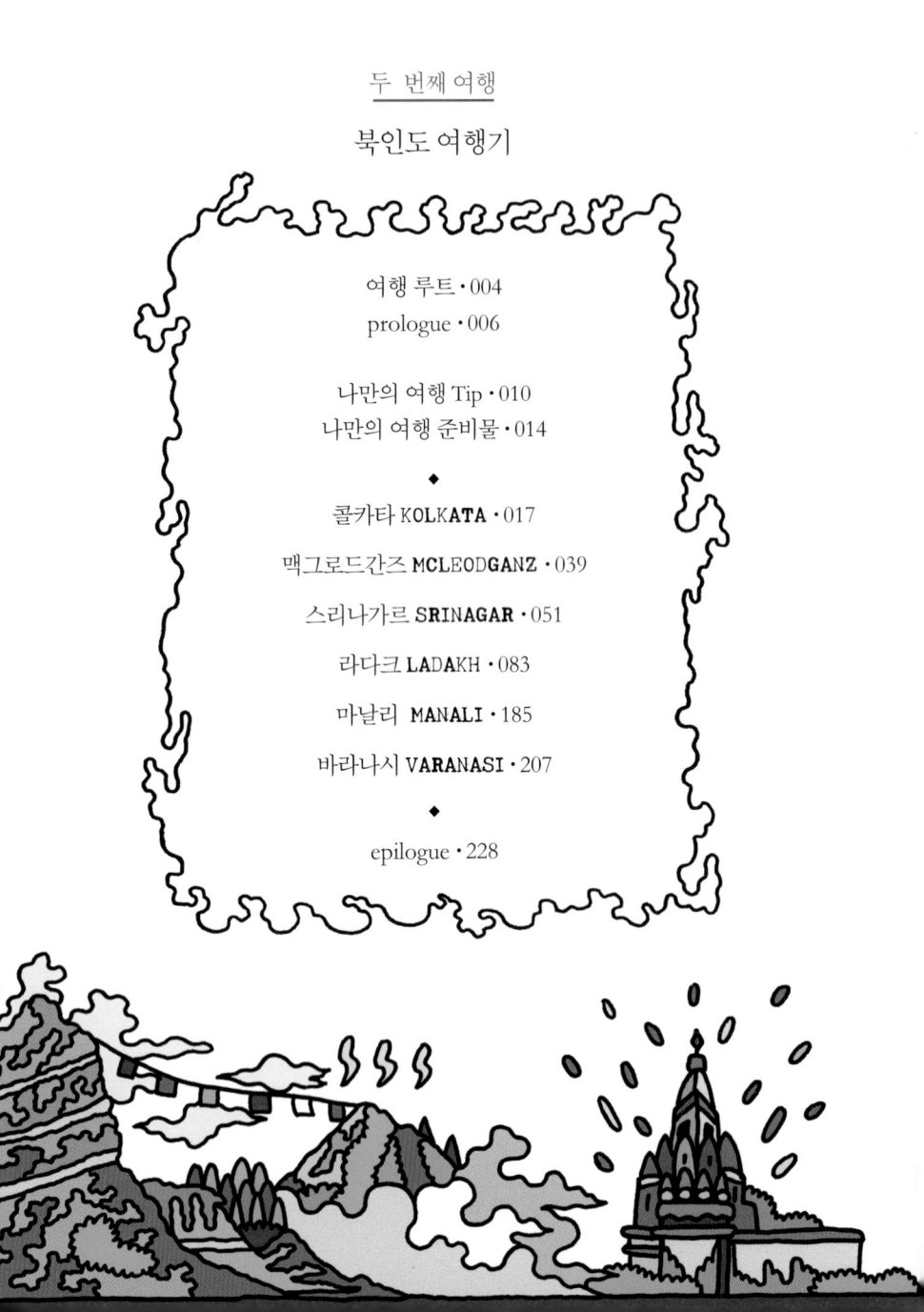

두 번째 여행

북인도 여행기

나만의 여행 Tip

여행을 거듭하면서 나만의 여행 팁이 생겼는데 그것을 간략하게 소개하기로 한다.(★5개 중요도 만점)

1. 숙소예약을 하지 않는다-★★★★

웬만하면 나는 숙소 예약을 하지 않는다. 가이드북이나 인터넷 자료의 타성에 젖어서 숨은 보석 같은 숙소들을 지나칠 수도 있기 때문이다. 더 중요한 건 예약을 하게 되면 그 일정에 맞게 여행 일정 또한 맞춰야 하므로 자유도 없어진다. 이것은 내가 여행하면서 가장 중요하게 생각하는 점이다. 원하면 언제든 떠나야 하고 맘에 들면 더 머무르고 싶은 내 성격 때문이다. 도시에 도착해 숙소가 없더라도 조금 더 고생하는 것이 낫다.

2. 최대한 현지 음식을 즐긴다-★★★

인도나 기타 위생이 좋지 않은 국가에서는 로컬 음식에 대한 복통 위험이 있지만 나는 최대한 현지 음식을 즐기려 하는 편이다. 한국에서도 외국 음식을 먹지만 오리지널은 아니라고 생각한다. 현지의 물과 재료로서 현지인이 만든 음식이야말로 여행에서 느낄 수 있는 최대의 호사 중 하나다. 음식이 곧 그 나라의 문화이기도 하고 또한 여행의 즐거움을 느낄 수 있는 중요한 요소이다.

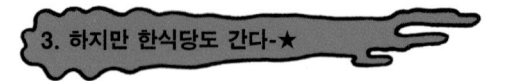

3. 하지만 한식당도 간다-★

외국에서 먹는 한식은 가격 면에서 부담되는 편이다. 하지만 긴 이동 후나 기력이 약해졌을 때 먹으면 그만큼 원기회복에 좋은 것이 없다. 게다가 타지에서 한국인이 한식당을 운영한다는 것은 쉬운 일이 아니므로 여행자로서 한 번쯤은 도와줄 수도 있다는 게 내 개인적인 의견이다. 유의해야 할 점은 여행 중 주식이 한식이 되어서는 안 된다는 점이다. 음식도 여행의 즐거움을 느낄 수 있는 중요한 한 요소라고 생각하는 나는, 포커스는 언제나 로컬에 맞춰져 있다. 가격이 어떻든 간에!

4. 정보에 대해-★★★

일단 직언으로 해두자면 여행자나 현지인의 현지정보 〉인터넷 정보 〉가이드북 순이다. 가이드북에 100% 의존하는 여행은 재미없다. 가이드북을 폄하하는 게 아니라 가이드북은 여행 정보의 최소 수단, 혹은 최후의 수단일 뿐이다. 세상은 빠르게 변하기 때문에 그때그때 상황이 다르다. 1~2년 차로 개정되어 나오는 가이드북만의 정보로는 내 여행 방식에 문제가 따른다. 가장 선호하는 건 현지에 있는 여행자나 현지인(상인 말고)의 정보이다. 그중 여행자 정보는 최근에 한 경험에 따른 것이고, 같은 여행자 입장이기에 가장 믿을 만하다. 마지막으로 여행지에 대한 정보가 없다면 직접 찾아 나선다. 그것도 흥미로운 일이다.

5. 흥정 시 바가지에 유의한다-★★★★

동남아시아나 서아시아인 인도 주변국가에서는 택시나 세 발 달린 오토바이(릭샤, 뚝뚝), 숙소나 기타의 것들에 대해서도 거의 사전 흥정이 필요하다. 하지만 대부분 바가지를 당하거나 귀찮아서 시세보다 몇 배의 돈을 알면서도 내고 이용한다. 물론 개인적인 문제지만 이럴 경우 대부분의 여행자들을 봉으로 보게 되고 전체적인 시세 또한 올라가게 된다. 결국 피해는 적은 돈을 쪼개가며 여행하는 여행자들에게 고스란히 돌아오게 되어 있다.

6. 절대 '값싼' 것만 선호하지 않는다-★★

식사나 숙소, 쇼핑에 관해서 가격대 성능비(싸지만 무탈한)를 따지는 편이지만, 값싼 것만 선호한다면 그곳의 다양성을 보지 못할 것이다. 오히려 상대적으로 낙후된 지역에서 호사스럽게 시간을 보낸다면 그것 또한 꽤 괜찮은 경험 아닐까.

7. 아껴야 한다-★★★

장기여행에 허락된 경비가 일정 수준이라면 되도록 저렴하면서도 탈 없는 숙소를 이용하고, 버스를 탈 수 있는 구간은 적극 이용한다. 그래서 아낀 돈을 음식과 트레킹, 혹은 레저에 적극 투자하기도 한다.

8. 도시를 찍는 여행을 하지 않는다-★★★★★

우리가 여행하는 공간들은 대부분이 역사적으로 오래된 곳들이다. 자칫 지나쳐버릴 수 있는 유적지 근처의 골목에서는 우리가 상상한 것과는 다른 일들이 일어날 수도 있다. 기간을 구체적으로 정하지 말고 지내면서 만나게 될 상황과 가능성을 기대한다. 예약을 하며 여행하게 되면 부득이하게 도시를 찍는 여행을 할 가능성이 크다. 도착한 곳이 맘에 안 들면 그날 바로 떠나면 된다.

9. 친구를 만난다-★★★

여행에서 만나는 현지인 친구나 여행자 친구를 사귀는 것은 매우 흥미로운 일이다. 한국인이든 외국인이든 상관없다. 재밌는 건 지금까지 살아온 환경과 정서가 다른 사람들끼리 만나도 어떤 부분에서 너무 잘 통한다는 것이다.

10. 내 맘대로 한다-★★★★★

너무 규칙에 얽매이면 여행이 피곤해질 수도 있다. 여행은 저마다 개인적인 것이며, 결과적으로 자기 마음대로 하는 것이다. 나는 큰돈이 아니더라도 부족함 없이 현지에 맞게 여행하려 애쓴다. 여행지에 대한 많은 부분을 피부로 느껴보고 싶은 동시에 나만의 여행을 만들어 나가고 싶기도 하다.

나만의 여행 준비물

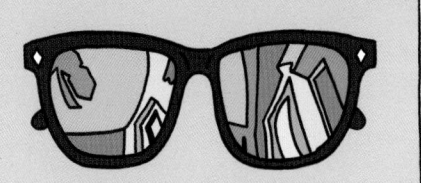

1.선글라스

여행이나 일상에서나 필수품.
렌즈가 거울처럼 되어 있어서
현지인들이 신기해하곤 했다.

2.펜과 수첩

여행의 느낌을 기록하고
스케치하기 위한 것들.

3.여권

자세한 설명은 생략한다.

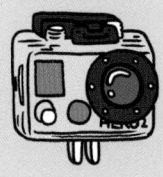

4.GO PRO

엑티비티 캠. 주로 수중과
액티브한 상황애서의 영상
촬영을 위해 준비했다.

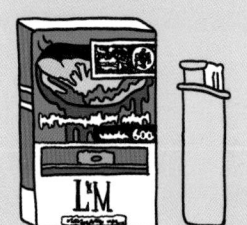

5.담배

나는 흡연자다.

7.DSLR카메라

휴대성 때문에 불편하긴 했지만
사진과 영상작업 때문에 준비하
게 되었다.

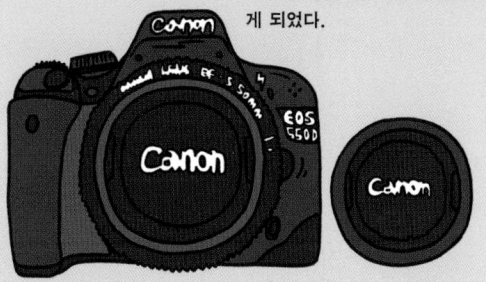

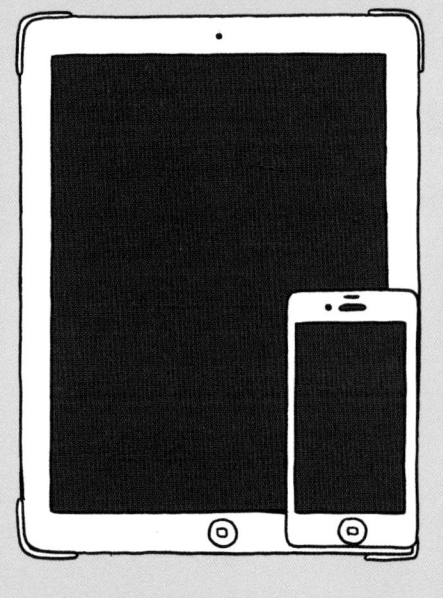

6.아이패드와 아이폰

주로 가벼운 노트북 대용으로
사용하기 위해 준비. 스티브잡스는
여행문화에도 영향을 끼쳤다.

10. 배낭

40리터 배낭. 작은 용기지만들과 짐을, 세심구조를 갖춘다.

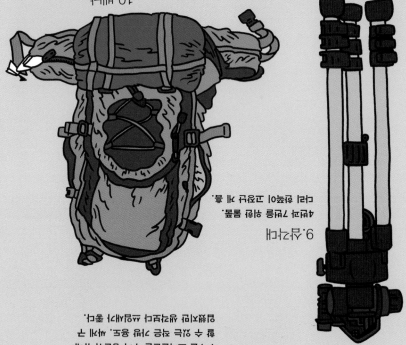

9. 삼각대

4상까기 거들어 이동 용량. 다리 받침이 고정되 개 틀.

8. 웨이스트 팩

1~7번 소지품들을 각기 분리된 공간 좋수 있는 지갑 용도, 벨트나 가슴걸이에 걸쳐서 찰 수 있다.

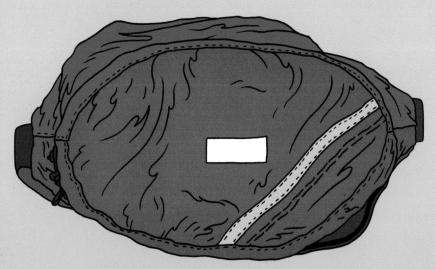

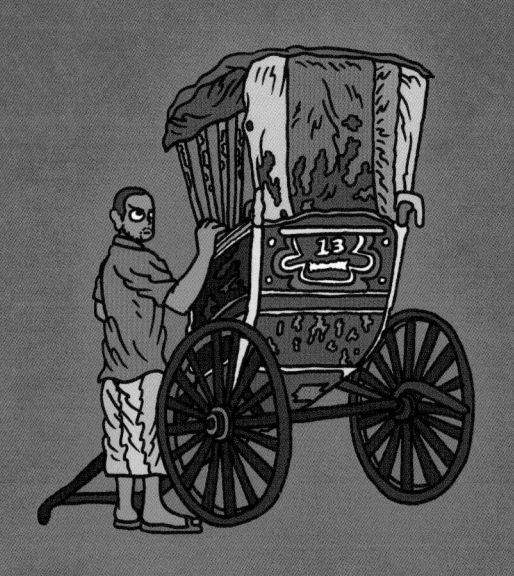

릭샤

릭샤 이용에 대해서는 여행자들 사이에도
찬반 의견이 엇갈리지만, 분명한 건 점점
현대적으로 변해가는 인도에 남은 과거잔
재 중의 하나다.

콜카타

KOLKATA

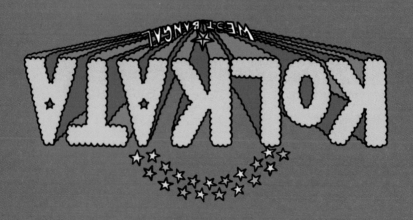

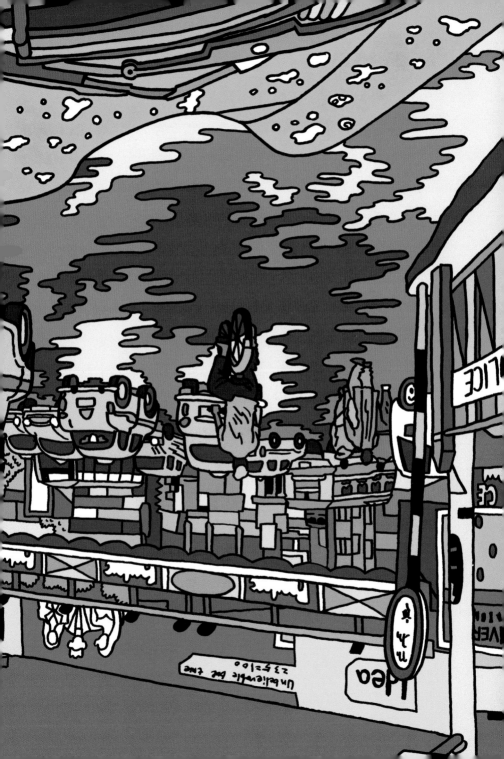

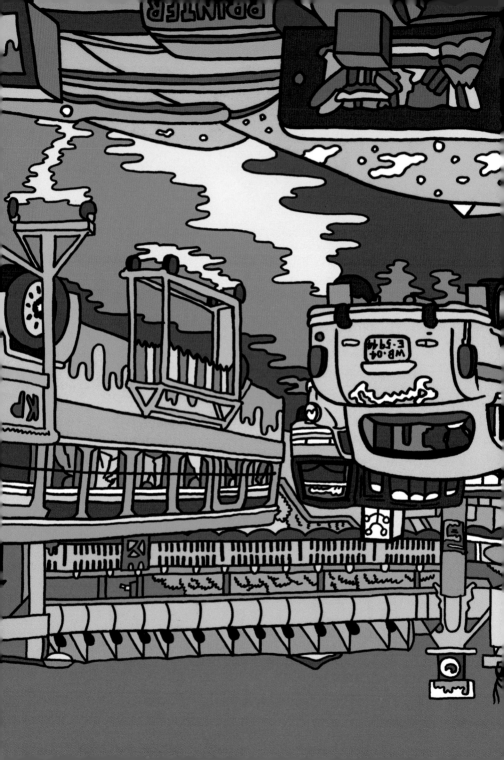

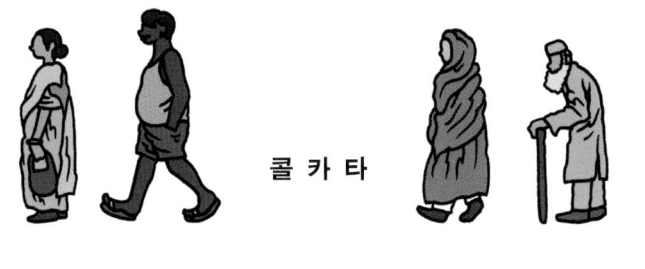

콜 카 타

인천공항을 떠나 방콕 수완나품 공항을 거친 에어아시아 항공기
는 약 2시간여를 더 비행한 후 무사히 콜카타(캘커타) 국제공항
에 착륙했다. 2년 만에 다시 온 인도, 반가움과 설렘에 두근거리
는 마음을 진정시키기도 전에 나온 콜카타 공항의 외부는 역시
나 정신없다. 공항 밖으로 나오자 탁 트인 광장과 그 위를 작열
하는 태양이 나를 반겼다. 그리고 '유 재패니즈?' '웨얼 유 원 투
고?' '서더 스트리트 500루피' 등을 외쳐대는 택시 기사들이 맨
처음 눈에 들어온다. 어딘가 조금 각이 어설프게 잡혀 있는 듯한
인도의 군인들, 인도인들의 모습들이 서로 뒤섞여서 내게 인도
식 환영인사를 해준다.

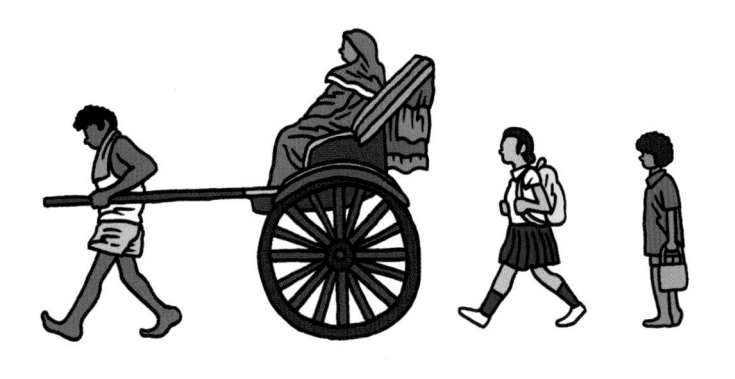

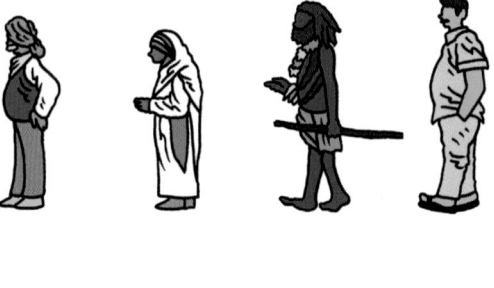

　무더운 날씨에 땡볕 아래서 7~8kg의 배낭을 메고 호객꾼들을 뿌리치며 프리페이드 택시Prepaid Taxi 부스를 찾느라 돌아다녔더니 5분도 안 되어 온몸은 땀범벅이 되고 말았다.

　콜카타Kolkata는 내가 처음 접하는 도시다. 지난번 여행 때 많은 여행자들로부터 들은 이야기에 의하면, 더럽고 정신이 없다는 부정적인 의견과 정말 좋아서 장기 체류하고 싶은 곳이라는 호불호가 심한 곳이었다. 그래서 조금 소심해졌지만, 방콕에서 인도로 오는 가장 싼 비행기 표가 콜카타로 가는 것이라는 사실에 바로 발권해버린 것이 문제였다. 아무튼 프리페이드 택시 부스에서 표를 산 뒤 택시를 타고 여행자 밀집구역인 서더 스트리트Sudder St.로 향했다. 그런데 하늘이 좀 심상치 않다고 생각했는데 우려하던 대로 굵은 장대비가 쏟아졌다.

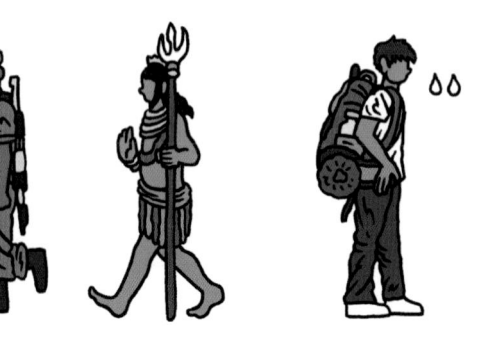

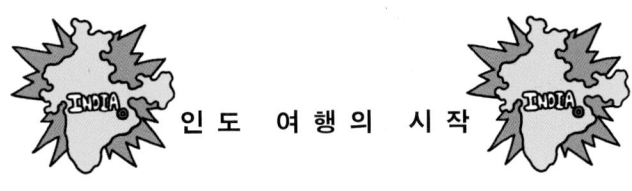

인 도 여 행 의 시 작

장대비를 뚫고 도착한 서더 스트리트는 여행자들에게 극과극의 비교를 당하는 곳이다. 동네가 더럽고 숙소는 다른 지역에 비해 비싼 편이며 딱히 음식의 맛도 좋다고 평하지 못하겠다. 이런데 도 콜카타에서만 장기 체류를 하는 여행자들이 많은 것을 보면 이 못난이 도시도 꽤나 매력 있지 않을까 하는 생각이 든다.

출국 전 인터넷에서 수집한 정보를 통해 값싼 게스트하우 스에 방을 얻었다. 침대 시트 밑의 빈대로 추정되는 귀여운 빨간 벌레들에게 화형을 선물해주고 나니 내가 인도에 왔다는 사실이 실감났다. 이 방법은 벌레 퇴치용 스프레이에 불을 붙여 단숨에 벌레를 퇴치하는 나만의 방법으로 더운 나라에 기승하는 몸집이 큰 바퀴벌레에도 효과적이다.

여행지로서 인도가 내게 준 느낌은 특별하다. 지난 인도 여 행 이후로 여행 일러스트 작업을 시작하게 되었으며, 많은 곳을 다닌 편은 아니지만 내가 가보았던 어느 곳보다도 생명력 있고 강렬한 인상을 받은 곳이 인도였다. 이번 여행은 동부 콜카타에 서 시작되었지만 그 여정은 나도 알 수 없다. 변수가 많고 돌발 적인 나라, 조금 더 자신의 욕망에 솔직해질 수 있는 곳이 바로 인도이기 때문이다.

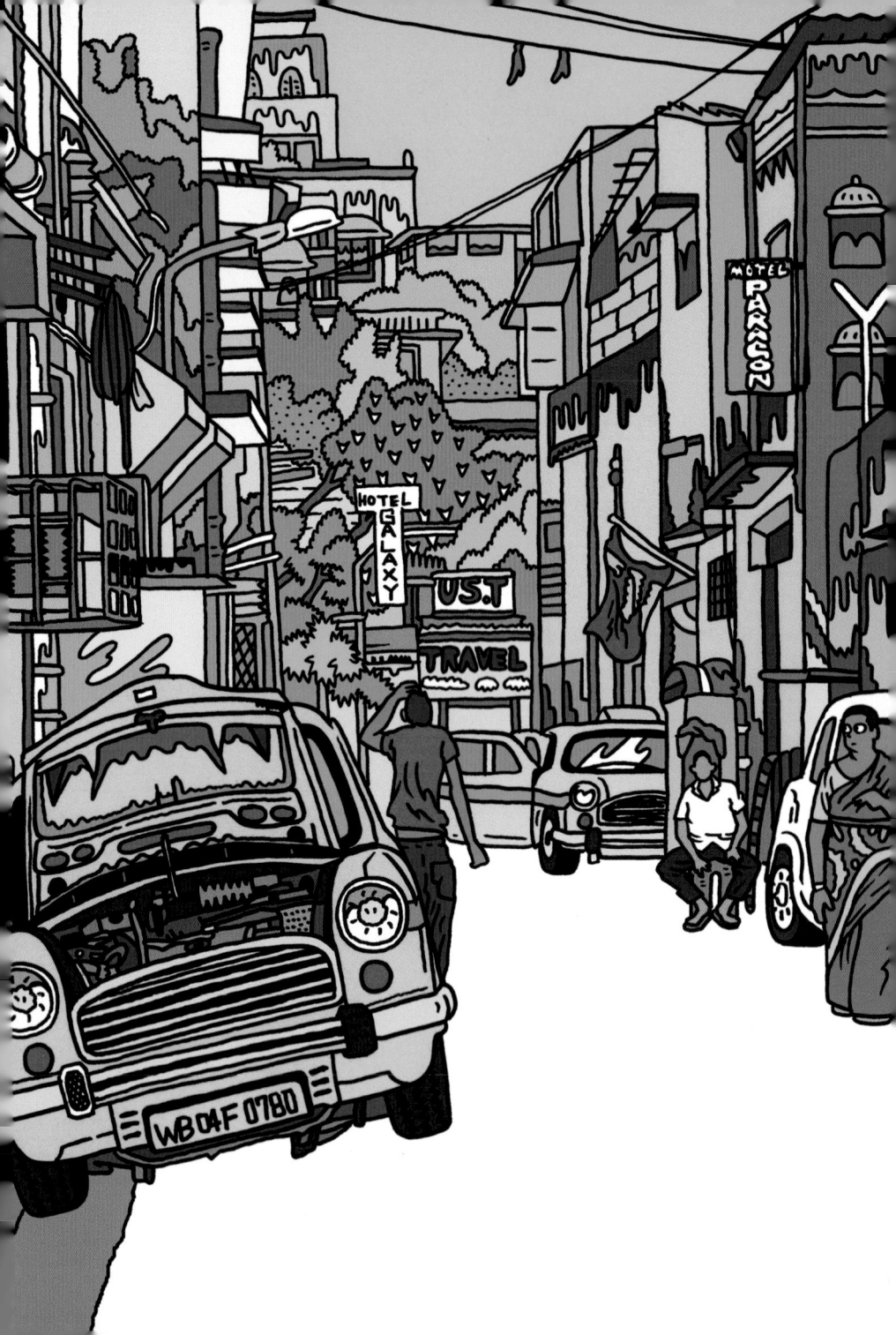

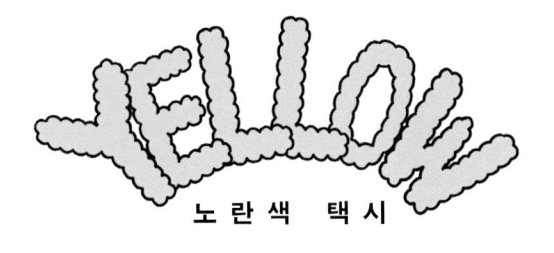

노 란 색   택 시

남인도의 상업도시 뭄바이와 함께 콜카타는 과거 영국이 인도를 식민 지배했던 잔재가 고스란히 남아 있는 도시다. 금이 가고 부식이 되어 가는 영국식 건축물들은 안쓰럽게도 무너지지 않으려 스스로 안간힘을 쓰는 것처럼 보였다. 거리엔 녹슨 트램Tram이 쇳소리를 내며 달리고 있었다. 빈티지 느낌이 물씬 나는 구형 앰배서더 모델의 노란색 택시들이 하나의 노란 물결을 이루며 도시 전체를 물들이고 있었다. 하지만 이런 색감의 강렬함 외에도 인도 내에서 유일하게 남아 있는 릭샤(인력거)를 보다 보면 콜카타라는 도시의 애환이 느껴지기도 한다. 노란색 택시는 콜카타의 트레이드 마크라고도 할 수가 있는데, 사진에서 보다가 실제로 보니 굉장히 예쁘고 유니크하게 느껴졌다. 도심 어디서나 손님을 태우기 위해 대기 중이기 때문에 콜카타에서는 너무도 흔해빠진 마스코트이지만 그렇다고 여행자에겐 가격마저 착하진 않다.

차를 살 돈도 없고, 운전도 잘할 줄 모르면서 나는 벌써 이 택시를 어떻게 하면 한국으로 들여올 수 있을지부터 생각했다.

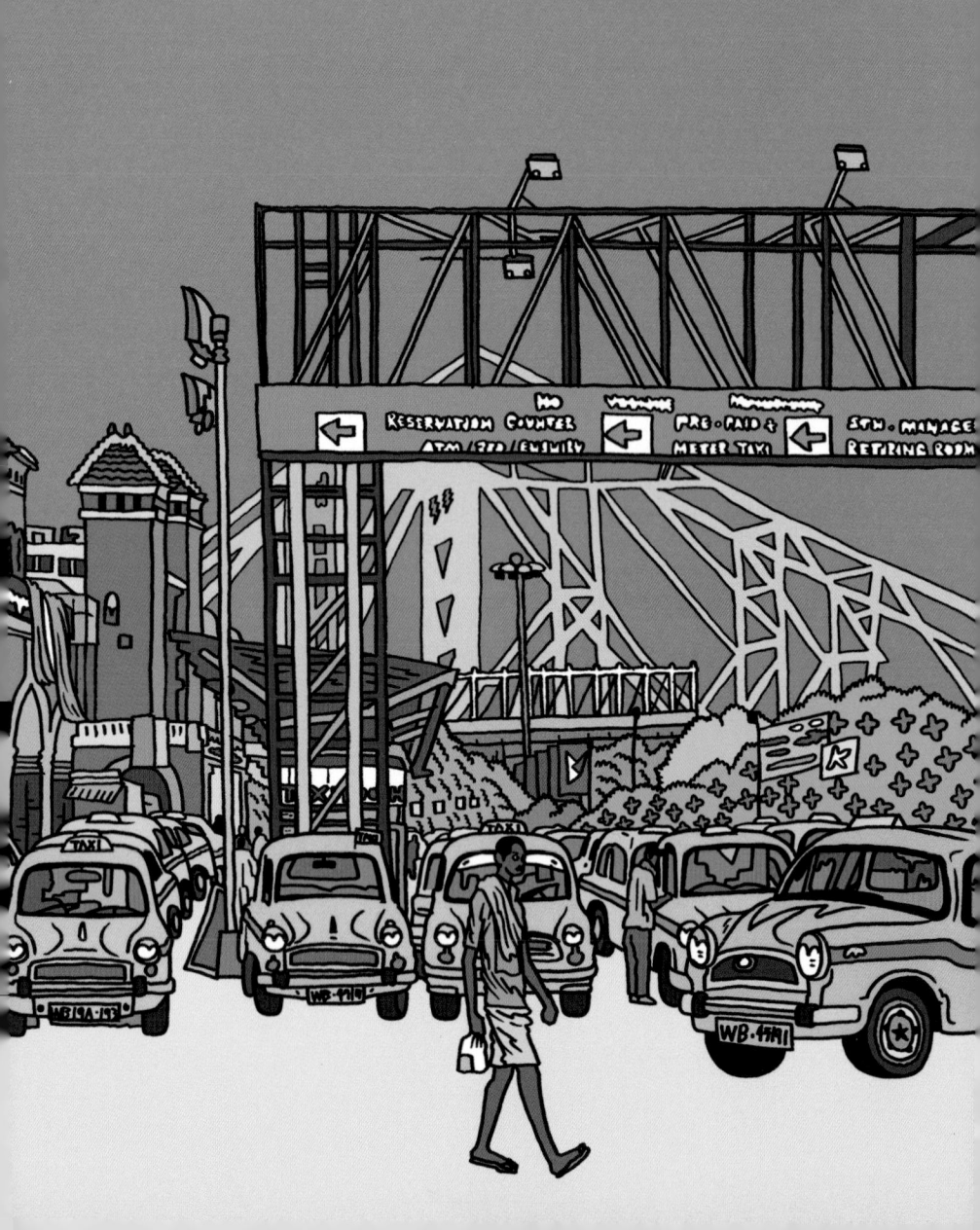

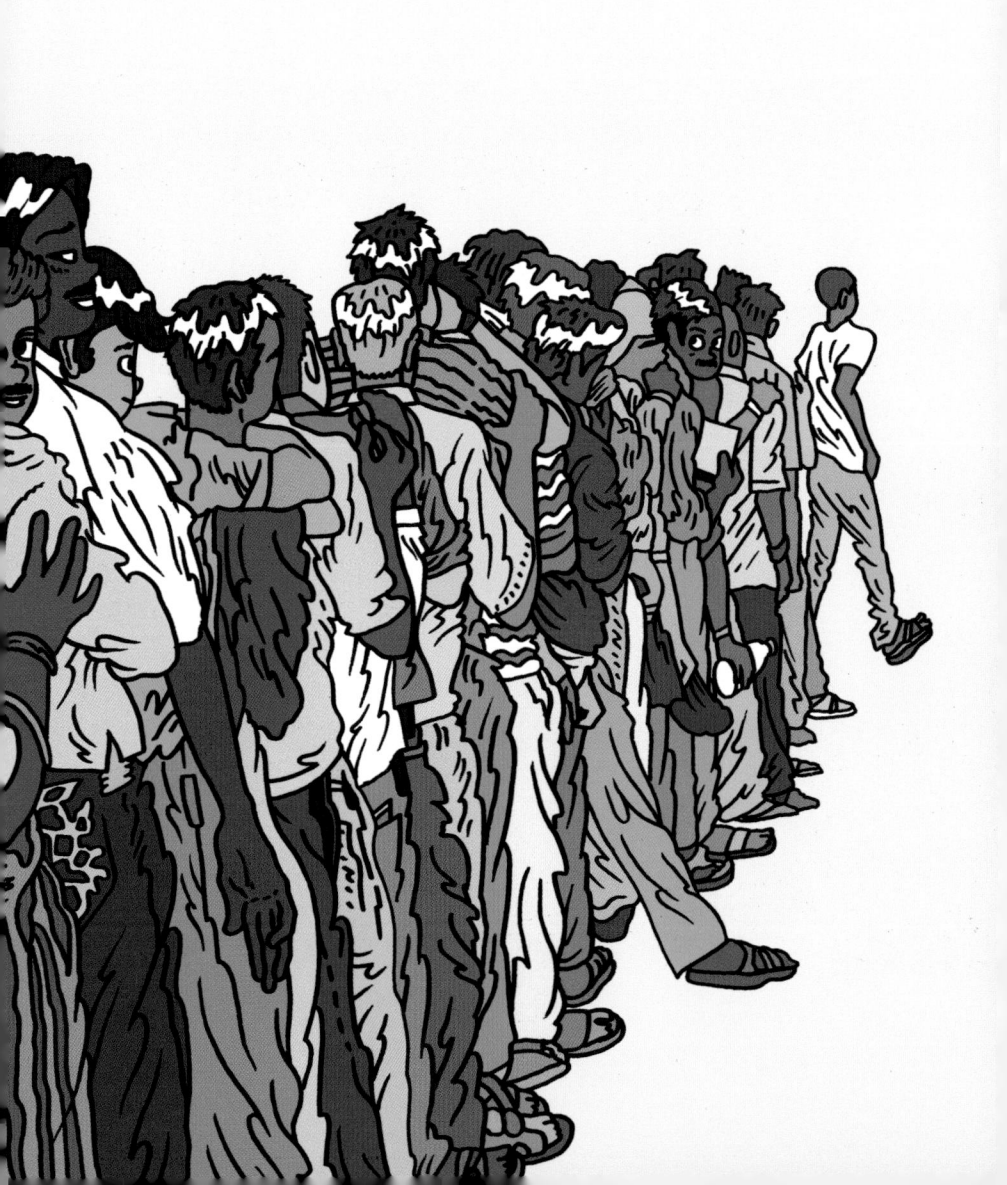

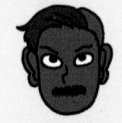 인 도 인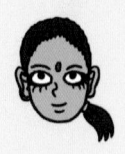

콜카타의 아침, 길가에 인파들이 몰려 초조한 마음으로 은행 개
점 시간을 기다리고 있다. 따로 줄 서는 라인도 없이 앞사람의
팔이나 어깨를 잡은 형태로 새치기를 하지 못하게 서로에게 바
리게이트를 치고 있었다. 그 모습이 우스꽝스러우면서도 인간
적으로 느껴졌다. 내가 가까이 다가서면 그 무리 안으로 새치기
를 당하지 않을까 하는 경계태세로 눈빛은 더 나를 주시하고, 팔
에는 힘줄이 한두 개가 더 생기는 정도로 예민해지는 인도인이
지만, 가방에서 카메라를 꺼내는 나를 본 순간 금방 얼굴에 꽃이
핀다. 인도에서 흔하게 만날 수 있는 순수함이다.

　인도를 다녀온 뒤 친구들이 내게 인도에 대해 물어오면 나는
꼭 '인도인'에 대해서 설명을 해주는 편이다. 인도인들은 솔직히
따뜻하고 착한 사람들이란 이미지보다는 장난기 많고, 있는 그
대로를 보여주는 솔직함이 매력인 민족이라고 말하고 싶다. 게다
가 가장 중요한 것은 그들의 '다양성'이다. 단일민족이 아닌 수많
은 민족으로 구성된 인도인들 겪다 보면 세상에는 별별 사람들
이 있고, 세상은 넓다는 것을 느낄 수가 있다.

　나는 이번 여행에서도 다양한 사람들을 만나길 기대해본다.

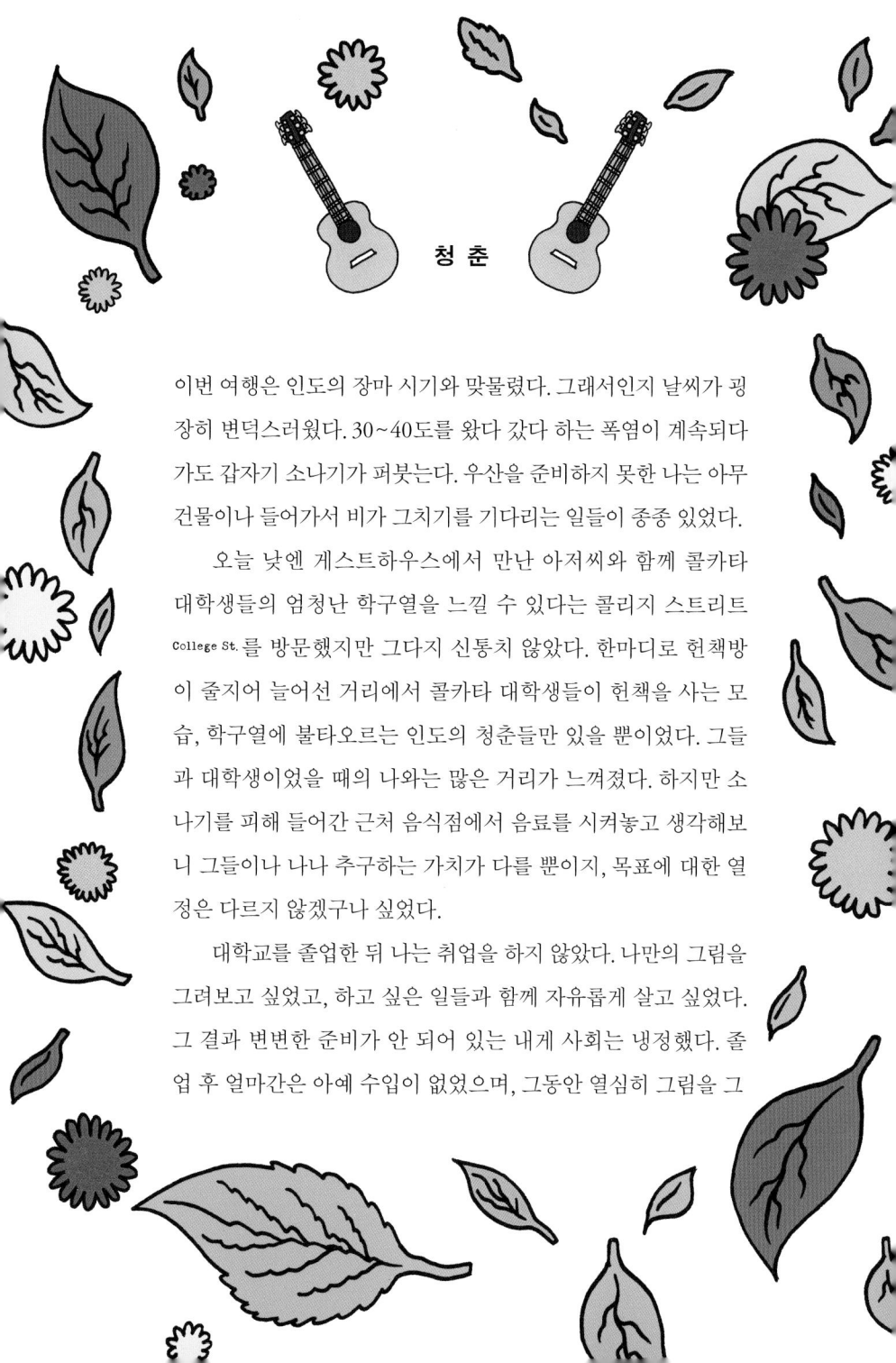

청 춘

이번 여행은 인도의 장마 시기와 맞물렸다. 그래서인지 날씨가 굉장히 변덕스러웠다. 30~40도를 왔다 갔다 하는 폭염이 계속되다가도 갑자기 소나기가 퍼붓는다. 우산을 준비하지 못한 나는 아무 건물이나 들어가서 비가 그치기를 기다리는 일들이 종종 있었다.

오늘 낮엔 게스트하우스에서 만난 아저씨와 함께 콜카타 대학생들의 엄청난 학구열을 느낄 수 있다는 콜리지 스트리트 College St.를 방문했지만 그다지 신통치 않았다. 한마디로 헌책방이 줄지어 늘어선 거리에서 콜카타 대학생들이 헌책을 사는 모습, 학구열에 불타오르는 인도의 청춘들만 있을 뿐이었다. 그들과 대학생이었을 때의 나와는 많은 거리가 느껴졌다. 하지만 소나기를 피해 들어간 근처 음식점에서 음료를 시켜놓고 생각해보니 그들이나 나나 추구하는 가치가 다를 뿐이지, 목표에 대한 열정은 다르지 않겠구나 싶었다.

대학교를 졸업한 뒤 나는 취업을 하지 않았다. 나만의 그림을 그려보고 싶었고, 하고 싶은 일들과 함께 자유롭게 살고 싶었다. 그 결과 변변한 준비가 안 되어 있는 내게 사회는 냉정했다. 졸업 후 얼마간은 아예 수입이 없었으며, 그동안 열심히 그림을 그

리고 나름대로 홍보를 했지만 여전히 금전적인 부분은 해결되지 않았다. 어찌 보면 당연한 결과였다. 일반적인 일러스트레이션을 그리는 것도 아니고, 프리랜서 생활로 기반을 다져놓은 상태도 아니었기에 당장 효과가 날 수 없었다. 거의 매일매일 그림을 그렸어도 효과가 크지 않았기에 나는 조금씩 지쳐갔다.

그때부터였던 것 같다. 이럴 바엔 잘 다듬어진 포트폴리오용 그림보다 솔직하게 내가 원하는 그림들만 죽어라 그려보자 다짐했다. 이때부터 신기하게도 나에게 그림을 의뢰하는 사람들이 하나 둘 늘더니, 이젠 그림 의뢰 때문에 꽤나 바빠지는 상황까지 오게 되었다. 경력이 오래된 프리랜서에겐 큰돈이 아니겠지만 나에겐 큰돈이다. '그림으로 이렇게 돈을 벌 수도 있구나. 이렇게만 간다면 정말 재밌게 살 수도 있겠어!' 그림을 그려서 누군가에게 인정을 받는 것도 행복한 일인데, 돈까지 벌어서 하고 싶은 것들을 할 수 있다는 사실에 더욱 행복했었다.

그림을 그리면서도 나는, 여행이 끌어당기는 유혹에 계속 사로잡혀 있었다. 어쩌면 내가 지금 다시 그림을 그리게 된 것도 지난 여행이 있었기에 가능했을지 모른다. 그래서 잠시 일들을 내려놓고, 내가 다시 그림 그릴 수 있게 해준 인도에 다시 오게 된 것이다. 내 그림을 조금 더 발전시키고 싶었다. 그러기 위해서는 세상을 관찰하고 제대로 그림을 그려봐야 한다는 결론이 나를 이곳으로 이끌었다. 여행과 그림은 내 청춘의 가장 중요한 부분이다.

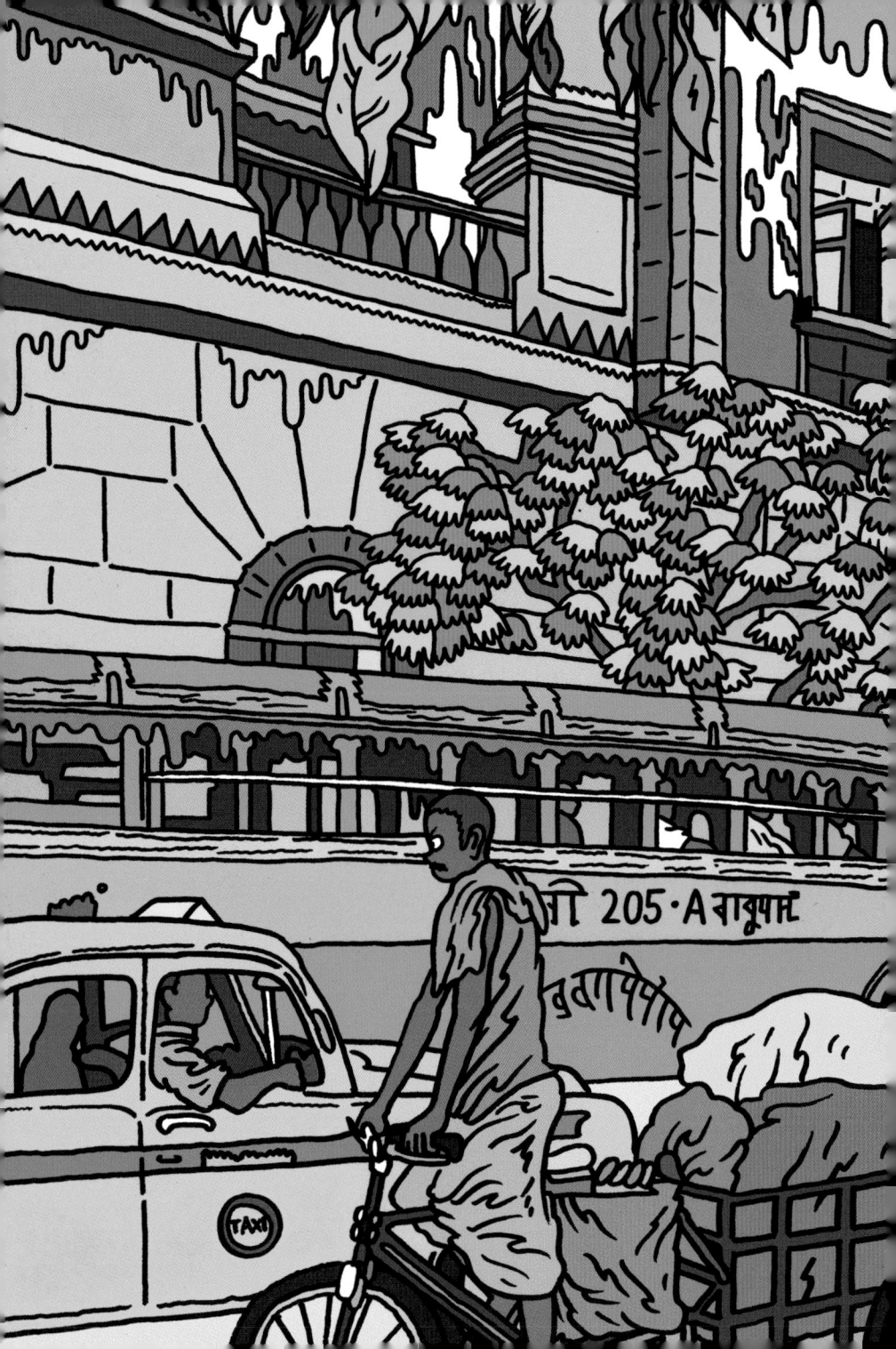

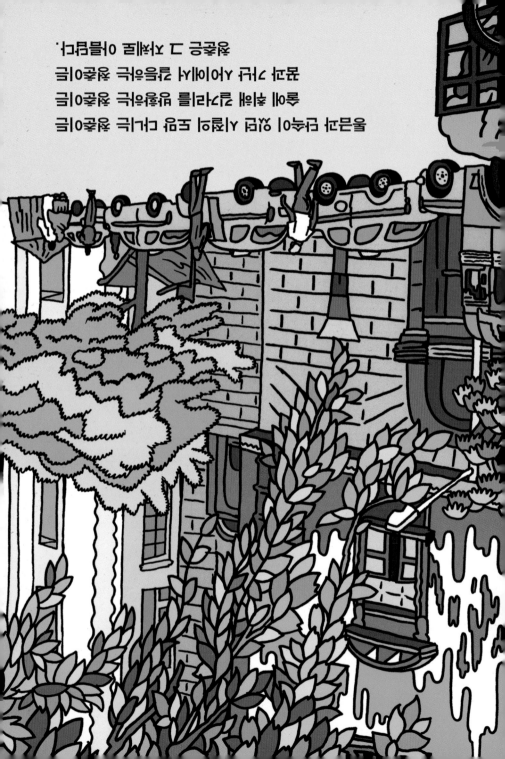

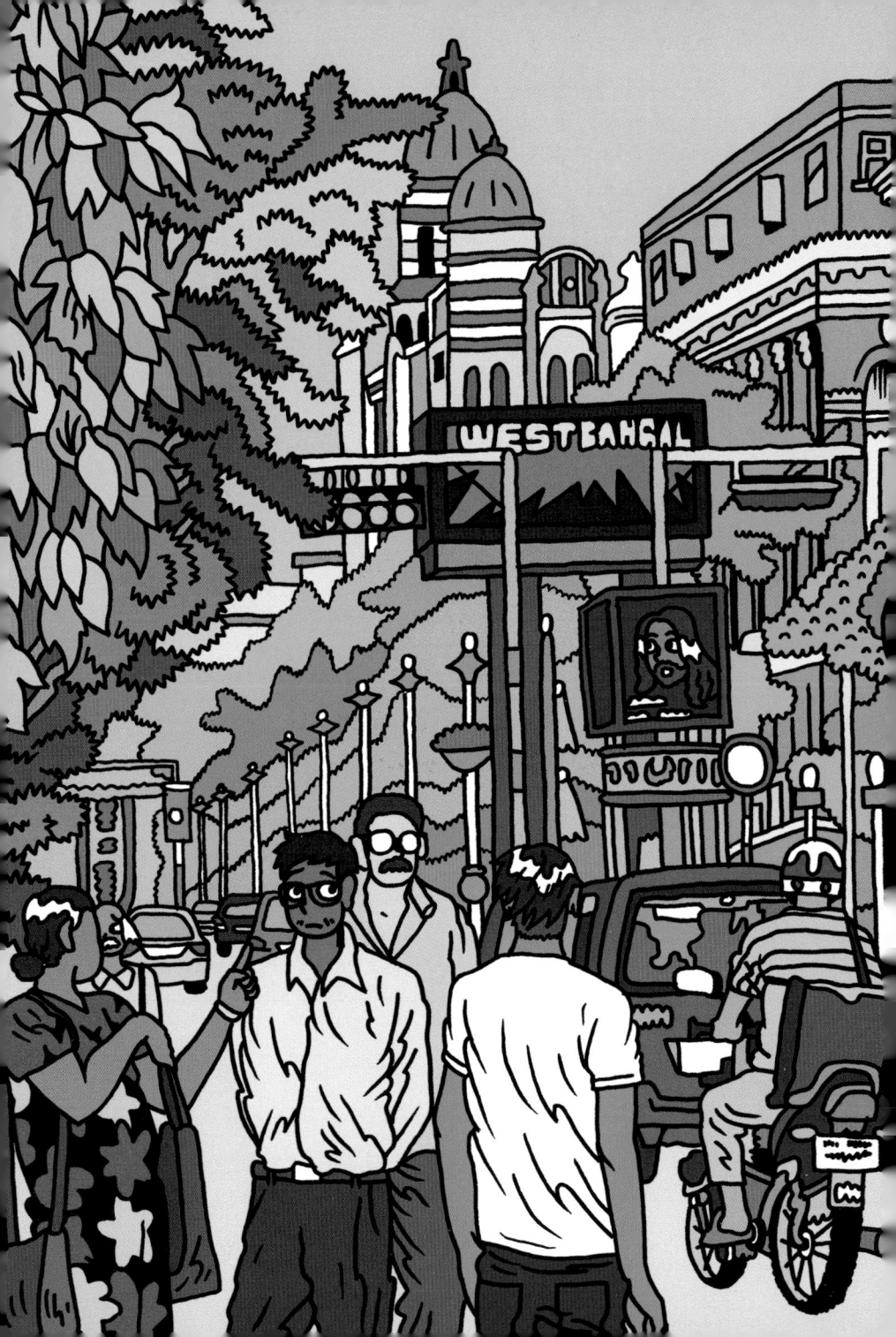

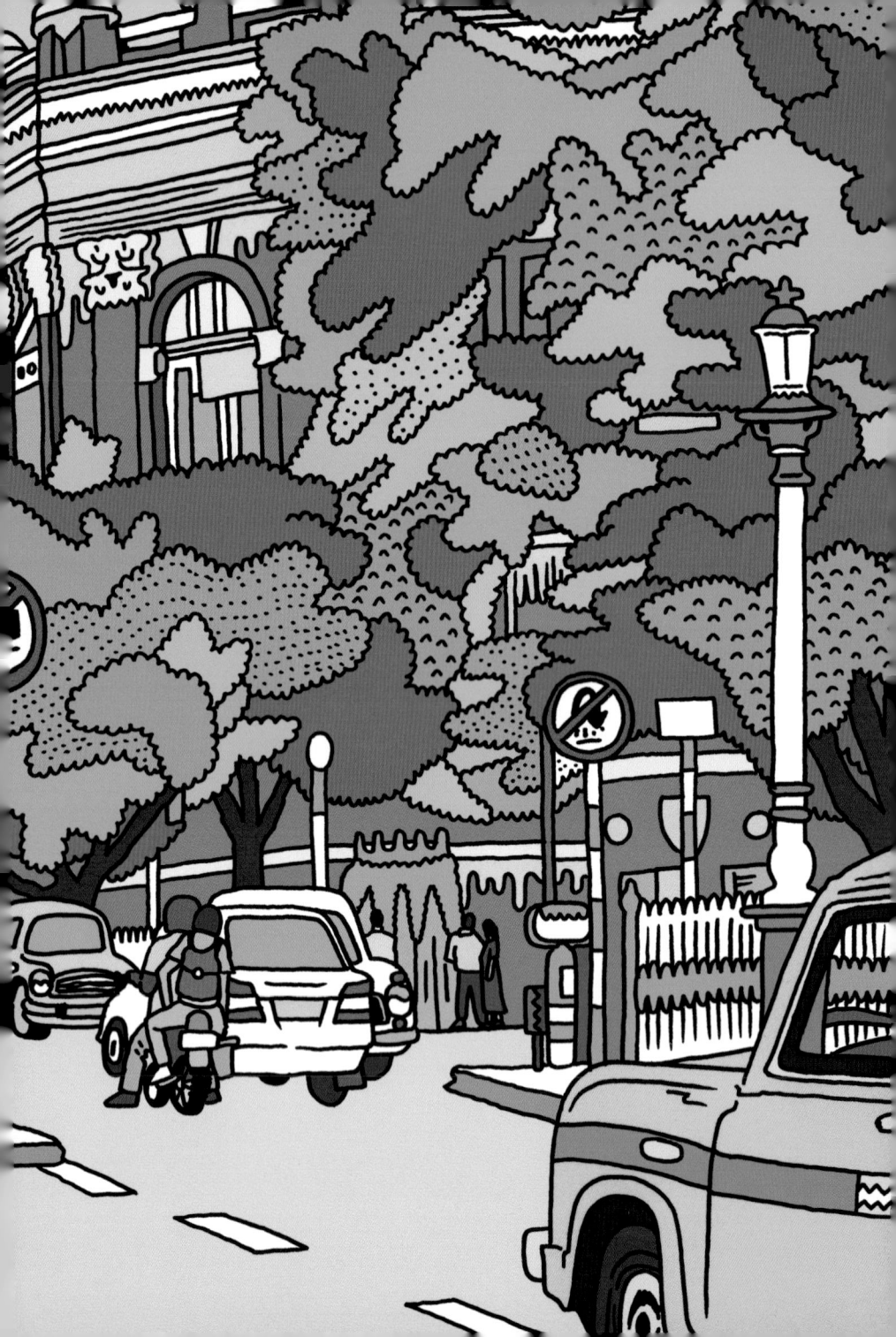

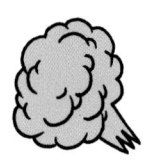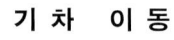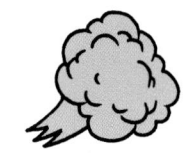

기 차 이 동

콜카타에서 지내는 동안 느꼈던 푹푹 찌는 더위 때문에 민소매와 짧은 팬츠만 입고 다녔더니 어느새 몸에 감기 기운이 들어와 자리를 잡았다. 하지만 어렵게 구한 기차표이기도 하고, 아플 땐 차라리 장시간 이동하는 동안 숙면을 취하자는 생각에 이동을 강행하기로 했다. 콜카타에서 델리까지는 대략 기차로 23시간의 거리, SL클래스를 이용한 것이 고난의 시작이었다.

보통 3A보다 하위등급 객실에 타는 인도인들은 정식으로 기차표를 구입하지 않고 타는 경우가 허다하며, 남의 자리에 빈 틈이 나면 끼어 앉기가 정석이다. 그러다 보면 정원 6명의 배정 시트에 12명도 앉게 되는 불편한 사태가 빈번히 이루어지고, 배낭 도난사고의 원인이 되기도 한다. 기차를 탄 지 3시간이 지났을까. 기차가 어느 작은 역에 정차하자 이내 주황색 옷을 입은 무리가 기차에 탑승하게 되었다. 불안한 느낌은 곧 현실로 다가왔다. 수염을 기른 인도 사내 2명이 오더니 내가 다리를 쭉 펴고 누워 있던 시트가 마치 원래 자기들 것인 양 내게 옆으로 좀 가라는 손짓을 하며 자연스레 앉는 게 참 능청스러웠다.

"열차표를 보여줘. 아니면 짤로!(우리말로 '꺼져'라는 뜻.)"

보통의 인도인 남자들이 앉았더라면 그렇게 말했을 텐데, 그들의 능청스러움에 자리를 내준 것이 발단이었다. 남자들 뒤에는 총 14명의 사람들이나 더 내 자리를 탐내고 있었다. 게다가 그 안엔 아기들과 여성들까지 애처로운 눈빛으로 내 자리를 수혈받길 원하는 눈치였다. 감기가 점점 더 심해져서 콧물이 계속 흐르고 있었지만 어쩔 수 없었다. 나도 인간인지라 이 대가족을 매몰차게 밀어낼 수도 없었다. 20여 시간을 이동하는 기차표 값이 겨우 우리나라 돈으로 만 원도 안 드는 것이 SL클래스인데, 그냥 이 표는 내 것이 아니라 잠시 빌려가는 것이라고 속 편하게 생각하는 게 낫다. 결국 6인용 좌석에 18명이 끼어 앉는 초유의 사태가 일어났지만 말이다.

감기약 기운에 취해 쪽잠을 자려 하면, 연신 울어대는 아기들의 울음소리에 다시 잠이 깨고, 새벽엔 인도 남자들의 코고는 소리에 잠을 청할 수가 없었다. 아침에 일어나보니 내 배낭은 인도인들의 주전부리 가루에 초토화 되어 있었다.

화는 내 안에서 참는 것이 아니라 솔직하게 분출하며 다니는 곳이 인도라고 생각했다. 하지만 천사 같은 눈망울을 가진 아기들을 보면 화가 다 사라지는 곳, 내가 인도에 오긴 왔나 보다. 다행인 것은 화가 사라지면서 내 감기 기운도 말끔히 사라졌다.

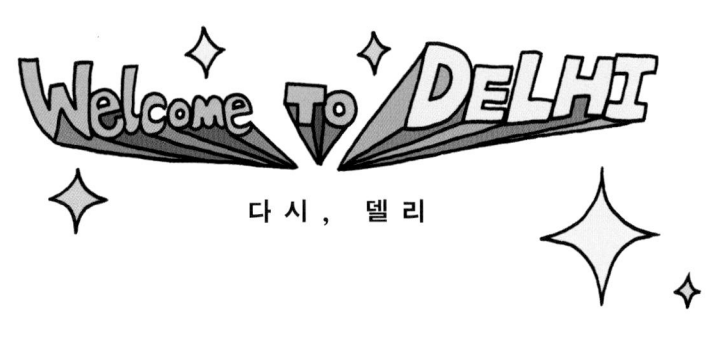

다시, 델리

동인도 콜카타에서 수도인 델리로 23시간이나 이동을 한 기차에서 많은 사람들이 쏟아져 나온다. 나는 잠이 덜 깬 상태였지만 정신을 번쩍 들게 하는 열기 덕택에 '여기가 뉴델리 역이구나.' 하는 현실감이 돌아왔다.

델리 내 여행자 구역인 파하르간즈는 몇 년 전 내가 방문했을 때와는 다르게 거리의 왕처럼 활보하던 소들은 종적을 감추었고 거리는 아스팔트로 정돈되어 델리의 변혁을 알리는 듯했다. 장족의 발전이다. 하지만 역시나 많은 사람들이 델리를 최악의 도시로 꼽을 수밖에 없는 이유는 끈질기게 여행자들을 쫓아다니는 릭샤꾼들, 필요 없는 물건을 강매시키려는 상인들 극성 때문이다. 예전에 장기체류를 할 당시 묵었던 게스트하우스는 거의 망하기 직전의 상태였다. 하지만 야크 샌드위치가 맛있었던 레스토랑, 자주 들렀던 바Bar는 그대로였다. 혼잡했던 길이 정돈되고 도시적으로 세련된 모습을 취해보려 하는 델리는 아직 미완성된 한 폭의 그림 같지만, 내가 수년 후 다시 찾았을 때 이곳은 어떤 모습으로 나를 맞아줄까.

예전에 방문했던 곳을 다시 찾는다는 것은 변한 것과 변하지 않은 것을 볼 수 있는 좋은 기회이다.

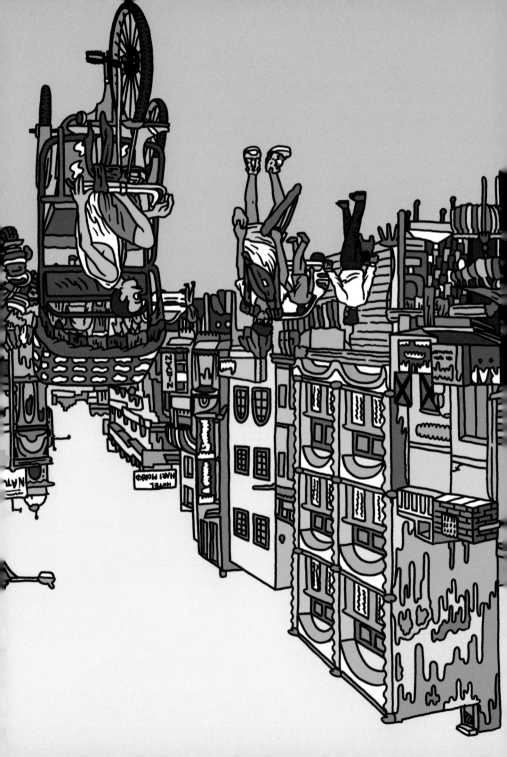

모모

북인도에 거주하고 있는 많은
티베트인들 덕에 이 티베트 음식을
먹을 수 있지 않나 싶다.
'만두'와 닮았다.

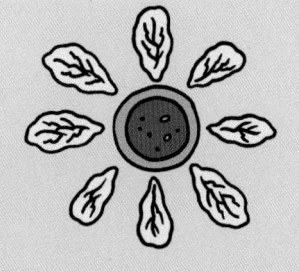

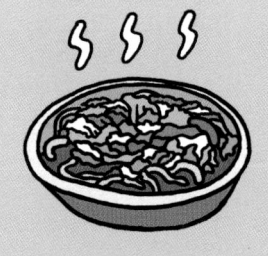

뚝바

칼국수와 비슷하게 생긴 면요리.
보통 야채가 많이 들어간다.

뗑뚝

수제비와 비슷하다.
국물맛은 뚝바와 대략 비슷하다.

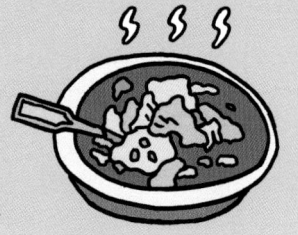

해

다람살라

MCLEODGANZ

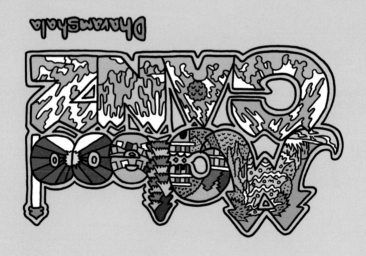

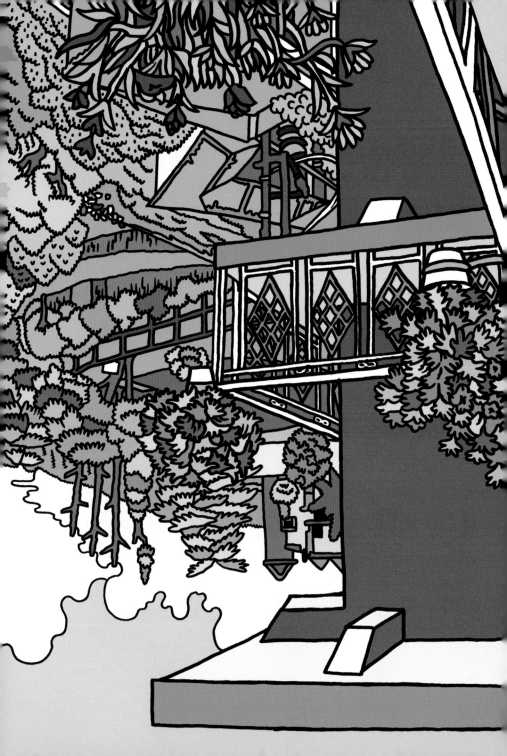

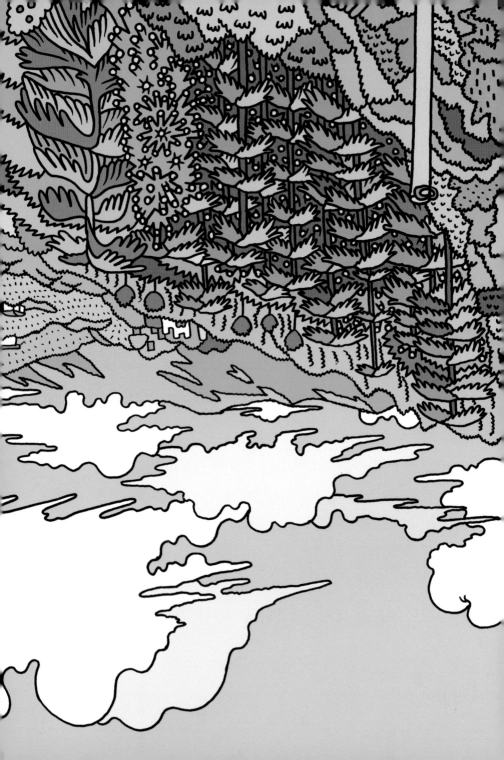

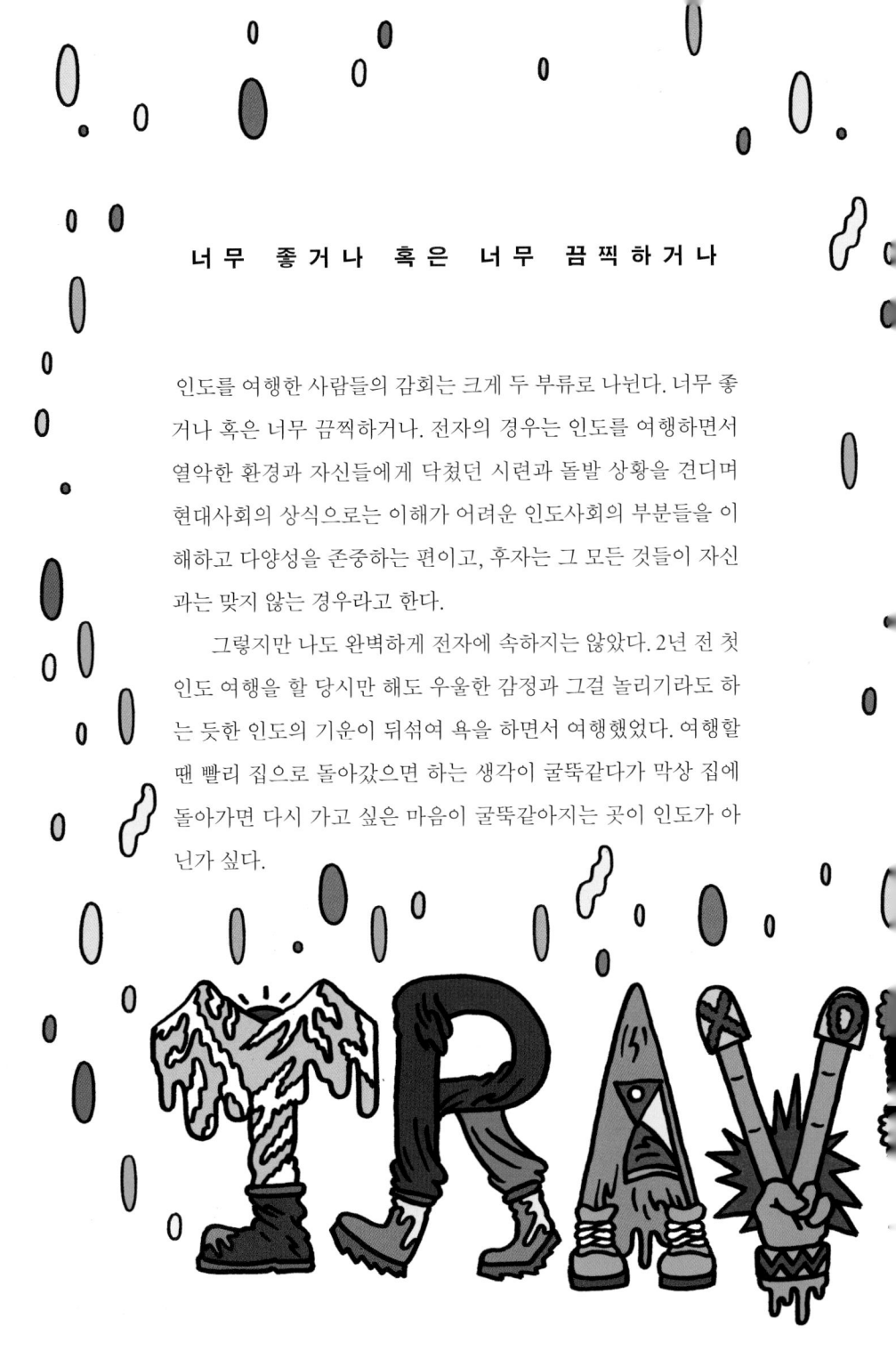

너 무 좋 거 나 혹 은 너 무 끔 찍 하 거 나

인도를 여행한 사람들의 감회는 크게 두 부류로 나뉜다. 너무 좋거나 혹은 너무 끔찍하거나. 전자의 경우는 인도를 여행하면서 열악한 환경과 자신들에게 닥쳤던 시련과 돌발 상황을 견디며 현대사회의 상식으로는 이해가 어려운 인도사회의 부분들을 이해하고 다양성을 존중하는 편이고, 후자는 그 모든 것들이 자신과는 맞지 않는 경우라고 한다.

그렇지만 나도 완벽하게 전자에 속하지는 않았다. 2년 전 첫 인도 여행을 할 당시만 해도 우울한 감정과 그걸 놀리기라도 하는 듯한 인도의 기운이 뒤섞여 욕을 하면서 여행했었다. 여행할 땐 빨리 집으로 돌아갔으면 하는 생각이 굴뚝같다가 막상 집에 돌아가면 다시 가고 싶은 마음이 굴뚝같아지는 곳이 인도가 아닌가 싶다.

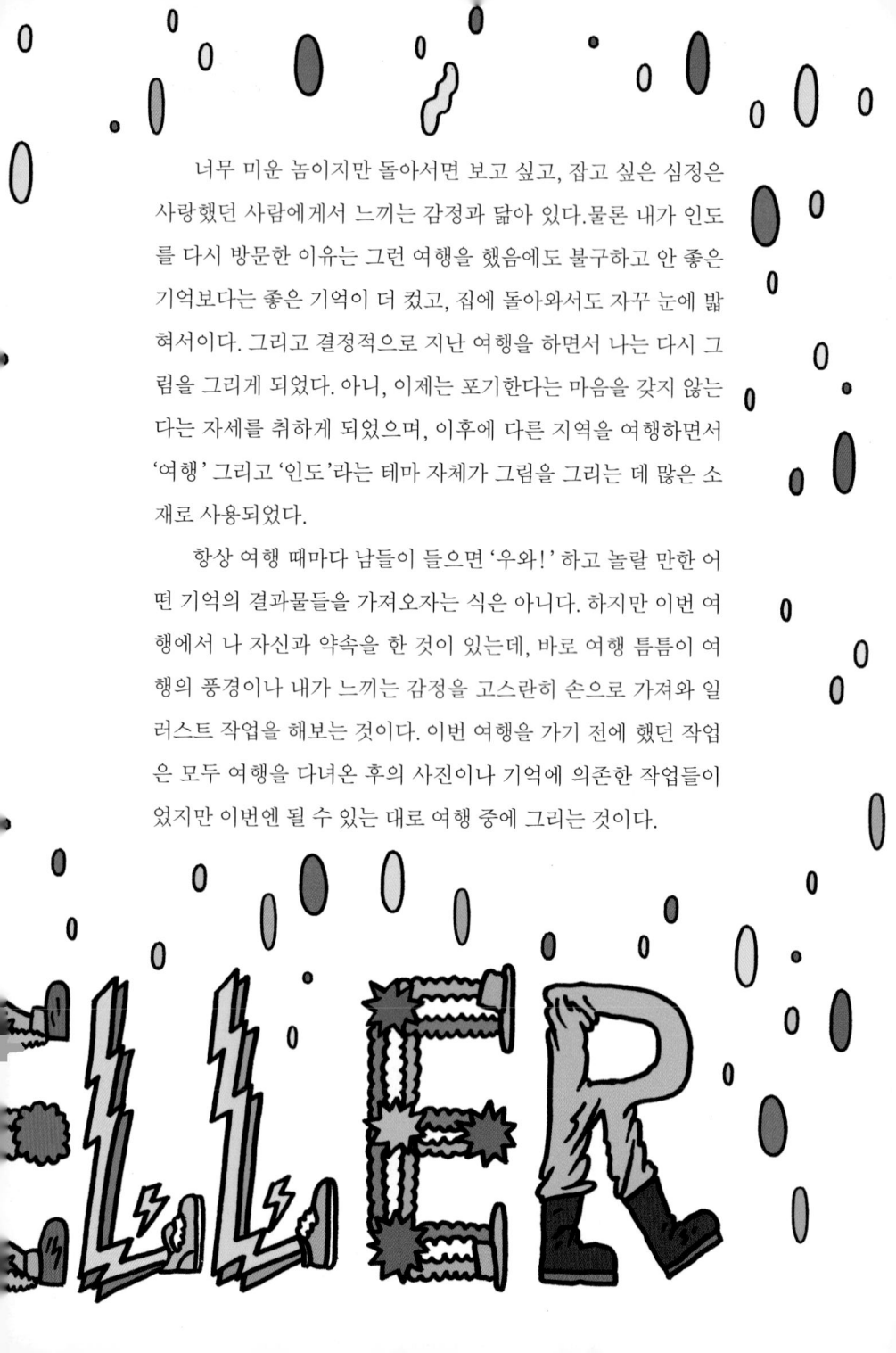

너무 미운 놈이지만 돌아서면 보고 싶고, 잡고 싶은 심정은 사랑했던 사람에게서 느끼는 감정과 닮아 있다. 물론 내가 인도를 다시 방문한 이유는 그런 여행을 했음에도 불구하고 안 좋은 기억보다는 좋은 기억이 더 컸고, 집에 돌아와서도 자꾸 눈에 밟혀서이다. 그리고 결정적으로 지난 여행을 하면서 나는 다시 그림을 그리게 되었다. 아니, 이제는 포기한다는 마음을 갖지 않는다는 자세를 취하게 되었으며, 이후에 다른 지역을 여행하면서 '여행' 그리고 '인도'라는 테마 자체가 그림을 그리는 데 많은 소재로 사용되었다.

항상 여행 때마다 남들이 들으면 '우와!' 하고 놀랄 만한 어떤 기억의 결과물들을 가져오자는 식은 아니다. 하지만 이번 여행에서 나 자신과 약속을 한 것이 있는데, 바로 여행 틈틈이 여행의 풍경이나 내가 느끼는 감정을 고스란히 손으로 가져와 일러스트 작업을 해보는 것이다. 이번 여행을 가기 전에 했던 작업은 모두 여행을 다녀온 후의 사진이나 기억에 의존한 작업들이었지만 이번엔 될 수 있는 대로 여행 중에 그리는 것이다.

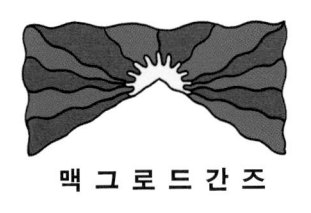

맥그로드간즈

'인도 안의 작은 티베트'란 별명과 대부분의 여행자들이 북인도 여행을 하는 시작점이라고도 볼 수 있는 맥그로드간즈McLeod Ganj 에 왔다. 인도 여행지에서 경험한 것과는 전혀 다른, 요란한 경적소리와 호객꾼 대신 조용한 평화만이 맴돌았다. 맥간에 주로 거주하는 민족은 대부분 티베트인들이고 산에 부락이 형성되어 있는 점 등이 2년 전 마지막 여행지였던 다르질링과 겹치는 이미지들이 많았다.

　달라이라마의 거처가 있고, 중국을 피해 망명한 티베트 정부가 이곳에 있어서 그런지 밖은 온통 티베트 승려들이다. 그들은 중국인과 한국인의 모습을 조금씩 닮은 얼굴이지만 항상 미소를 지니고 있었다. 다큐멘터리 채널에서나 봤던 붉은 옷의 승려들을 내 눈앞에서 실제로 보니 신기했다. 인도 대륙의 한복판인 맥그로드간즈에 인도인이 아닌 티베트인이 왜 모여 살고 있는지 알게 되면 마음이 짠해진다. 중국의 침공을 당하며 살아온 티베트인들을 이끈 달라이라마는 결국 히말라야를 넘어 이곳에 티베트 망명정부를 세운 후 그들을 지켜냈다. 많은 사람들이 달라이라마를 보러 이곳 맥간을 방문한다고 한다. 하지만 내가 방문한 지금, 달라이라마는 맥간에 없다는 소식을 들었다.

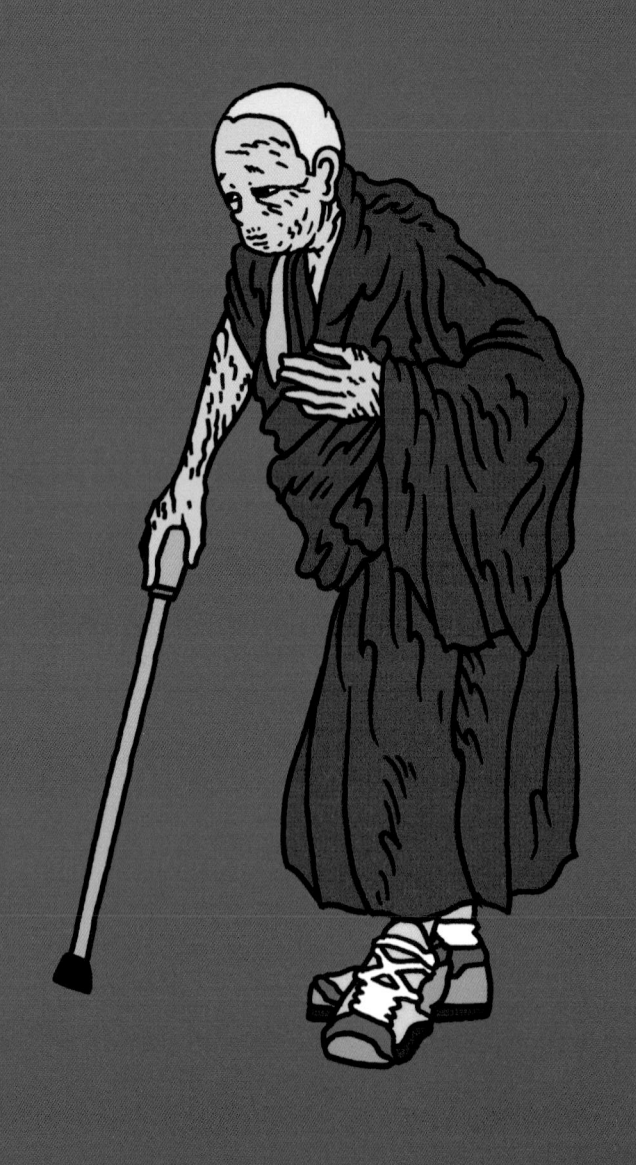

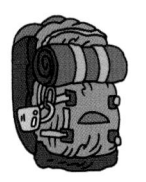

그 림 여 행 자

자신의 특화된 능력을 발휘하며 여행을 한다는 것은 여행자로서 크나큰 축복이라고 생각한다. 내가 만났던 어떤 여행자는 통기타를 치며 전국을 돌고 있었으며, 어느 여행자는 액세서리를 만들어 즉석 플리마켓을 열며 여행하고 있었다. 그들은 자기가 할 수 있는 능력을 발휘하며 여행의 즐거움을 배가시키고 있었다. 즉 자신만의 여행을 만들고 있었다. 물론 나도 내가 할 수 있는 것을 즐기면서 여행하려 한다.

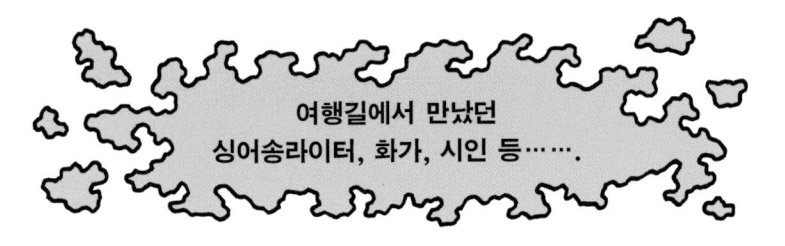

여행길에서 만났던
싱어송라이터, 화가, 시인 등……

중요한 것은 그들 전부가 프로는 아니라는 점이다. 아마추어이며 비록 어설픈 실력이지만 경쟁에서 벗어나 행위 자체를 즐기며, 여행으로까지 자연스레 끌어오는 습관은 '행복은 자기 안에서부터 이루어진다.'라는 생각을 하게 해주었다.

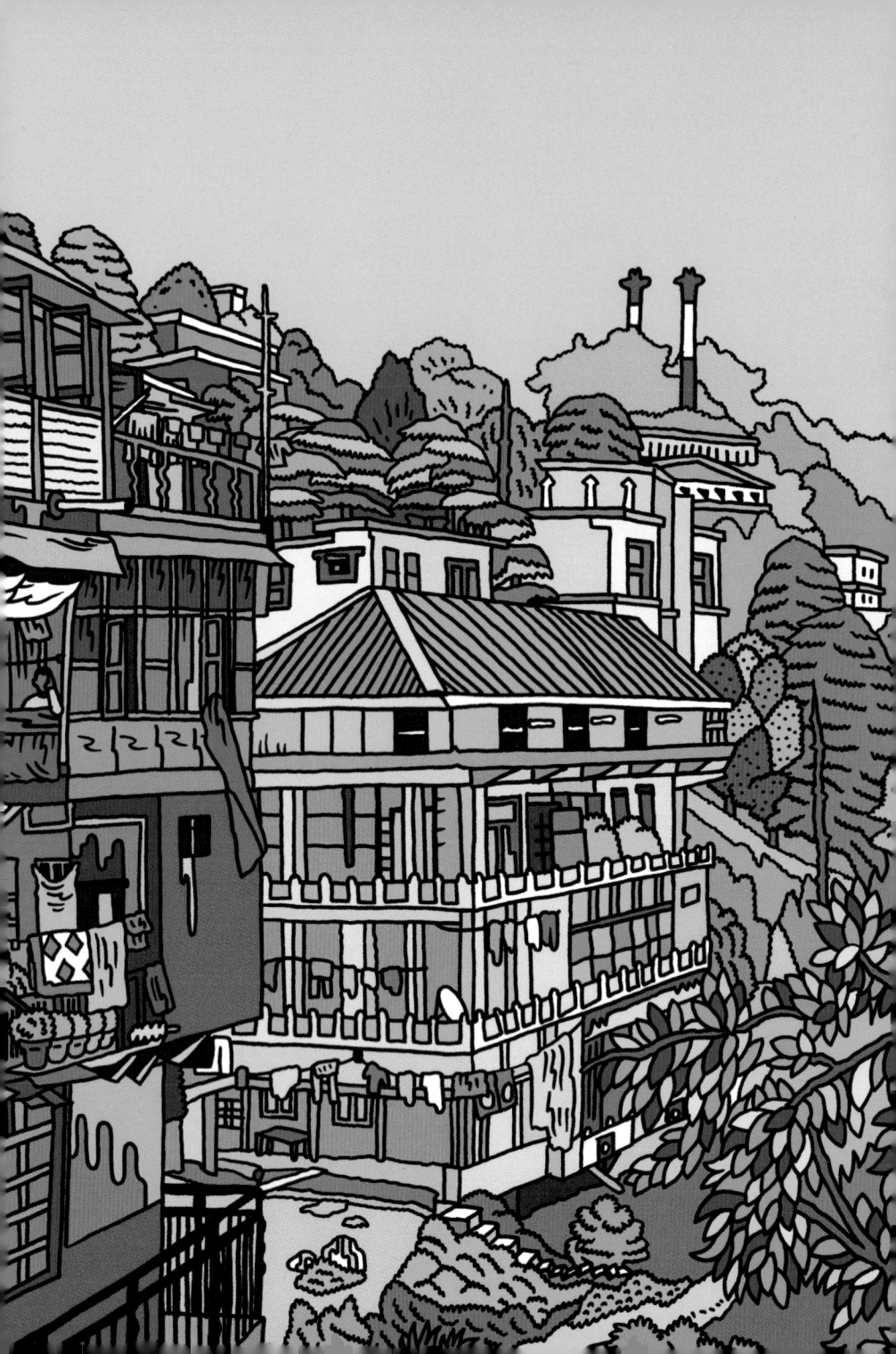

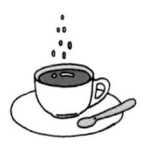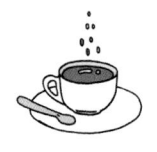

카 페 에 서

맥간에서 짜이를 마시며 멍하니 하루를 보내고 있다. 지대가 높은 옥상 레스토랑에서 티베트식 식사를 한 후 짜이와 담배를 즐기는 것이 오늘의 일과가 되어버렸다. 작은 마을이지만 여행자들이 굉장히 많다. 그들이 어디서 왔는지, 무얼 하는지도 궁금하고, 그러다가 음악을 듣고 있거나 그림을 그리고 있는 여행자를 보게 되면 '저 친구는 나랑 왠지 죽이 잘 맞을 듯싶은데?' 하며 훔쳐보곤 한다.

여행자들이 바쁜 듯 도시를 돌며 사진을 찍고 다니는 피곤한 여행을 하는 것을 보면 조금 안타까운 마음이 든다. 유적지에서 사진을 찍어 SNS에 올리고, 그 다음 행선지로 바로 이동하는 행위는 그다지 바람직해 보이지 않는다. 물론 바쁜 현대인들이 시간을 쪼개서 여행을 하는 것이므로 그렇게 보일 수도 있지만 확실한 건 영혼 없는 여행 같다는 것이다. 짧은 시간밖에 내지 못한다면, 그동안 많은 곳을 다니는 것보다는 마음이 허락할 때까지 한곳에 진득하니 머물러 보라고 권하고 싶다. '이왕 외국에 나왔으니까…….'라는 생각이 급한 여행을 만드는 요인이 된 듯하다. 여행은 대단한 것을 봐야만 하고, 결국엔 깨달음에 도달해야 하는 그런 거창한 것은 아니라고 생각한다.

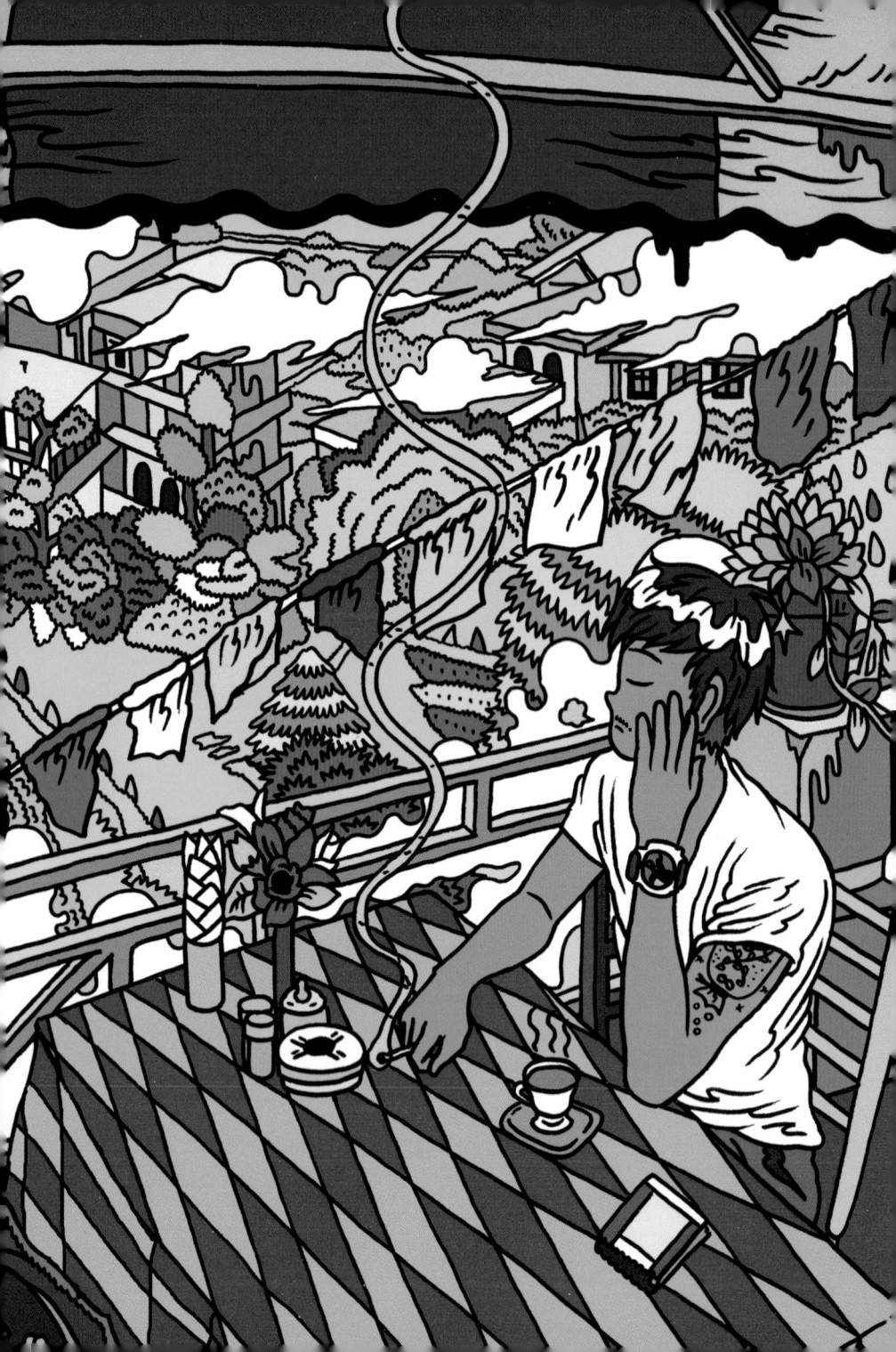

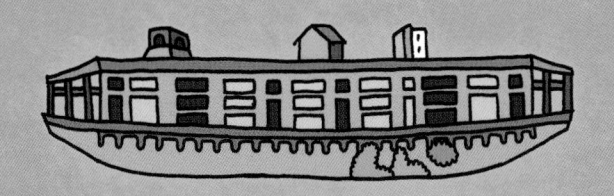

하우스보트

스리나가르 호수 위에 떠있는 숙박, 상점, 생활용
등의 수단으로 쓰이는 보트. 스리나가르 여행의
낭만이자 마스코트.

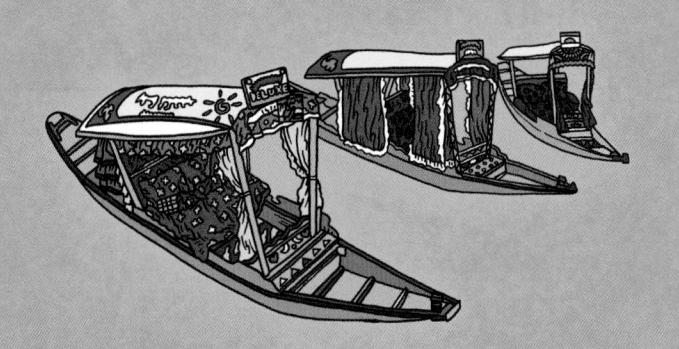

시카라

스리나가르의 호수 위를 달리는 수상 보트.
하우스보트와 육지 사이를 주로 이동한다.

SRINAGAR

스
리
나
가
르

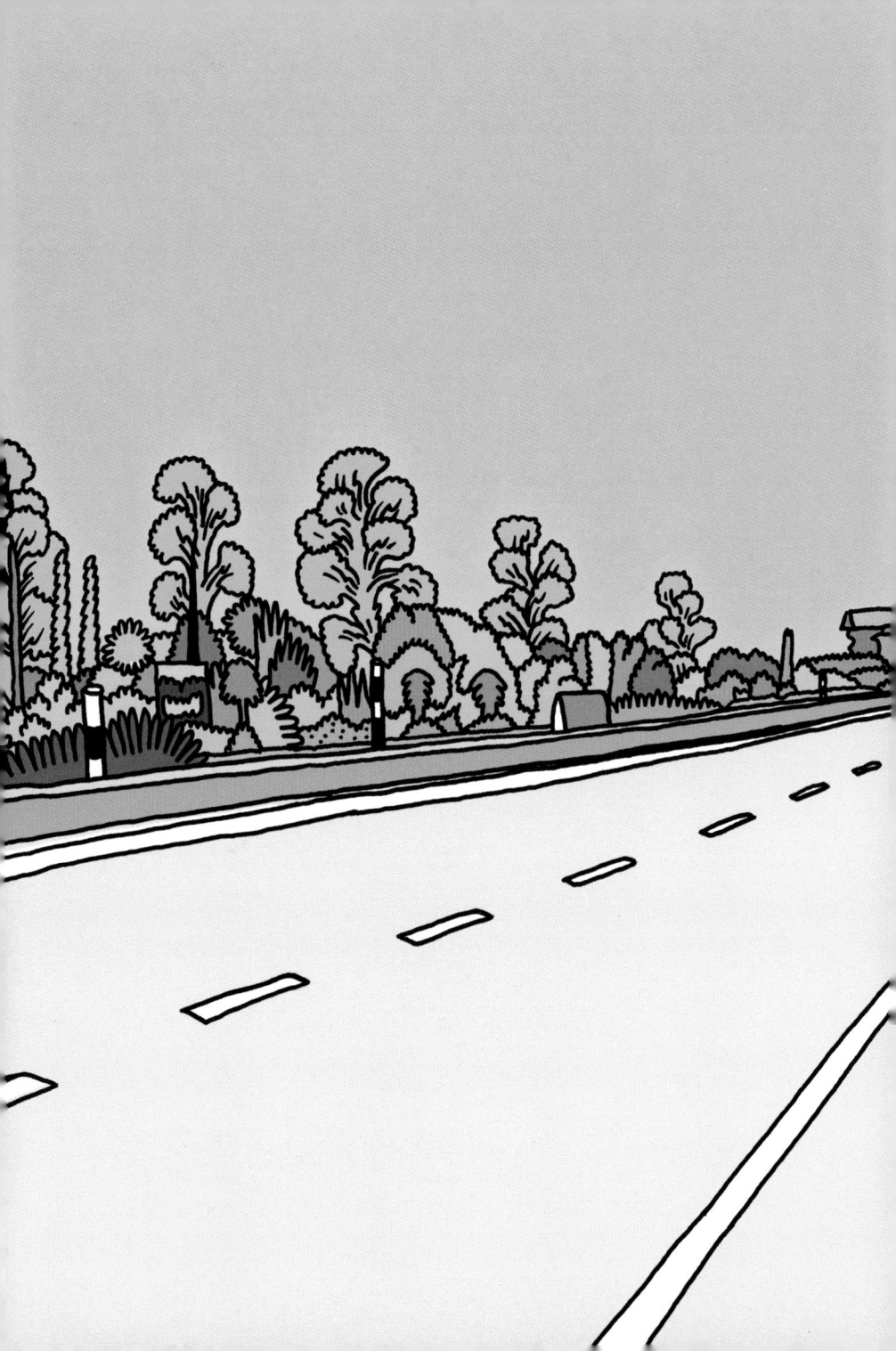

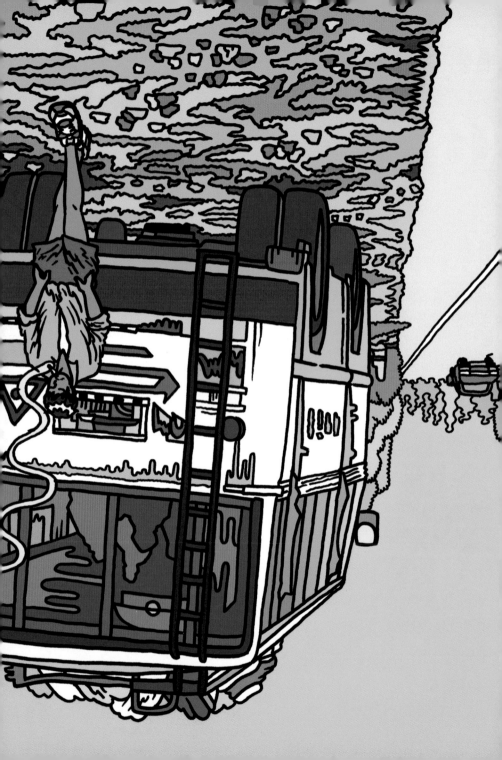

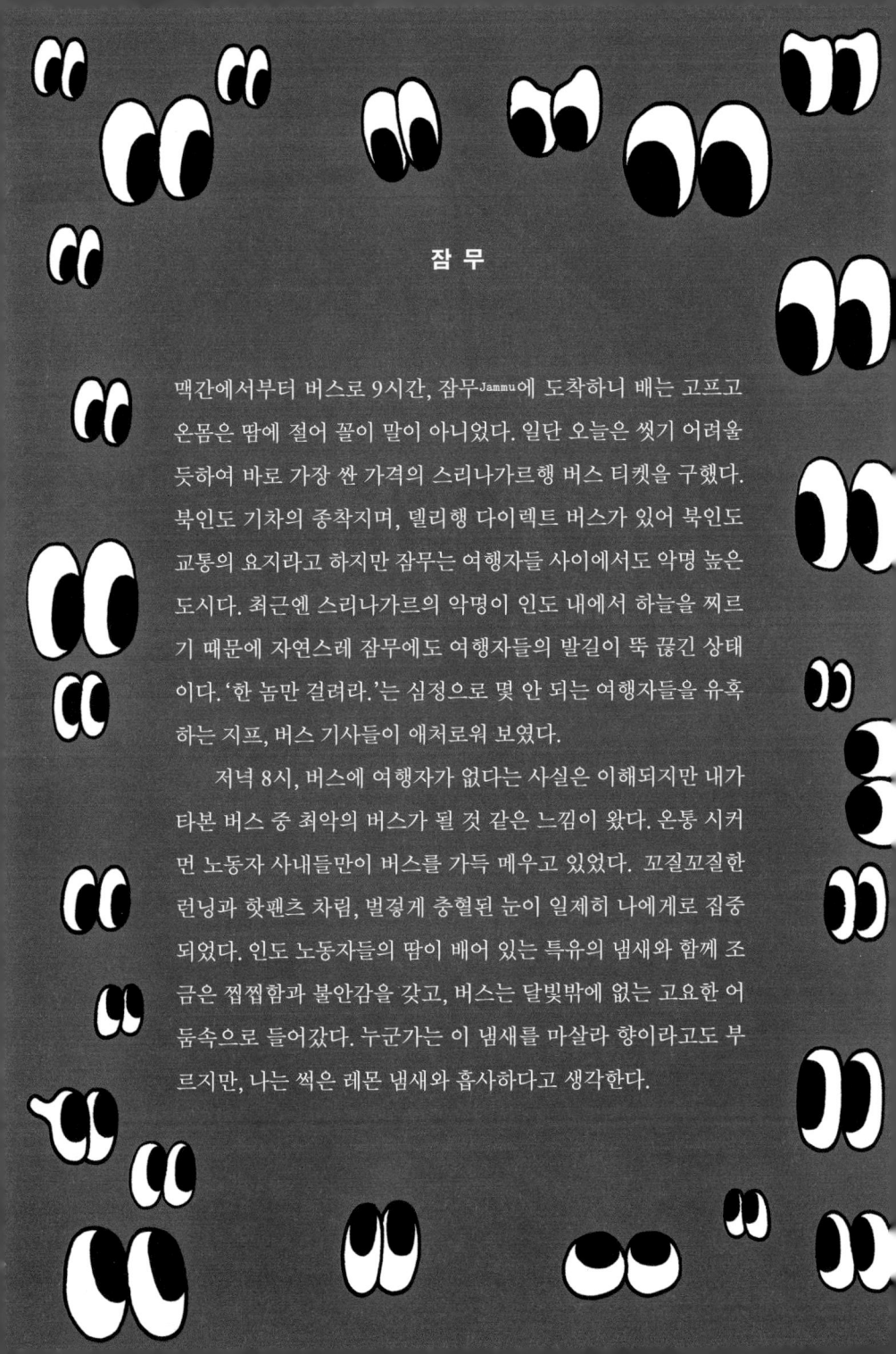

잠 무

맥간에서부터 버스로 9시간, 잠무Jammu에 도착하니 배는 고프고
온몸은 땀에 절어 꼴이 말이 아니었다. 일단 오늘은 씻기 어려울
듯하여 바로 가장 싼 가격의 스리나가르행 버스 티켓을 구했다.
북인도 기차의 종착지며, 델리행 다이렉트 버스가 있어 북인도
교통의 요지라고 하지만 잠무는 여행자들 사이에서도 악명 높은
도시다. 최근엔 스리나가르의 악명이 인도 내에서 하늘을 찌르
기 때문에 자연스레 잠무에도 여행자들의 발길이 뚝 끊긴 상태
이다. '한 놈만 걸려라.'는 심정으로 몇 안 되는 여행자들을 유혹
하는 지프, 버스 기사들이 애처로워 보였다.

　　저녁 8시, 버스에 여행자가 없다는 사실은 이해되지만 내가
타본 버스 중 최악의 버스가 될 것 같은 느낌이 왔다. 온통 시커
먼 노동자 사내들만이 버스를 가득 메우고 있었다. 꼬질꼬질한
런닝과 핫팬츠 차림, 벌겋게 충혈된 눈이 일제히 나에게로 집중
되었다. 인도 노동자들의 땀이 배어 있는 특유의 냄새와 함께 조
금은 찝찝함과 불안감을 갖고, 버스는 달빛밖에 없는 고요한 어
둠속으로 들어갔다. 누군가는 이 냄새를 마살라 향이라고도 부
르지만, 나는 썩은 레몬 냄새와 흡사하다고 생각한다.

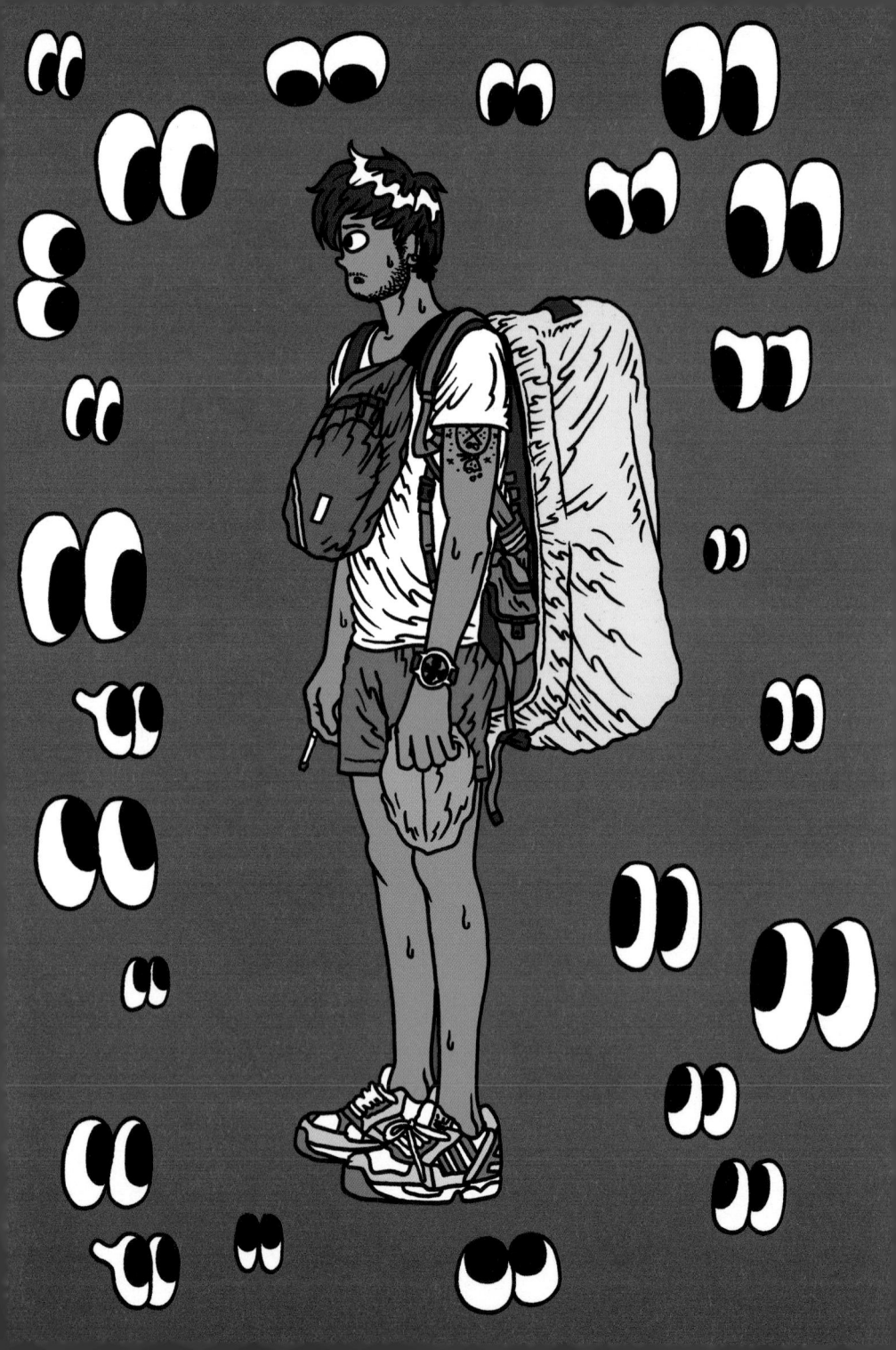

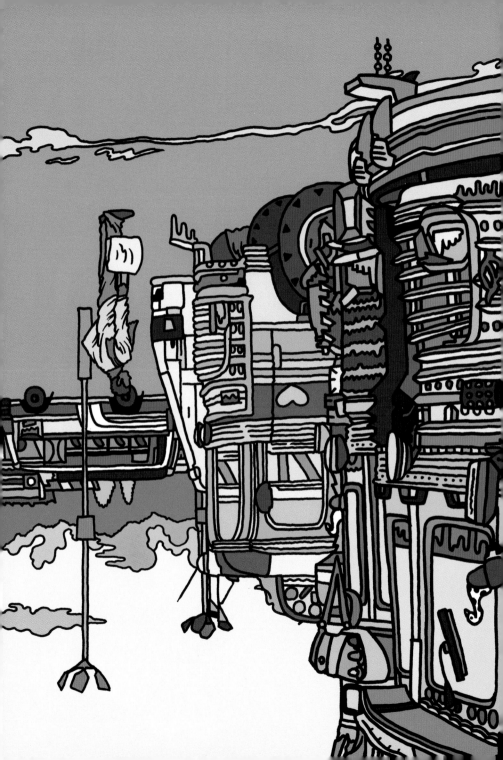

스 리 나 가 르

어느새 차창의 구멍 뚫린 커튼 사이로 들어온 따사로운 햇살이 잠을 깨웠다. 주위엔 레몬 냄새 나는 많은 인도인들이 입 벌리고 세상이 떠나가라는 듯 코를 골며 자고 있다. 차창 밖으로 색다른 풍경이 펼쳐져 있었다. 목적지에 가까워지고 있다는 느낌이 들었다. 런닝만 입고 버스 복도와 좌석에 끼여 앉아 곤히 잠을 자는 인도 노동자들을 보고 있노라니 문득 연민 같은 감정이 일었다. 조금 앳되어 보이는 얼굴은 어쩌면 내 또래이거나 더 어릴지도 모른다. 아마 잠무에서 고된 일을 하고 고작 보름에 한 번 정도 집으로 돌아가는 것이리라. 버스가 멈춰 서자 노동자들은 내게 '굿바이'라는 짧은 인사만 한 채 삼삼오오 무리를 지어 길을 떠났다. 스리나가르에 도착한 것이다.

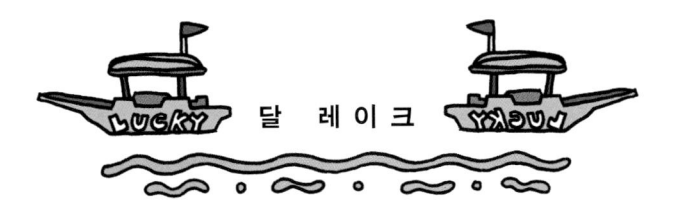

달 레이크

"넌 이제 어디로 가?"

내가 묵었던 숙소 주인이나 여행에서 사귄 친구들이 물었다.

스리나가르로 간다 하면 열에 아홉은 고개를 절레절레 저으면서 그곳은 위험한 곳이라고 충고 아닌 반 설교를 당했던 곳이었다. 하지만 소문과 두려움 때문에 가고 싶은 곳을 여행하지 못한다면, 그것이 더 큰 불행이지 않을까.

스리나가르 달 레이크Dal Lake는 그런 악명과는 달리 와보면, 정말 '낙원'이라는 표현이 어울리는 여행지다. 작은 보트 위에 과일을 싣고 다니는 콧수염이 두드러진 아저씨, 사람들을 태우고 다른 하우스보트로 이동하는 인도 청소년, 보트 위에 작은 사진 스튜디오를 차린 사진사까지. 물 위에서 공존하는 작은 사회에 내가 들어온 것이다.

커다란 달 레이크 호수 안에 지어진 많은 하우스보트들이 숙박업은 물론 상점, 약국 등 신기한 모습을 띠고 있다. 유럽을 여행했던 친구들은 이곳과 이탈리아의 베네치아를 비교하곤 하는데 나는 그곳에 가본 적이 없으니 뭐라고 해야 할지 잘 모르겠다.

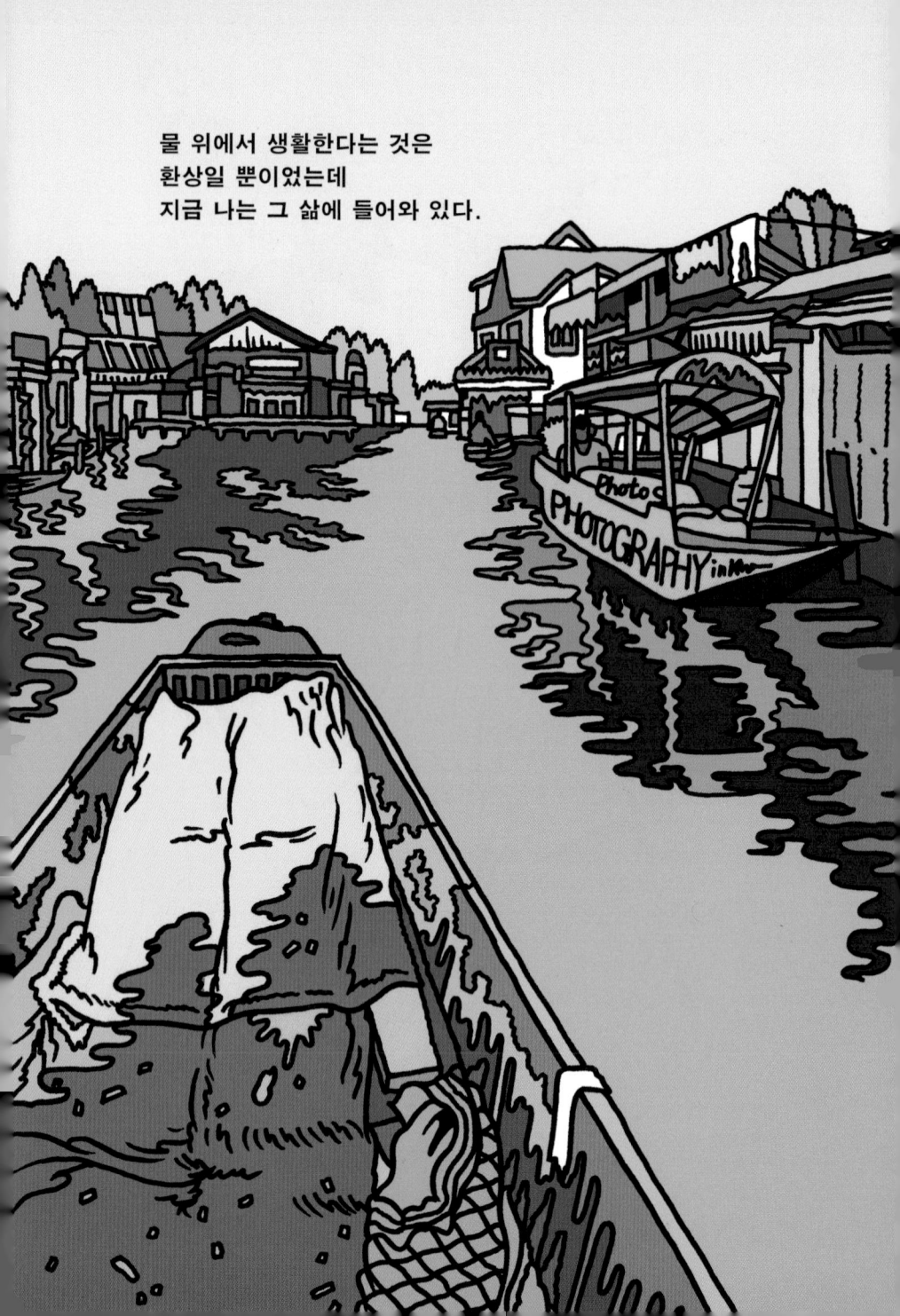

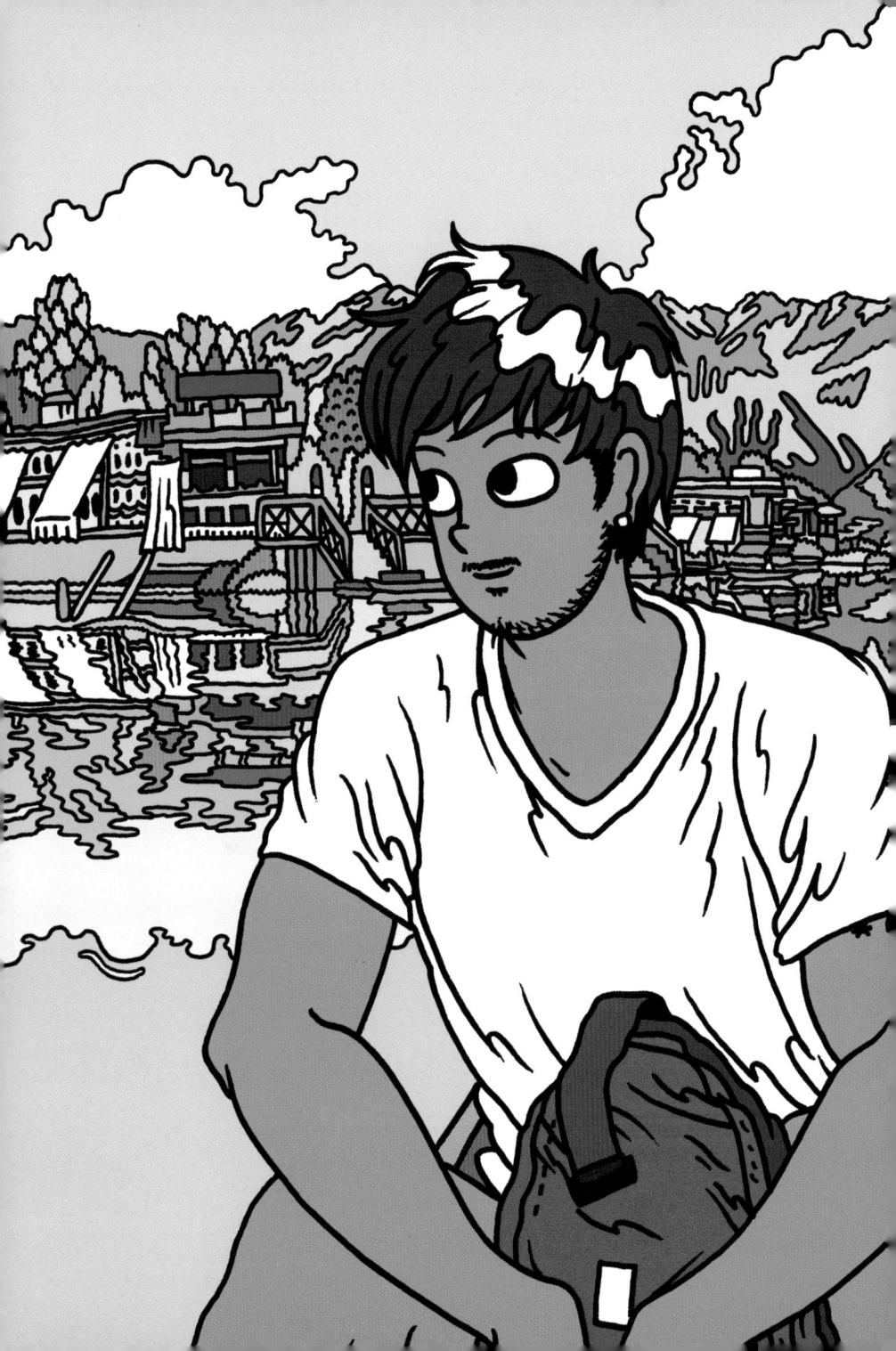

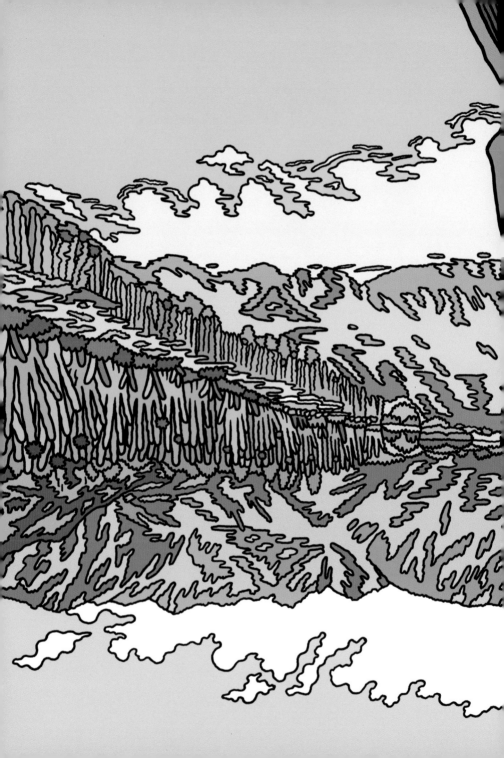

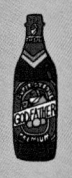 맥 주 숍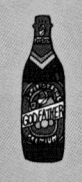

달 레이크를 벗어나 스리나가르 시장에서 먹거리들을 산 후 오랜만에 맥주 생각이 나서 근처의 한 비어 숍에 들렀다. 조그만 철창 사이로 카슈미르Kashmir 지방에서만 파는 맥주인 '갓파더'와 빈 페트병에 위스키들을 채워 은밀하게 판매를 하고 있었다. 21세기에 술이 죄가 되는 나라가 어딨냐고 하겠지만 인도는 주류 문화에 대해 상당히 보수적인 나라이다. 전통사회의 모습을 간직하고 있기 때문인지 남들 앞에서 당당하게 술을 마시는 것을 수치스럽게 여긴다. 이런 풍경은 바라나시나 리쉬케쉬Rishkesh 같은 성지에 다다를수록 더욱 심해진다. 단 델리나 캘커타, 뭄바이 같은 대도시에는 서울처럼 세련되진 않았어도 Bar나 Pub이 존재해서 다른 나라와 별 차이 없이 술집의 기능을 한다. 하지만 대도시나 주도를 제외한 다른 지역에서는 비어 숍에서 맥주를 구매한다는 자체가 힘든 여정이다. 특히 이곳 비어 숍은 고된 일을 마친 인도인들이 맥주를 사기 위해 줄서기는 물론 창살 가까이서 먼저 돈을 밀어 넣는 사람이 임자이다.

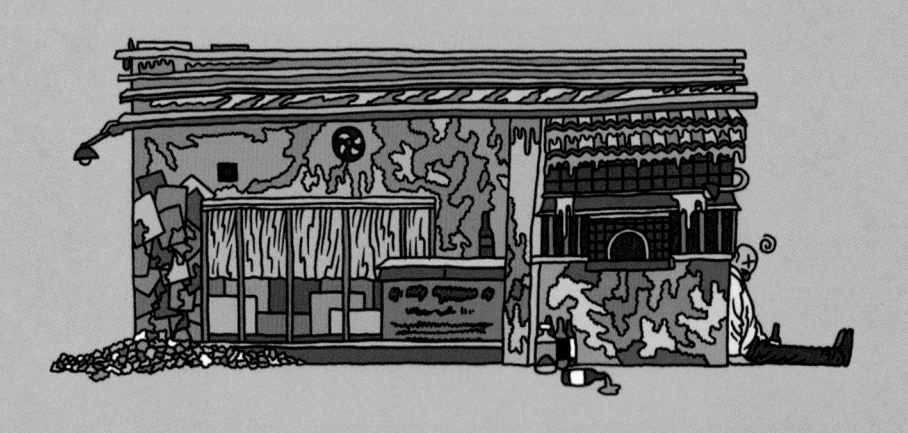

　여기서는 힘이 센 사람이 곧 맥주도 빨리 많이 구입할 수 있
다는 원시적인 논리가 이루어지고 있었다. 락 페스티벌에서나
체험할 수 있는 격한 슬램 의식은 필수 통과의례. 우리나라에서
는 상상할 수 없는 풍경이다. 대낮인데도 불구하고 술에 취해 길
바닥에 쓰러진 사람들과 술 자체를 신기해하는 사람들을 보며
만약 이들이 우리나라의 유흥문화를 접하게 된다면 어떤 충격을
받을지 궁금해졌다.

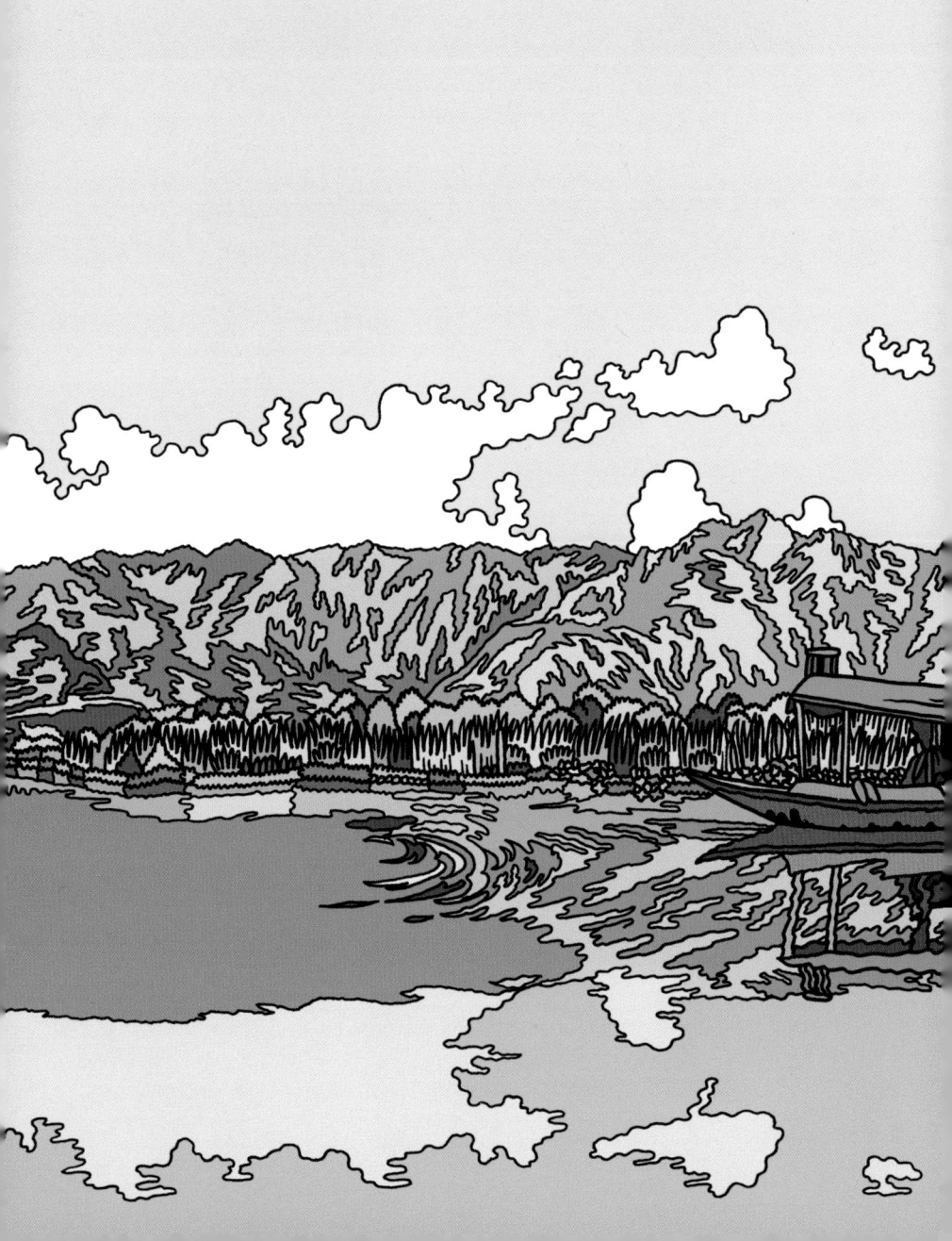

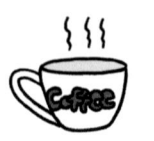 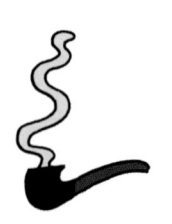

커 피 와 담 배

'인디아 타임지'를 무시무시하게 장식했던 스리나가르에서 폭탄 테러는커녕 며칠째 평화로운 하우스보트 생활을 하고 있다. 카슈미르인 가족이 운영하는 하우스보트의 방 한 칸을 이용하며 낮에는 그림을 그리고 글을 쓰고, 저녁에는 이곳에서 만난 한국인 대학생 여행자 친구들과 술도 마시고 카드게임을 하면서 나름대로 좋은 시간을 보내고 있다. 이번 여행은 출발 전날까지 산더미 같은 일들 때문에 정신없는 시간들을 보내다가 겨우 짬을 내 오게 되었다. 지금은 장기 여행자 본연의 '매일 휴일'을 만끽하고 있다. 이곳 달 레이크에서는 정말 아무것도 하지 않았다. 귀찮기도 했고 딱히 책에 소개된 주변의 볼거리들을 탐방하러 가고 싶지도 않았다. 그저 배 위에서 여유의 끝을 만끽하는 지금이 좋다. 매일 하루에 한 잔씩 맛보는 커피와 담배는 몸에는 좋지 않겠지만 아름다운 배경과 결합되어 심리적으로 나를 안정시켰다.

한국에서 나를 괴롭혔던 압박감과 끝이 날 것 같지 않던 올빼미 생활에서 벗어나 이렇게 아무 생각 없이 그냥 지내는 것도, 좋아하는 음악을 들으며 여유를 가지는 것도 여행을 즐기는 방법 중의 하나가 될 수 있다.

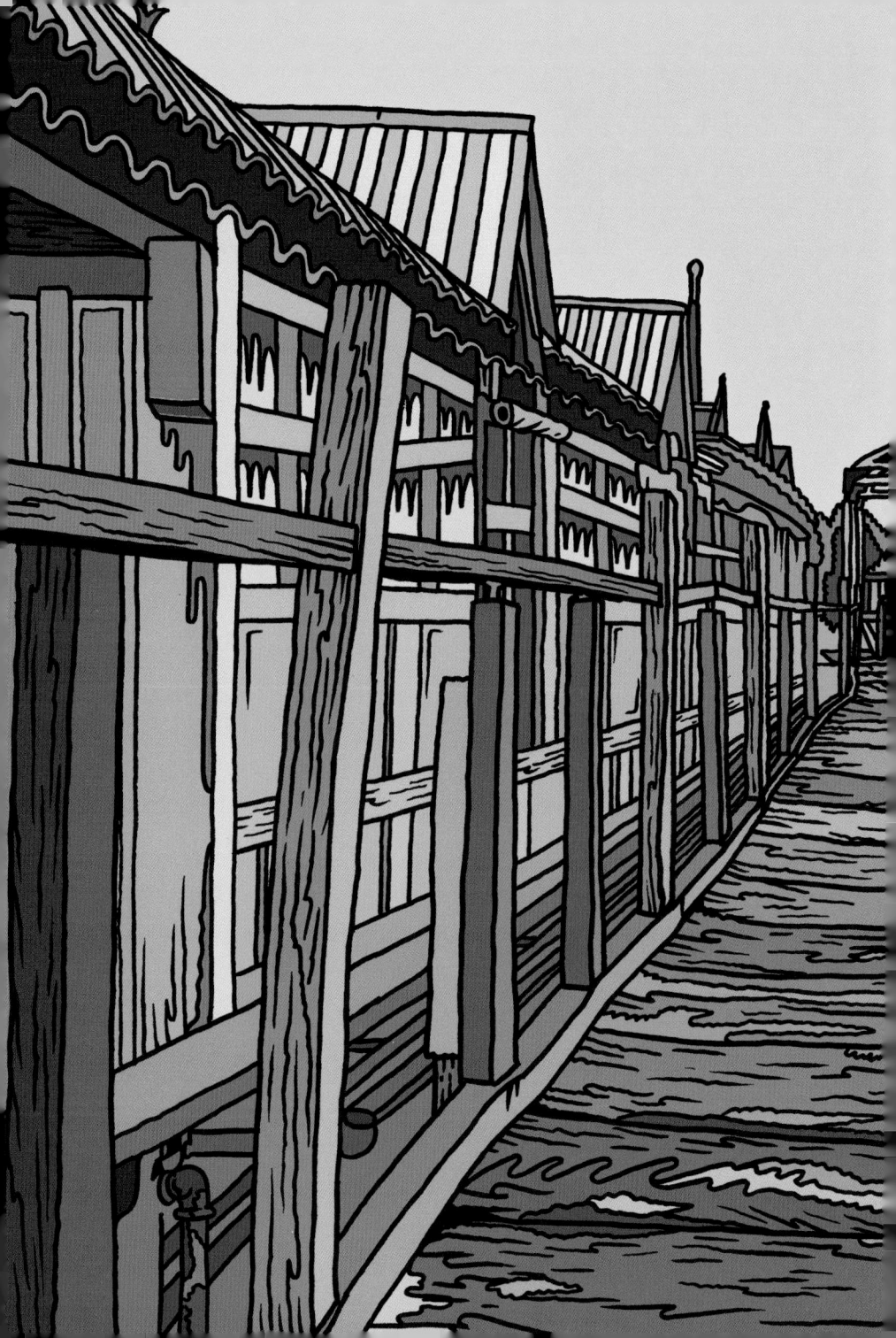

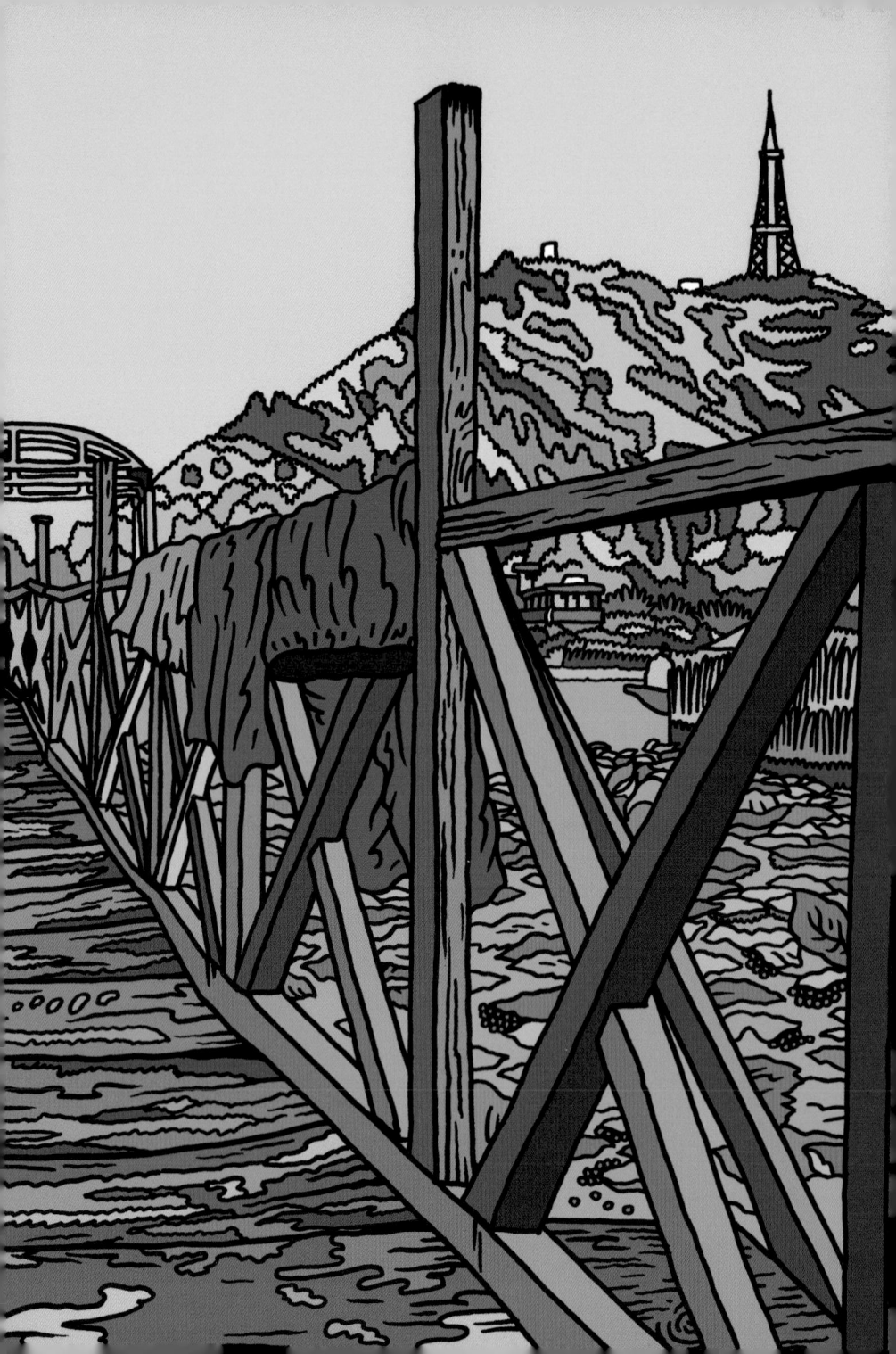

내 그림을 좋아해주는 사람들

달 레이크에서의 느릿느릿한 일상이 지루해져 보트를 타고 나와서 육지에 있는 커피 체인점에서 오후 내내 드로잉을 하기로 했다. 신나게 작업을 하고 있는데 두 테이블 건너에 앉아 있는 인도인 청년의 시선이 느껴졌다. 그는 계속 내 눈치를 살피더니 결심한 듯 다가와서 그림을 보여줄 수 있겠냐고 물었다. 나는 흔쾌히 응했고 그동안 여행에서 그렸던 드로잉들을 모두 보여주었다. 낯선 이의 접근을 유의해야 하는 곳이지만, 그의 눈빛이나 행동을 보니 나쁜 사람 같지는 않았다. 그는 근처의 대학교를 다니고 있는 학생이라며 자신을 소개했고, 집안의 반대로 그림을 포기했다고 말했다. 가끔씩 그림을 그리고 있는 여행자나 주변의 친구들을 보면 부럽다고 했다. 나도 고등학교 때까지 부모님의 반대가 심했었는데 만약 고집을 꺾었다면 이 친구처럼 그저 주변의 친구들 혹은 지금의 나 같은 사람들을 보며 꾸지 못하는 꿈을 가슴속에 끌어안은 채 살아갔을 것이다. 내 그림을 감상한 후 그는 매우 흥미로워했다. 인도 여행에 대한 그림이었기 때문에 어느 장소인지, 어느 상황인지 단번에 알 수 있었을 것이다.

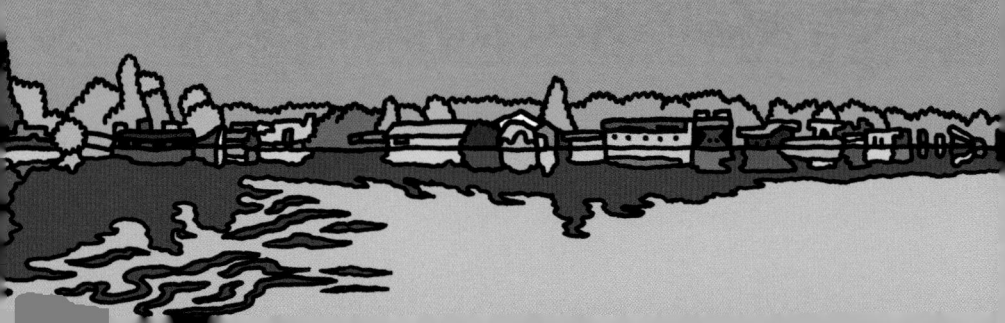

그는 일반적인 사실화나 코믹스가 가진 그림체가 아닌 나만의 특이한 스타일이 있다는 점을 칭찬해주었다.

그는 내 옆자리에 앉더니 10여 분간 짧은 영어로나마 그림에 대해 이야기를 나누었다. 그가 내 그림을 정말 마음 깊이 좋아해서인지는 모르겠지만 칭찬 일색이었다. 이윽고 오토바이를 탄 그의 친구들이 커피숍 밖에 도착하자 그는 즐거웠다며 자리를 떠났다.

그는 내게 잠시 스치는 인연이었다. 그의 이름도 잘 기억이 나지 않지만 분명한 건 사전 정보 없이 내 그림을 우연히 본 사람이 그림을 좋아해주었다는 점이다. 그림을 그리는 사람으로서 온라인상의 가벼운 피드백이 아닌 진심으로 느끼는 고마움이었다.

인도에 오기 전, 나는 몇 번의 단체전시와 개인전시를 했었다. 그때마다 계속 내 그림을 찾아주며 응원과 격려를 해주었던 사람들이 생각났다. 나와 친분이 없는데도 인터넷상의 작은 전시 정보만을 보고 달려와 내 그림을 봐주고, 사주신 분들. 지금까지 잊고 살았던 엄청난 고마움들이 생각나는 하루였다.

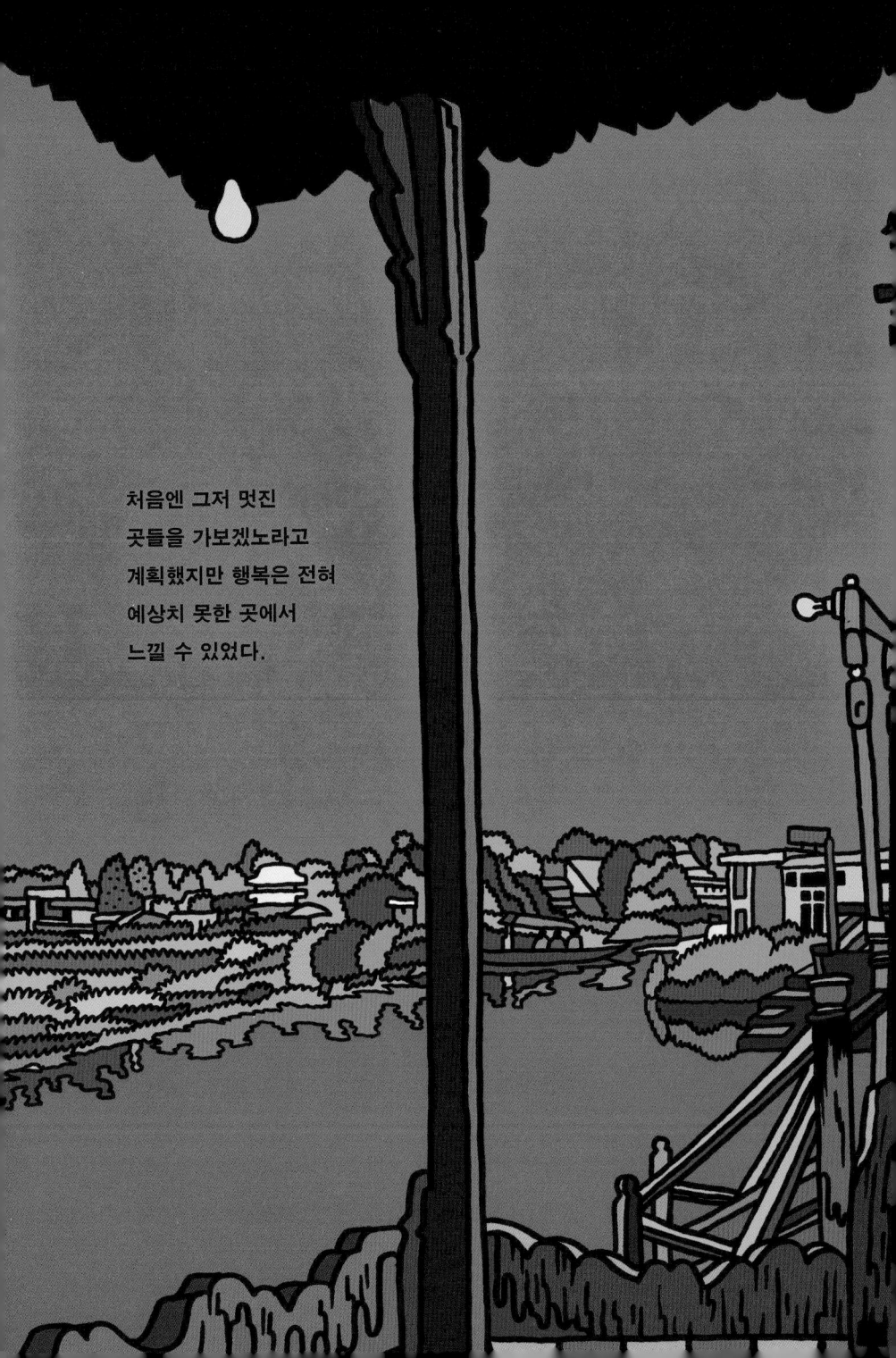

처음엔 그저 멋진
곳들을 가보겠노라고
계획했지만 행복은 전혀
예상치 못한 곳에서
느낄 수 있었다.

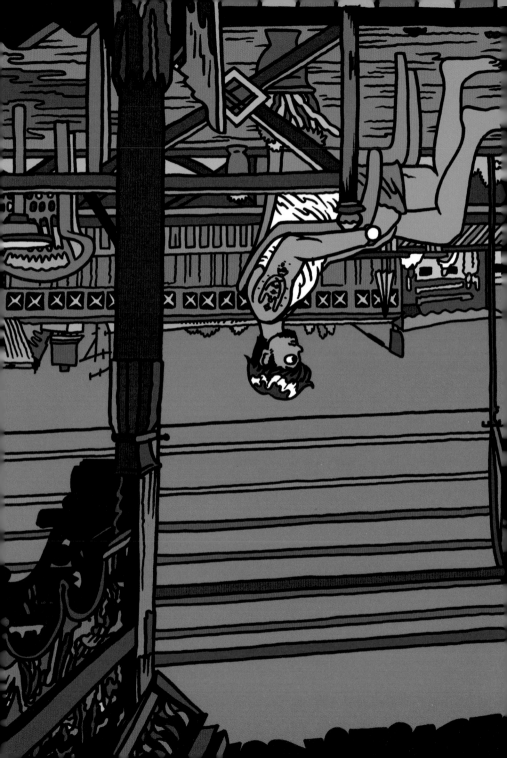

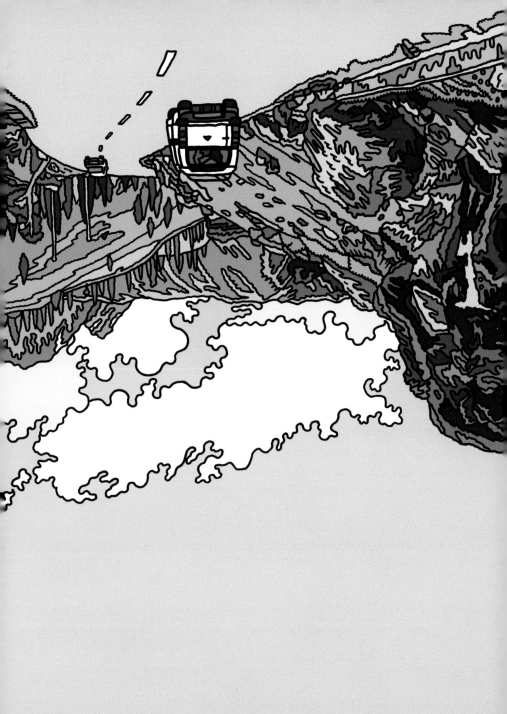

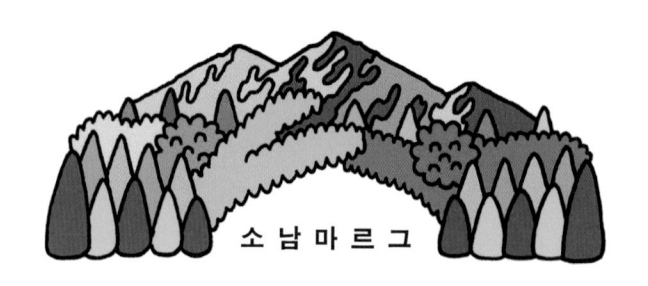

소 남 마 르 그

가이드북과 스리나가르 주민들은 라다크에 가기 전에 라다크와 스리나가르의 중간에 위치한 소남마르그Sonamarg를 들러보라고 추천했다. 하우스보트에 있던 우리들은 무료하던 차에 당일치기로 소풍도 다녀올 겸 해서 간식을 챙긴 후 들뜬 마음으로 소남마르그로 향했다.

'아름다운 설산 아래 풍경에서
홀스라이딩의 낭만을 즐겨보세요.'

이런 관광 슬로건을 갖고 있는 소남마르그라지만 스리나가르의 내전은 그 환상마저 집어삼킨 듯했다. 관광객의 발길이 뚝 끊긴 상태였고, 그에 따른 악영향은 말몰이꾼의 바가지 행위로 우리들에게 닥쳐왔다. 다른 여행자가 없어서 정확한 시세를 알 수 없었는데 우리 일행을 향해 수많은 말몰이꾼들이 다가와 자신의 말이 가장 좋다며 흥정을 시작했다.

"헤이, 프렌드! 말을 타러 오셨나요? 얼마를 원하십니까? 제가 가진 좋은 말은 단돈 2,000루피밖에 안 한답니다."

고작 2시간 말 타는 데 2,000루피라는 말도 안 되는 금액을 제시했다. 이럴 땐 흥정의 통과의례이니 무시하거나 시크하게 반응해주고 나면 보통 10분 안에 내가 생각하는 금액으로 대충 절충이 되기 마련이다. 그런데 이 녀석들은 여기서 우리 아니면 너희는 말 태워 줄 사람 없다는 식으로 콧대를 세웠다. '참나!' 이 난국을 헤쳐 나가지 못하면 그대로 바가지를 쓰게 된다. 나는 좀 사악하더라도 최후의 방법을 쓰기로 했다. 말몰이꾼 몇 무리와 공동으로 흥정을 해서 점점 가격을 다운시킬 요량이었다. 단 그들끼리 싸움이 날 수도 있다는 단점이 있다. 하지만 말들의 상태가 비슷한 수준이니 결국 '나는 너희들 중 최고 싼 쪽으로 택하겠다.'며 말몰이꾼들을 이간질시켜 싸움도 붙여보고 다른 말들을 비교해보며 흥정을 마쳤다. 비인간적인 방법일 수도 있겠지만 그렇다고 2,000루피에 달하는 돈을 낼 수는 없지 않은가.

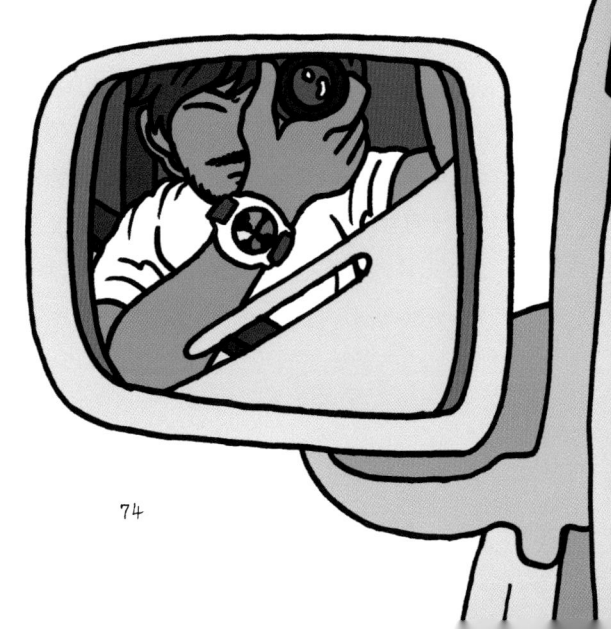

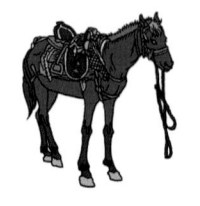
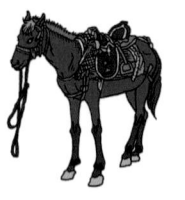

관 우 의   적 토 마

결국 말몰이꾼들에게 '크레이지 피플!'이라는 소리까지 들어가며 '400루피'라는 처음의 5분의 1 가격에 흥정이 되었다. 돈을 받은 손님에게 욕을 하는 경우는 또 처음이었다.

"이 말은 위험해. 다른 말을 골라!"

내가 고른 말은 무리 중에서도 가장 다리가 길고 큰놈이었는데, 많은 몰이꾼들이 이 말은 웬만하면 타지 말라고 충고했다. 성격이 난폭하고 몰이꾼의 제어를 벗어나 갑자기 질주하기도 한다며, 정말 위험해질 수도 있다고 했다. 하지만 나는 개의치 않았다. 왠지 다른 말들보다 월등히 몸집이 큰 이놈이 꼭 〈삼국지〉에 나오는 관우의 적토마와 닮아 있어 끌렸다. 아니나 다를까, 내가 오르자마자 이놈은 말몰이꾼의 제어를 못 견디어 무리를 이탈한 뒤 스스로 전력질주하면서 나를 몇 번이나 놀라게 했다. 결국엔 회초리로 제어하던 말몰이꾼을 뒷발로 걸어차며 주변의 다른 말몰이꾼들까지 경악하게 했다. 적토마가 아닌 주인을 해하는 적로마였던 것이다. 말몰이꾼이 아닌 내가 이 녀석의 뒷발에 걸어차였더라면 여기서 내 여행은 끝났을지도 모르겠다.

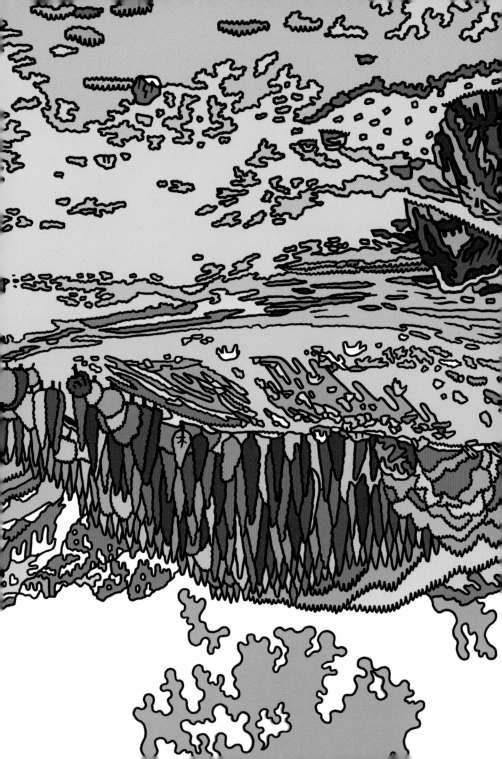

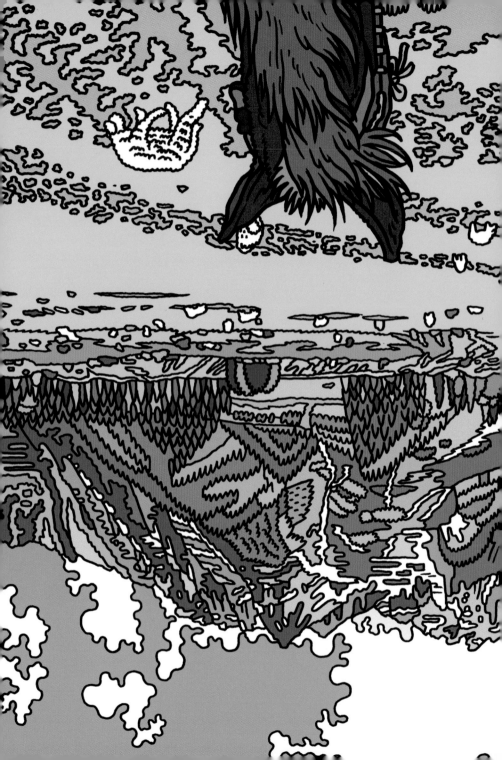

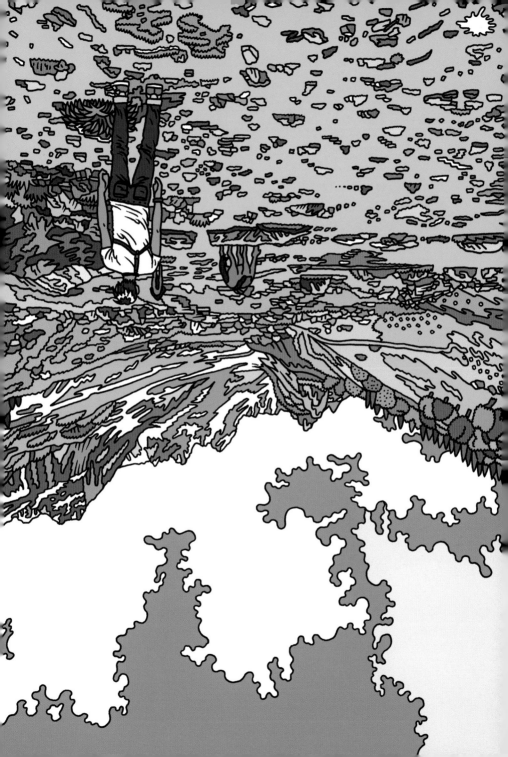

그런 아찔함도 잠시, 말을 타고 들어간 소남마르그의 초원
은 너무도 아름다웠다. 눈앞에 끝없이 펼쳐진 자연은 자꾸만 내
게 더 깊은 곳으로 들어오라며 유혹했다. 지평선에서
불어오는 바람은 그 소리의 높낮이가 느껴지는
노래와도 같았다. 아무리 문명이 발달해도
사람이 만든 카메라로는 이 아름다움을
전부 담기엔 무리였다. 그저 이 순간을
온몸으로 느끼며, 추억으로 담아가는
수밖에 방법이 없었다.

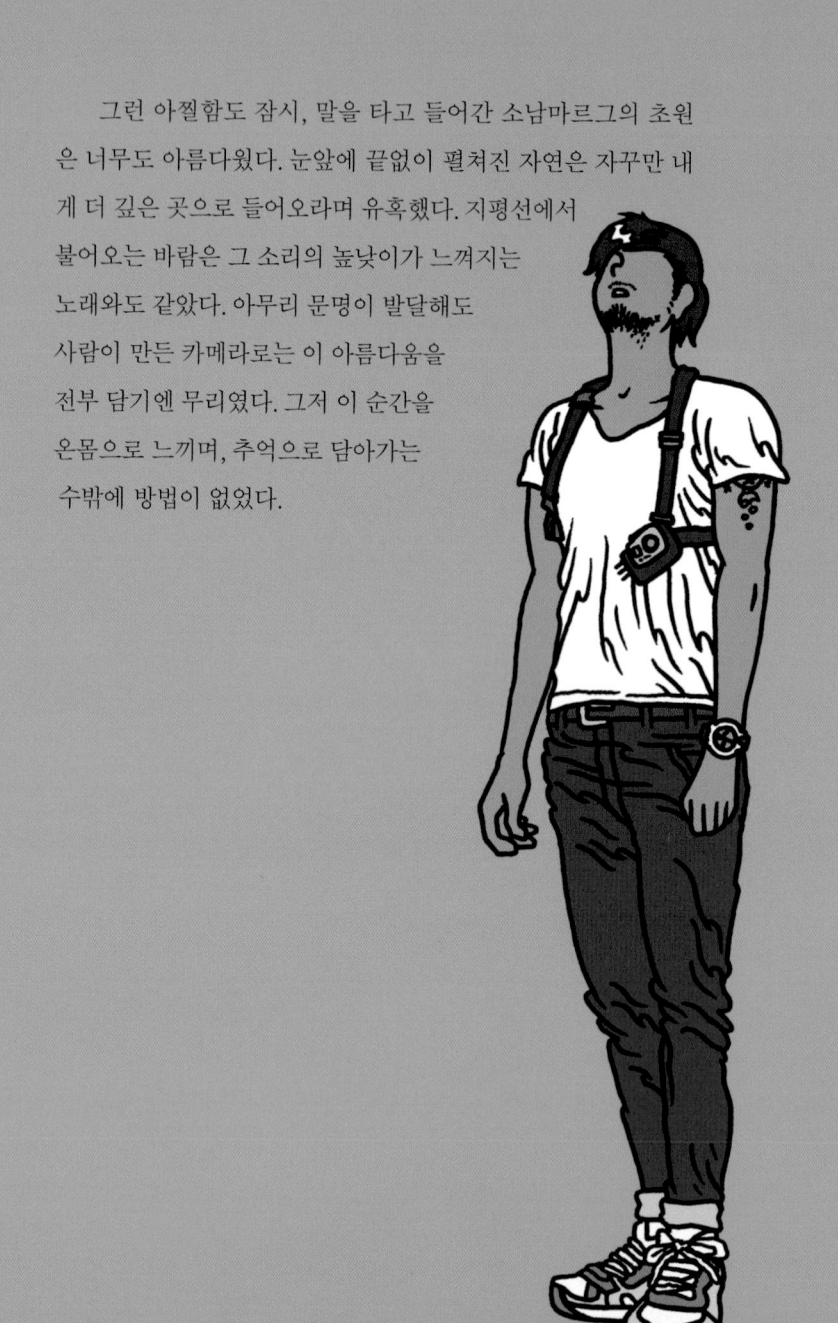

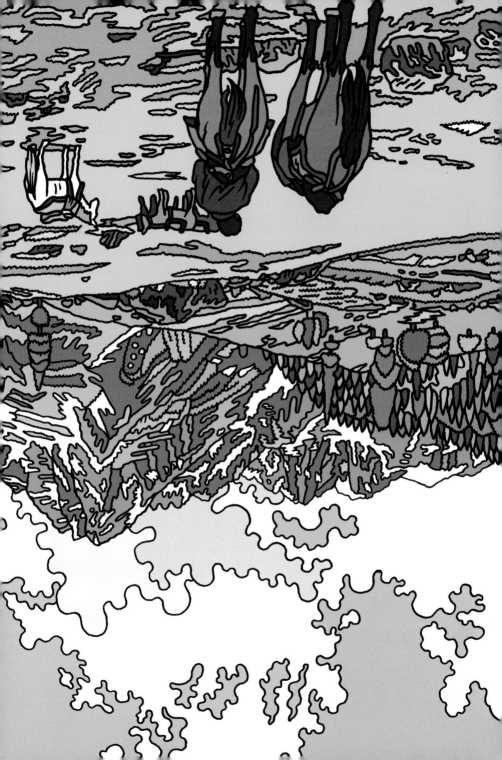

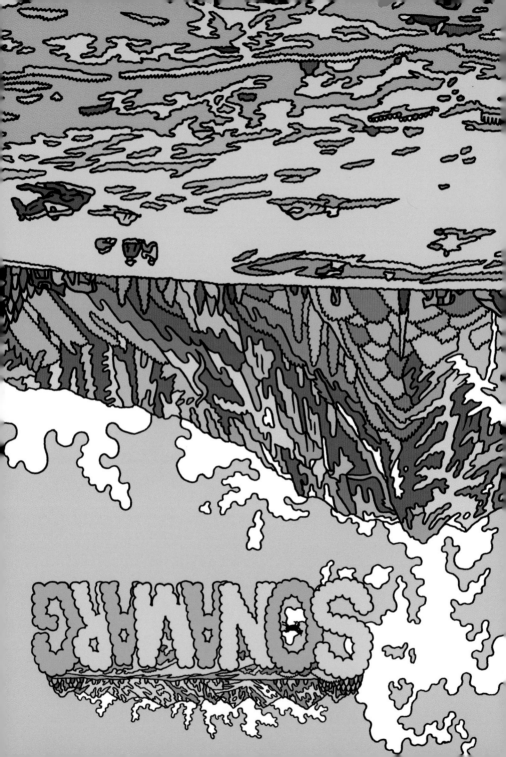

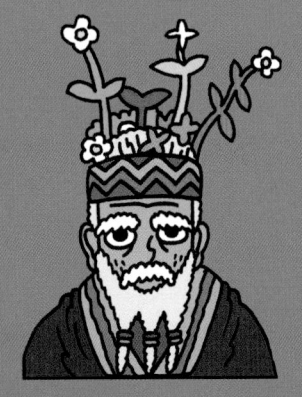

올드라다키

오래전부터 라다크 지방에 살아왔던 민족.
'레' 이외에 다른 오지에 사는 그들은
여행자에겐 신비감을 느끼게 한다.

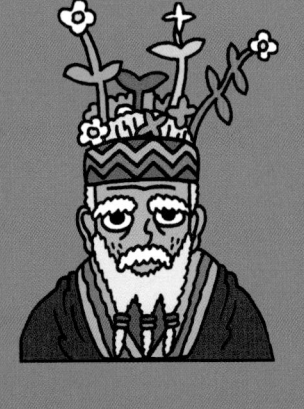

합승 지프

라다크 지역을 여행할 때 가장 많고 쉽게
이용되는 이동수단. 보통 탑승자들 사이에
1/n로 렌트 비용을 치른다.

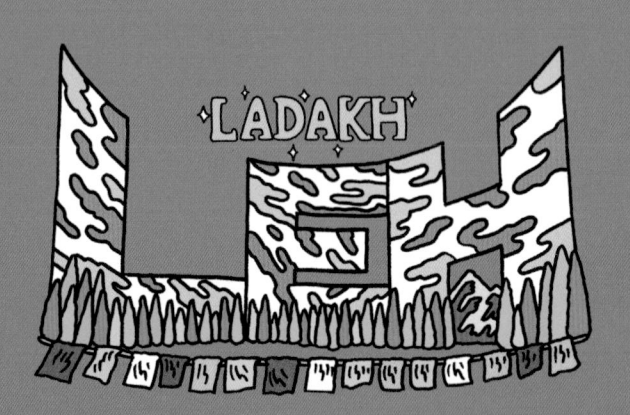

LADAKH

라
다
크

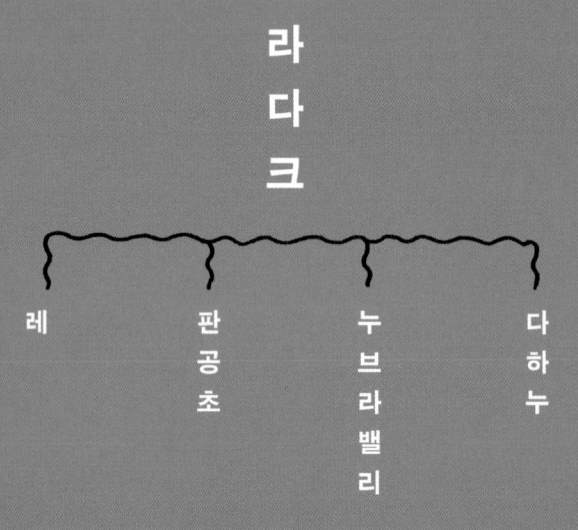

레

판공초

누브라밸리

다하누

한없이 파랬던 하늘은 자유로움을,
귀에 들리는 Coldplay의 노래는 방랑을,
험악한 산들 사이로 끝없이 펼쳐진 라다크의 길은
내게 나지막이 환영인사를 해주었다.

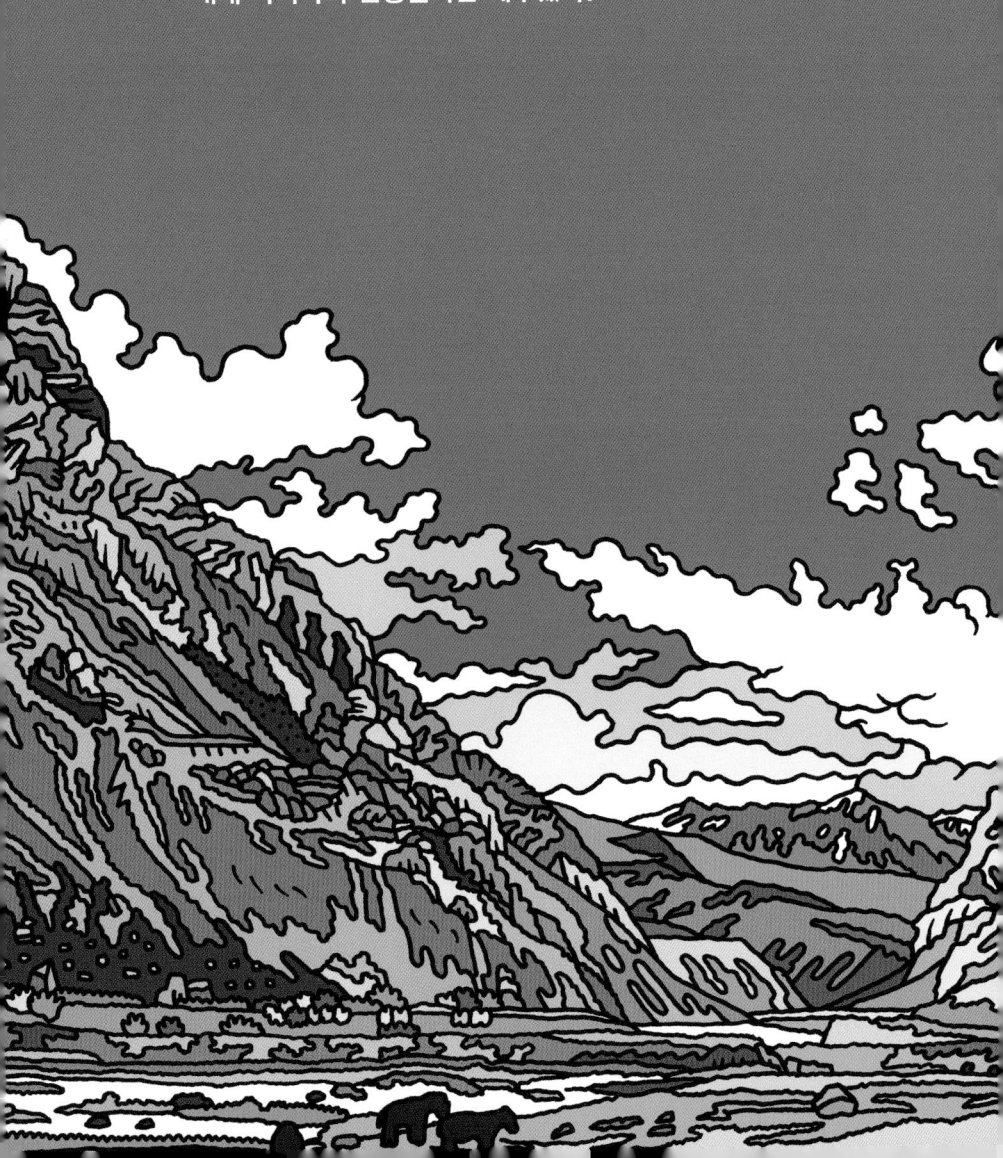

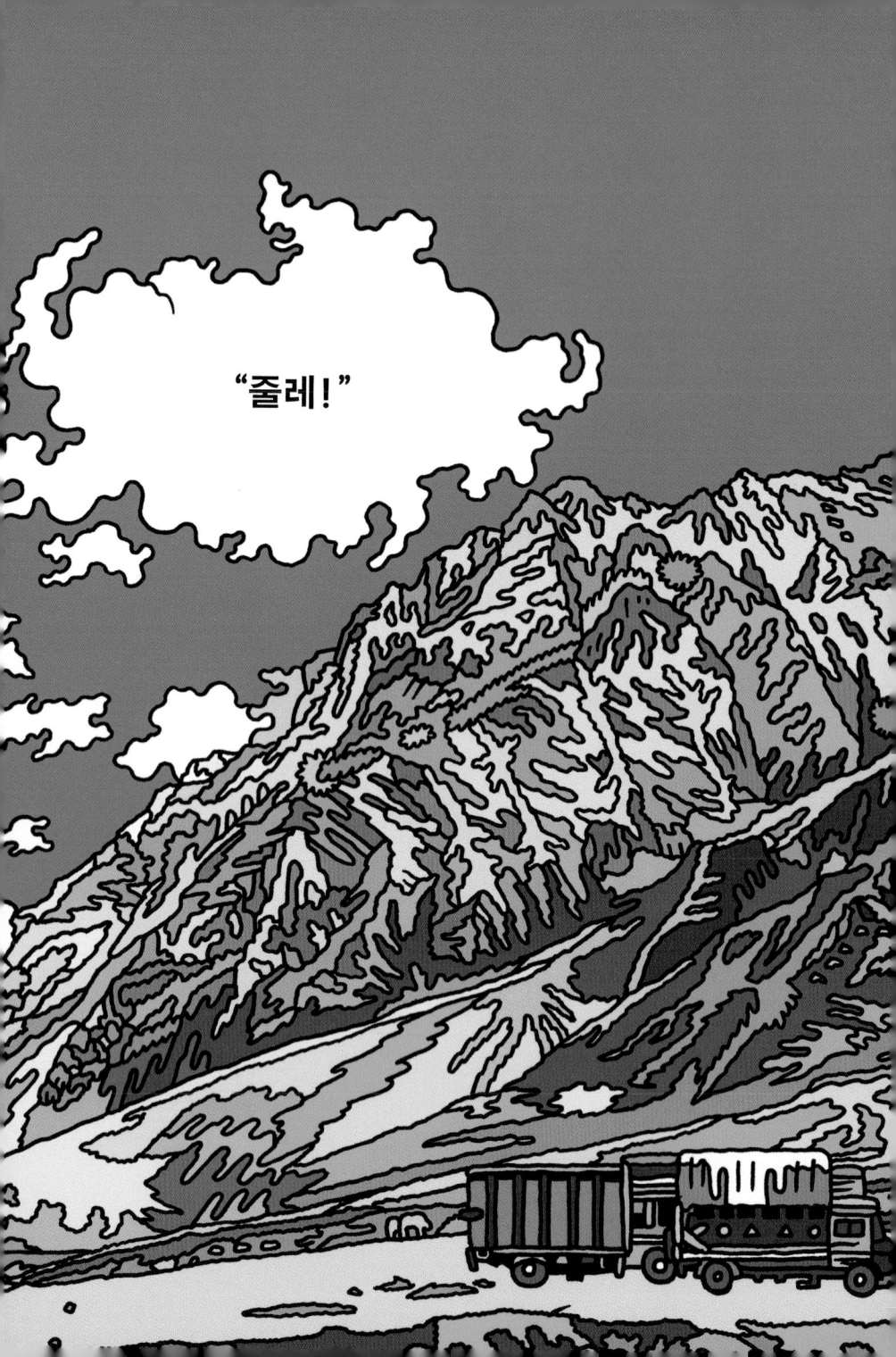

작 업 일 기

그림도 그리고, 영상작업도 하는 방식의 여행을 해서 그런지 신경 쓰고 관리해야 할 점들이 많다. 일러스트와 영상에 여행의 느낌을 녹아내려면 최대한 즉흥적이고 연출되지 않은 상황의 그림들이 필요하다는 것을 느끼고 있으며 이런 이동시간은 나름 작업에 대한 고민들과 아이디어가 솟구치는 시간이다.

이어폰을 꽂고 촬영된 소스 혹은 스케치된 그림들을 보면서 머릿속에서 음악과 영상을 매치해보기도 하고, 좀 더 좋은 아이디어가 생각나면 바로 메모나 드로잉을 하기도 한다. 태국에서 구입했던 메릴린 먼로의 가슴에 미키마우스가 그려져 있는 키치적인 수첩은 어느새 나만 알아볼 수 있는 암호화된 작업노트로 변신했다. 이런 식으로 작업을 즐기면서 여행을 하면 1년, 아니그 이상도 여행할 수 있는 자신감이 생겨난다.

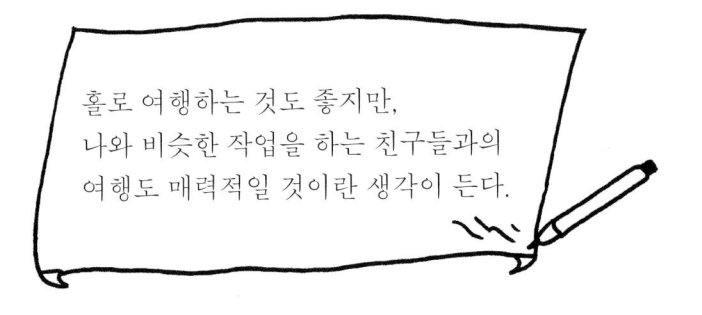

홀로 여행하는 것도 좋지만,
나와 비슷한 작업을 하는 친구들과의
여행도 매력적일 것이란 생각이 든다.

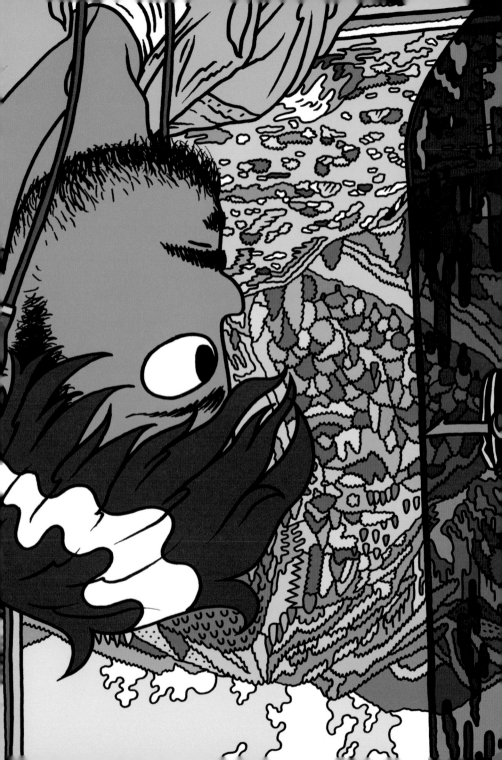

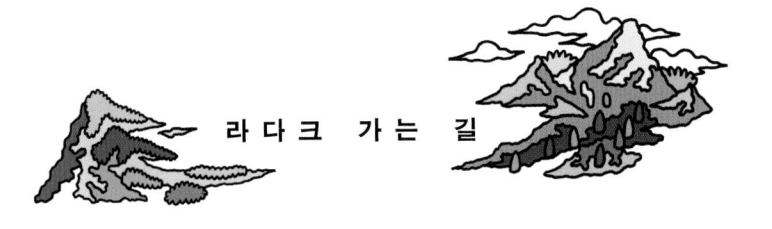

라다크 가는 길

버스는 스리나가르를 떠나 라다크 Ladakh 의 레 Leh 를 향해 달리고
있다. 스리나가르에서는 공영버스 터미널이 비교적 잘 되어 있
어서 그런지 전혀 힘들거나 헤매지 않고 승차하였다.

공영버스라 한 치의 공간이라도 허용하지 않는 인도인들의
끼여 타기 신공과 험한 길 때문에 엉덩이가 남아나지 않지만, 산
과 산 사이를 가로지르며 아슬아슬하게 낭떠러지의 끝을 달리
는 버스, 그리고 차창 밖 풍경이 굉장히 인상적이었다. 그런 그
림 같은 풍경들과는 반대로 버스 안의 세계 각국에서 온 승객 40
여 명은 왜소한 체구의 기사에게 목숨을 내맡기고 있다. 이런 데
서 가끔씩 발생한 작은 규모의 산사태나 앞선 차량이 고장이라
도 나는 상황이면, 해발 4,000여 미터의 바로 옆은 천 길 낭떠러
지인 좁은 산길 위에서 꼼짝달싹 못 하고 발이 묶이는 것이다.

버스는 10여 시간을 덜덜거리며 거친 산길을 지나왔고, 몇
번의 체크포스트를 경유해 해가 지고 나서야 레의 중간 경유지
인 '카길'이라는 마을에 도착했다. 스리나가르에서 아침 일찍 출
발했는데 이제 반밖에 못 왔다니, 레 가는 길이 쉽지 않다는 말
이 실감났다.

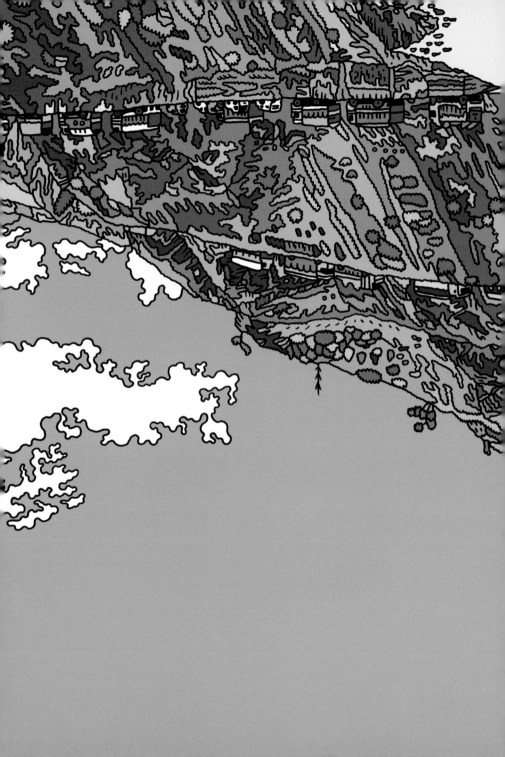

다음 날 새벽 버스의 차장처럼 보이는 인도 아저씨는 어제 탔었던 사람들의 머리수도 세어보지 않고 정확히 4시에 버스를 출발시켰다. 분명 어제 같이 탄 여행자들이 줄어든 것이 확실한데 말이다. 늦잠을 자서 버스를 놓친 것인지, 아니면 카길이 마음에 들어 며칠 더 묵고 싶은 마음이 생긴 건지 알 수 없지만. 아무튼 이 버스에 인디안 타임은 없다. 자비란 없다. 아직 안 탄 승객이 있지 않느냐고 묻자 차장 아저씨가 말했다.

"노 프러블럼!"

거의 모든 승객들이 짐칸에 짐을 싣고 자리에 앉자마자 잠에 곯아떨어졌다. 쏟아지는 잠을 이겨내고 새벽 승차에 성공한 나도 그만 쓰러져 잠을 청했다. 몇 시간이나 흘렀을까. 눈을 떠보니 이미 해가 중천에 떠 있다. 많은 사람들이 이미 잠에서 깨어나 창밖을 구경하고 있었다. 이어서 나도 창밖을 내다본 순간 내 눈을 의심하지 않을 수 없었다.

라다크의 웅장한 돌산이 병풍처럼 펼쳐져 있었다. 메말라서 작은 생명조차 살 수 없을 것만 같은 건조한 땅은 마치 거친 숨을 몰아쉬며 투우사를 노려보는 소의 눈빛처럼 강렬했다.

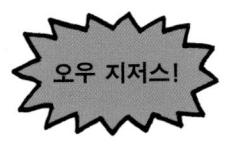 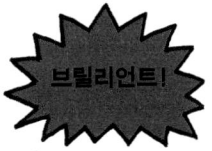

그 풍경 뒤로 울창한 나무들과 아름다운 강줄기가 보였다. 창밖으로 펼쳐진 아름다운 풍경이 승객들에게 감탄을 자아내게 했다.

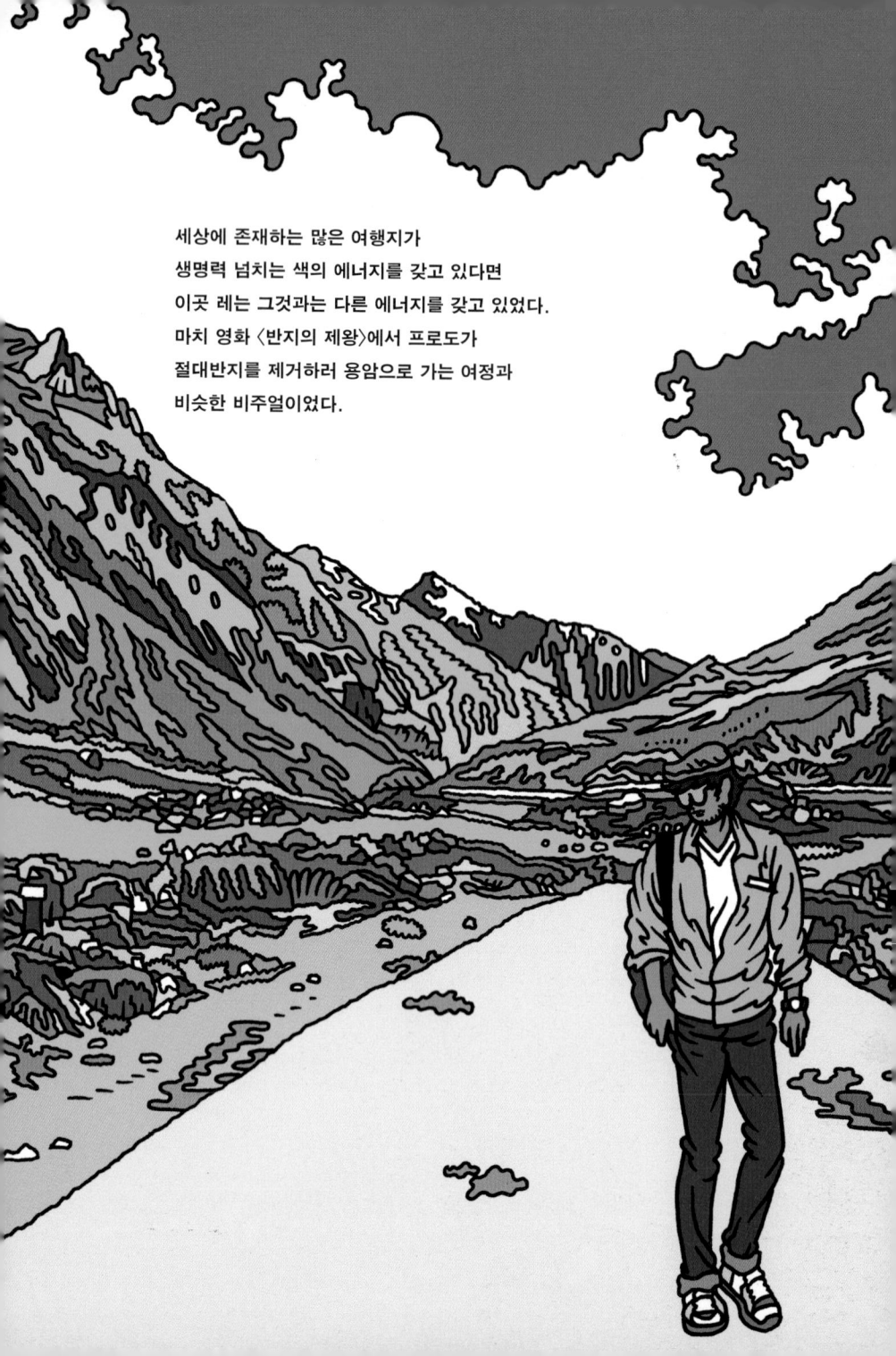

세상에 존재하는 많은 여행지가
생명력 넘치는 색의 에너지를 갖고 있다면
이곳 레는 그것과는 다른 에너지를 갖고 있었다.
마치 영화 〈반지의 제왕〉에서 프로도가
절대반지를 제거하러 용암으로 가는 여정과
비슷한 비주얼이었다.

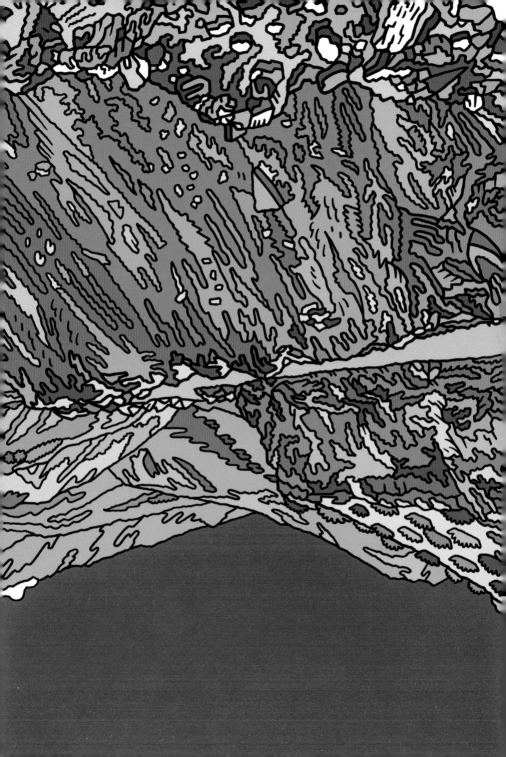

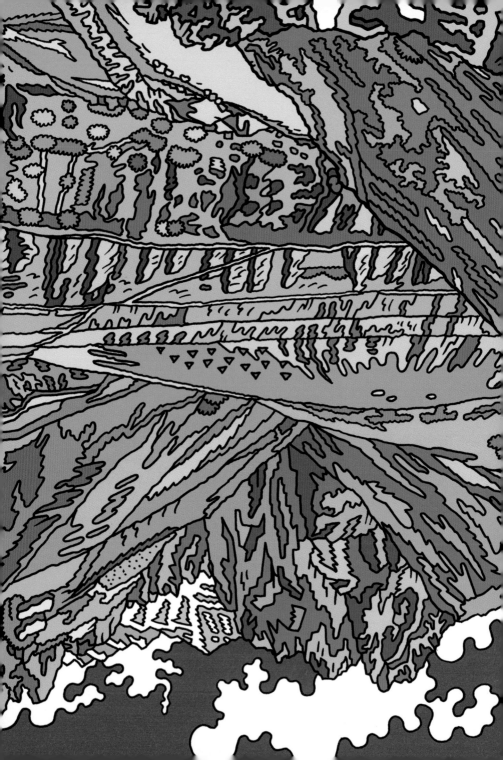

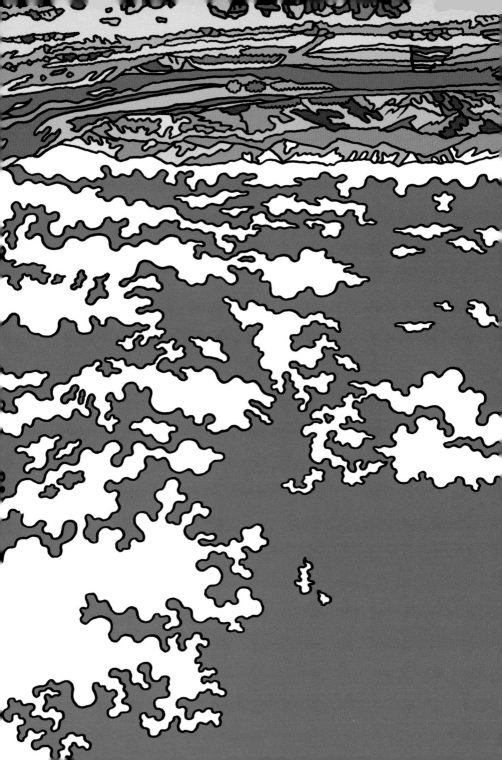

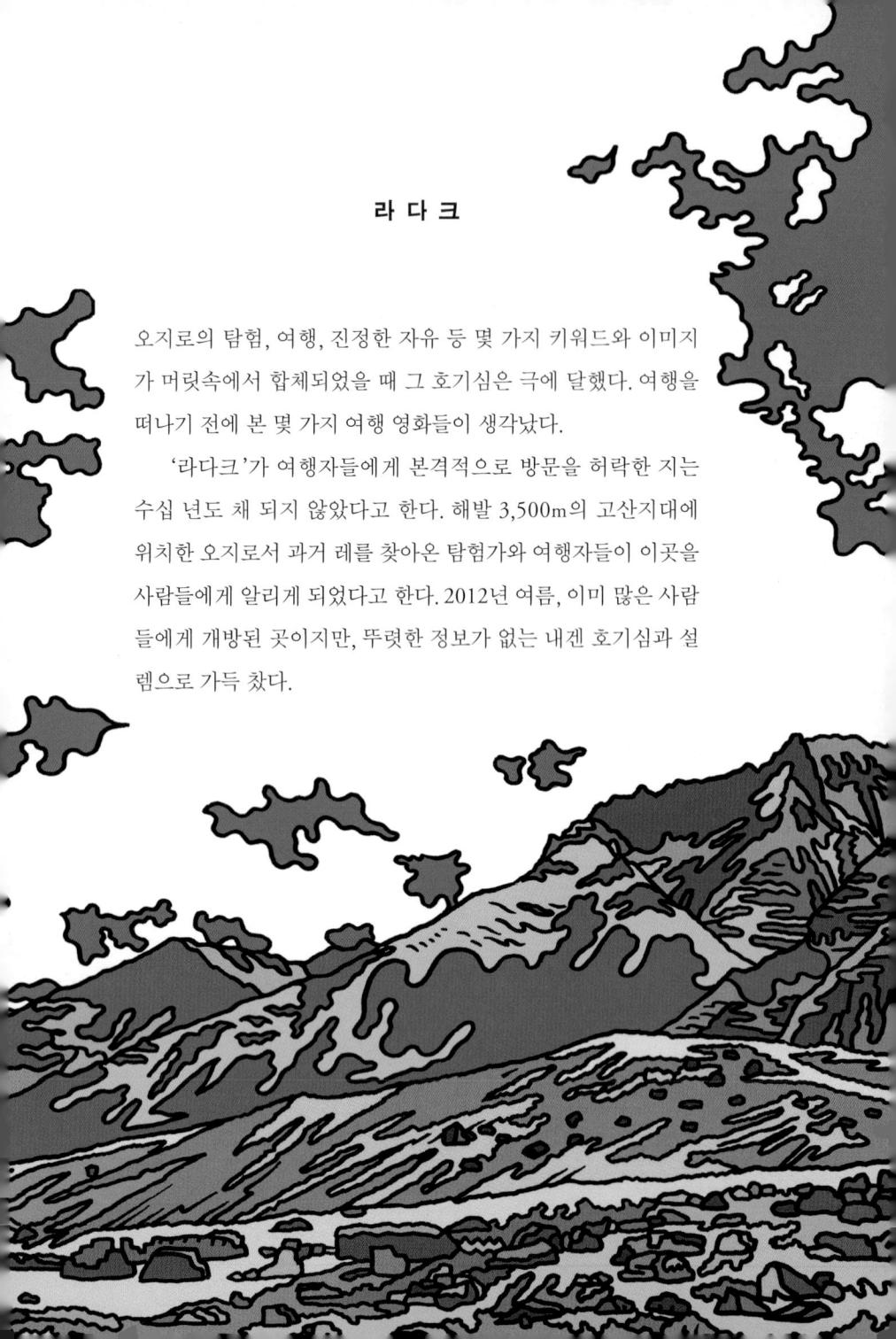

라 다 크

오지로의 탐험, 여행, 진정한 자유 등 몇 가지 키워드와 이미지가 머릿속에서 합체되었을 때 그 호기심은 극에 달했다. 여행을 떠나기 전에 본 몇 가지 여행 영화들이 생각났다.

'라다크'가 여행자들에게 본격적으로 방문을 허락한 지는 수십 년도 채 되지 않았다고 한다. 해발 3,500m의 고산지대에 위치한 오지로서 과거 레를 찾아온 탐험가와 여행자들이 이곳을 사람들에게 알리게 되었다고 한다. 2012년 여름, 이미 많은 사람들에게 개방된 곳이지만, 뚜렷한 정보가 없는 내겐 호기심과 설렘으로 가득 찼다.

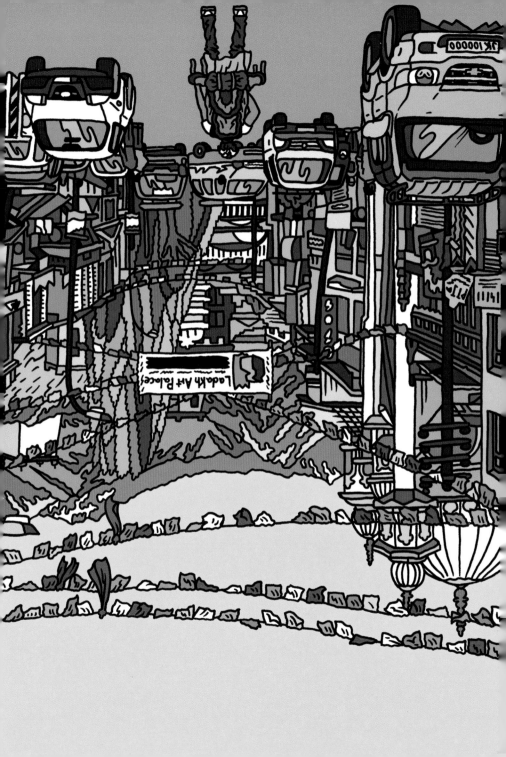

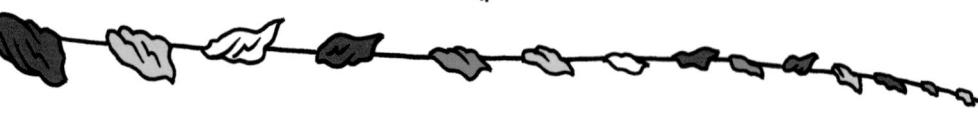

레

30시간이 넘는 긴 이동 끝에 드디어 레에 도착했다. 버스에서 내린 순간 받은 첫 느낌은 여행, 모험, 탐험을 자극하는 분위기가 물씬 난다는 것이었다. 조금 더 올라온 레 시내 길거리에는 라다크의 다른 지역으로 떠나려는 여행자들의 거대한 배낭과 캠핑 장비의 물결이었다. 거리에 대기하고 있는 수많은 지프들은 어서 이 여행자들을 태우고 출격하기만을 기다리는 듯했다.

   하지만 그런 강렬한 첫인상 외에도 햇빛이 너무 강한 탓에 땡볕에 있다간 피부에 화상을 입을 것만 같았고, 버스에서 내린 많은 이들이 고산지대의 공기에 적응하기 힘들어 했다. 그도 그럴 것이, 버스스탠드에서 여행자 숙소들이 밀집해 있는 창스파 로드Changspa Rord까지는 꽤 긴 거리인데도, 먼저 도착해 있던 외국인들이 '저스트 워크! 니어~'라는 바람에 배낭을 메고 걸었다. 여행지의 정보가 없을 때 호객행위를 하는 릭샤왈라들이나 택시 운전수들을 조심하고 같은 처지에 있는 여행자들을 믿자는 철학이지만 이번 경우는 조금 달랐다. 그들은 이미 레에 완벽히 적응되어 있었고, 나와 방금 레에 도착한 일행들은 이제 막 고산증에 적응해야 할 처지였다. 체력적으로 부담이었다.

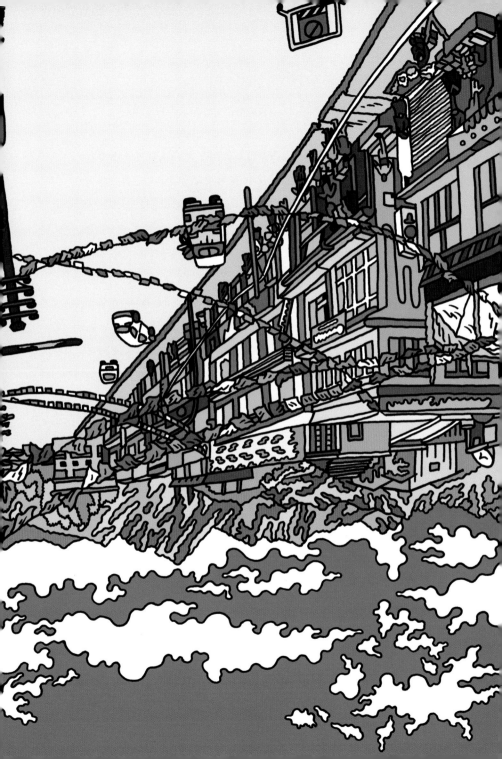

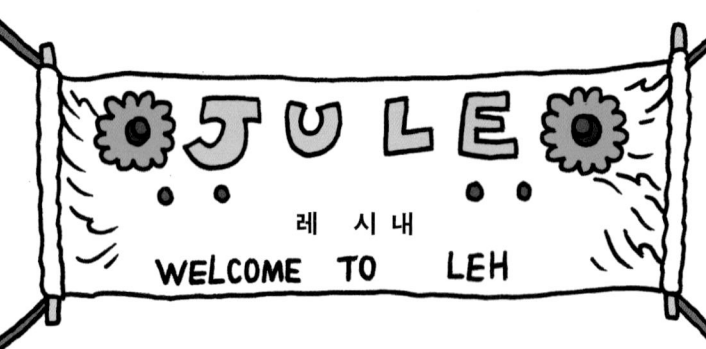

미처 거리 계산도 못하고 온몸에선 땀을 삘삘 흘리며 20여 분을 걸어서야 창스파 로드에 도착했지만 하마터면 레에 도착하자마자 실려갈 뻔했다. '그래도 지나고 보니 좋았어. 좋은 경험이었다.'라는 생각은 하기 싫다. 그냥 '이런 바보 같은 짓은 다신 안 했으면 좋겠다.'는 후회감만 밀려왔다.

게스트하우스의 값싼 방이 모두 동이 난 바람에 할 수 없이 900루피라는 거금을 주고 신축 게스트하우스에 숙박을 하기로 했다. 내 인도 여행 중 가장 비싼 금액의 방이고, 방 크기도 으리으리하여 오히려 좀 더 편하게 쉬어가자는 생각을 하기로 했다. 방을 계약한 후, 늦은 점심을 해결하러 다시 레 시내로 나왔다. 티베트 문화권이 섞여 있는 탓인지 붉은 옷차림의 티베트 승려들을 심심치 않게 볼 수 있었다. 이제는 인도 문화와는 아예 다른 레만의 독보적인 문화가 보였다.

비 오는 풍경이라곤 상상할 수 없는 화창한 날씨였다. 실제로 레는 강수량이 거의 제로에 가깝다고 한다. 레 시내의 골목골목을 둘러보려고 걸음걸이를 조금만 빠르게 하면 어느새 고산증세가 다시 스멀스멀 올라오는 것이 느껴져 무리하지 않기로 했다.

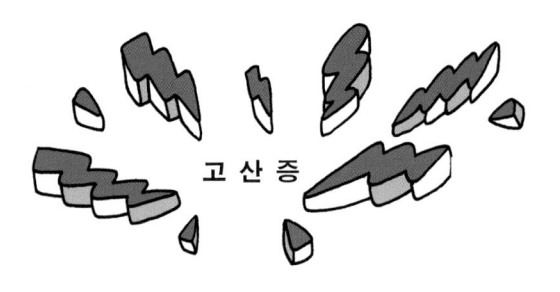

고 산 증

고산증 탓으로 새벽에 산소 부족을 느껴 "헉!" 하며 한두 번 급하게 깨어 창문을 열고 다시 잠에 드는 짓을 반복한 것만 빼면 간만에 맛본 꿀 같은 잠이었다. 해발 3,600m의 히말라야 트레킹도 했던 나였지만 레는 더운 기후와 습도 등으로 고산증세를 더해주었다. 이제 막 레에 도착한 사람들도 모두 헉헉거리며 해발 3,200여 미터의 환경에 적응하고 있었다.

그나마 나는 조금 나은 편이었다. 고산증은 체력 여하와 남녀노소에 관계없이 사람마다 다르게 느끼는 증세이다. 나와 같은 날 도착한 사람들이 아직도 땀을 뻘뻘 흘리며 잘 움직이지 않는 것에 비하면 나는 꽤 활동이 왕성했다. 그러나 고산지대에 완벽히 적응되지 않은 상태에서 뛰어다닌다거나 격한 운동을 하는건 금물이다. 라다크 여행을 미처 시작하기도 전에 비행기를 타고 델리로 이송될 수도 있다는 말에 무리하지 않으려 했다.

레에서 맞는 첫날 아침이다. 레 시내를 돌아다니면서 음식을 맛보고, 지프 대여나 교통편들을 알아볼 생각이다. 루프탑 레스토랑에서 높은 언덕 위에 위치한 레 왕궁을 바라보며, 아직 고산증에 완전히 적응 못 한 하루를 이런 식으로 보내고 있다.

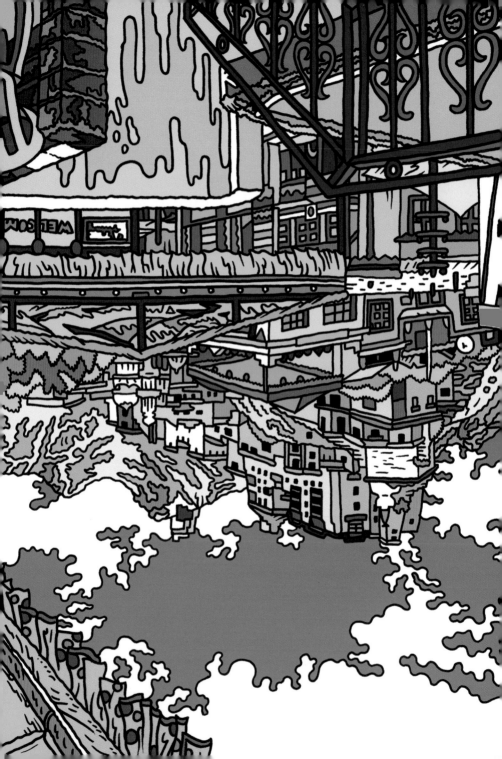

저 와   함 께   떠 나 실   분 을   구 합 니 다 !

레 주변엔 유독 모험심을 자극하는 곳들이 많은 편이다. 그런 곳
을 방문하려면 여행사 게시판에 지프 렌트 공유에 관한 공고 게
시물을 붙여서 나와 뜻이 맞는 여행자들을 물색한다. 지프로도
갈 수 없는 곳들이 있다면 버스 터미널에 가서 버스를 알아보면
되고, 그것도 안 된다면 오토바이를 대여하거나 최후의 수단으
로는 히치하이킹이라도 하면 된다. 여행자들이 줄지어 있는 창
스파 로드를 걷다 보면 예를 들어 '초모리리 2박 3일 지프 렌트.
총 6명 구인. 현재 3명 모집 완료'처럼 각각의 목적이 나타난 수
많은 게시물들을 볼 수 있다.

　　이틀 동안 이런 지프 렌트나 주변지들을 알아보며 느낀 것
은, 뚜렷한 정보가 없기에 더욱 여행자들의 호기심과 모험심을
자극한다는 것이다. 다녀온 여행자들의 멋진 사진 몇 장과 한두
줄의 짧은 추천사 정도밖에 없어 더욱더 마음을 움직이게 만들
었다. 그래피티 혹은 윈도우 페인팅처럼 보이는 여행사 유리창
에 붙여진 수많은 지프 렌트 공고 포스터들을 보면서 나도 질세
라 당장 포스터를 작업해서 붙였다.

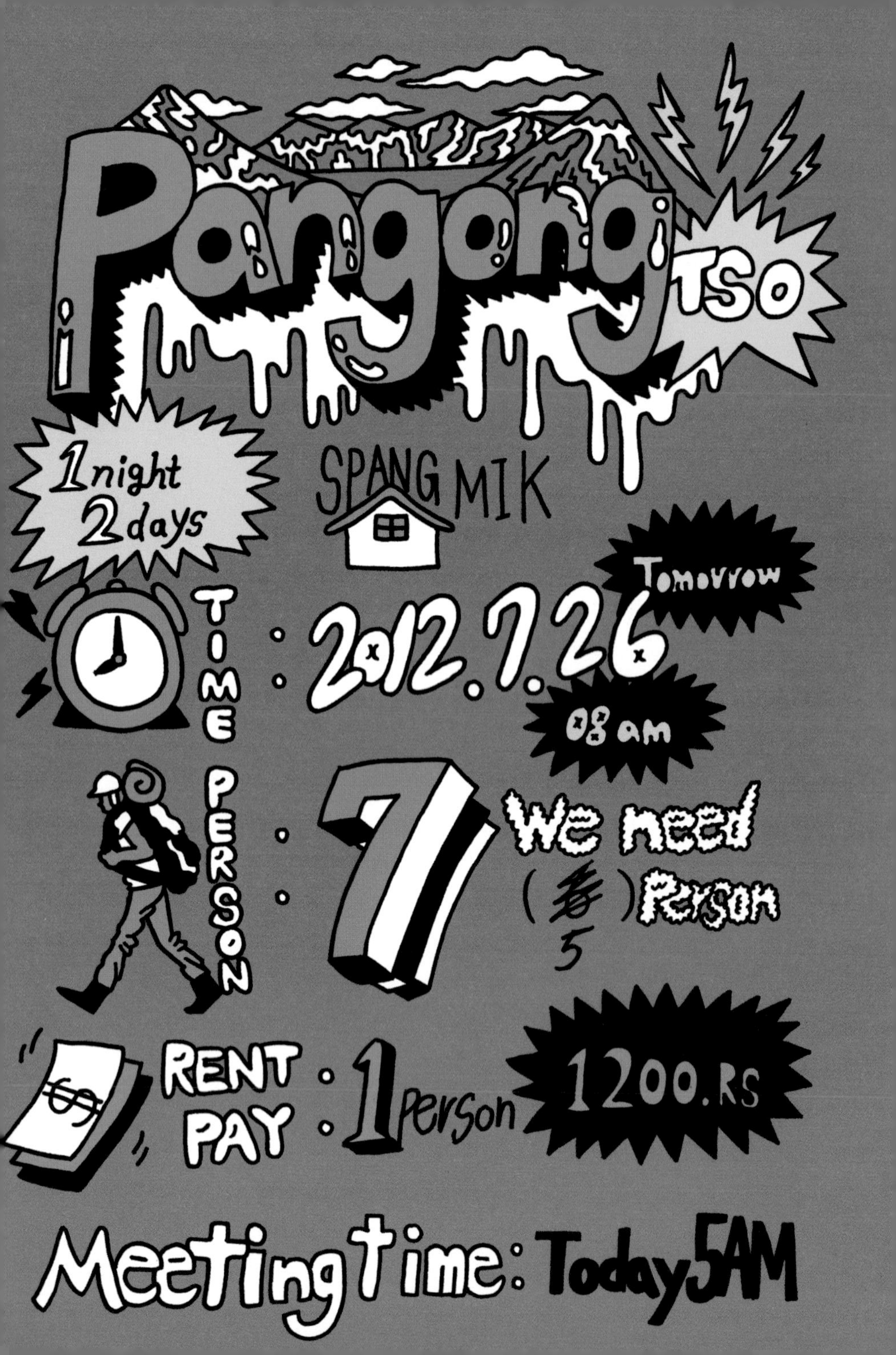

¡Pangong TSO
1 night 2 days
SPANG MIK
TIME : 2012.7.26
Tomorrow
08 am
PERSON : 7
We need (5) Person
RENT PAY : 1 person 1200.RS
Meeting time : Today 5AM

판 공 초   가 는   길

홀로 작업실에 짱 박혀 작업하다가 조그만 창가에서 새벽 담배를 피우는 시간이나 가끔 친구들과 술을 진탕 마시고 쓰러진 택시 안, 한적한 오후 가로수길 카페에서 문득 생각났던 것은 3년 전 처음 인도 여행을 했을 때 '여긴 내가 이번 여름엔 꼭 오고 말 테다.'라며 홀로 다짐했었던 여행지에 대한 향수였다.

그러나 결과적으로 그 해 여름에 나는 그곳엘 가지 못했었다. 그 다음 해 여름에도 가지 못했다. 겨우겨우 마음을 잡은 2년 후에야 다시 온 것이다. 대부분의 여행자들과 비슷하게 발리우드Bollywood 영화로 '판공초'의 존재를 알게 된 나는 왜 이제야 오게 되었지…….' 하는 늦었다는 생각과 함께 지난 2년 동안 남들과 다를 것 없이 학업에 매달리며 친구들, 가족들과의 좋은 시간들을 보내고 있을 때도 마음은 항상 다른 곳을 향해 있었다는 점을 상기했다. 너무 늦지 않아서 다행이었다.

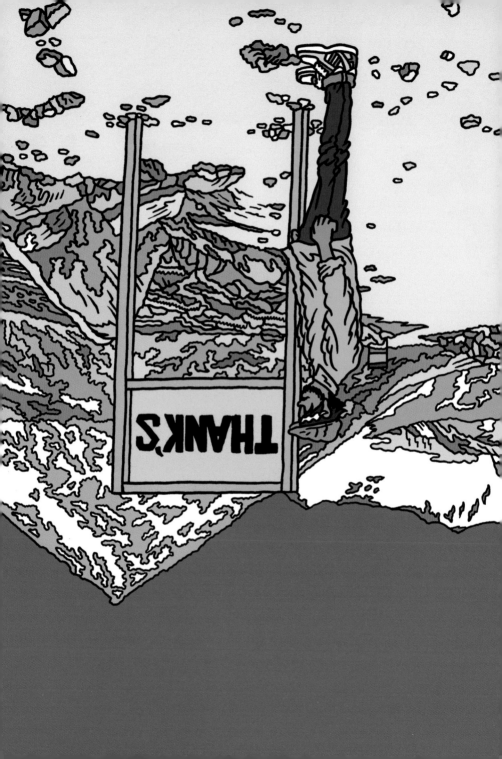

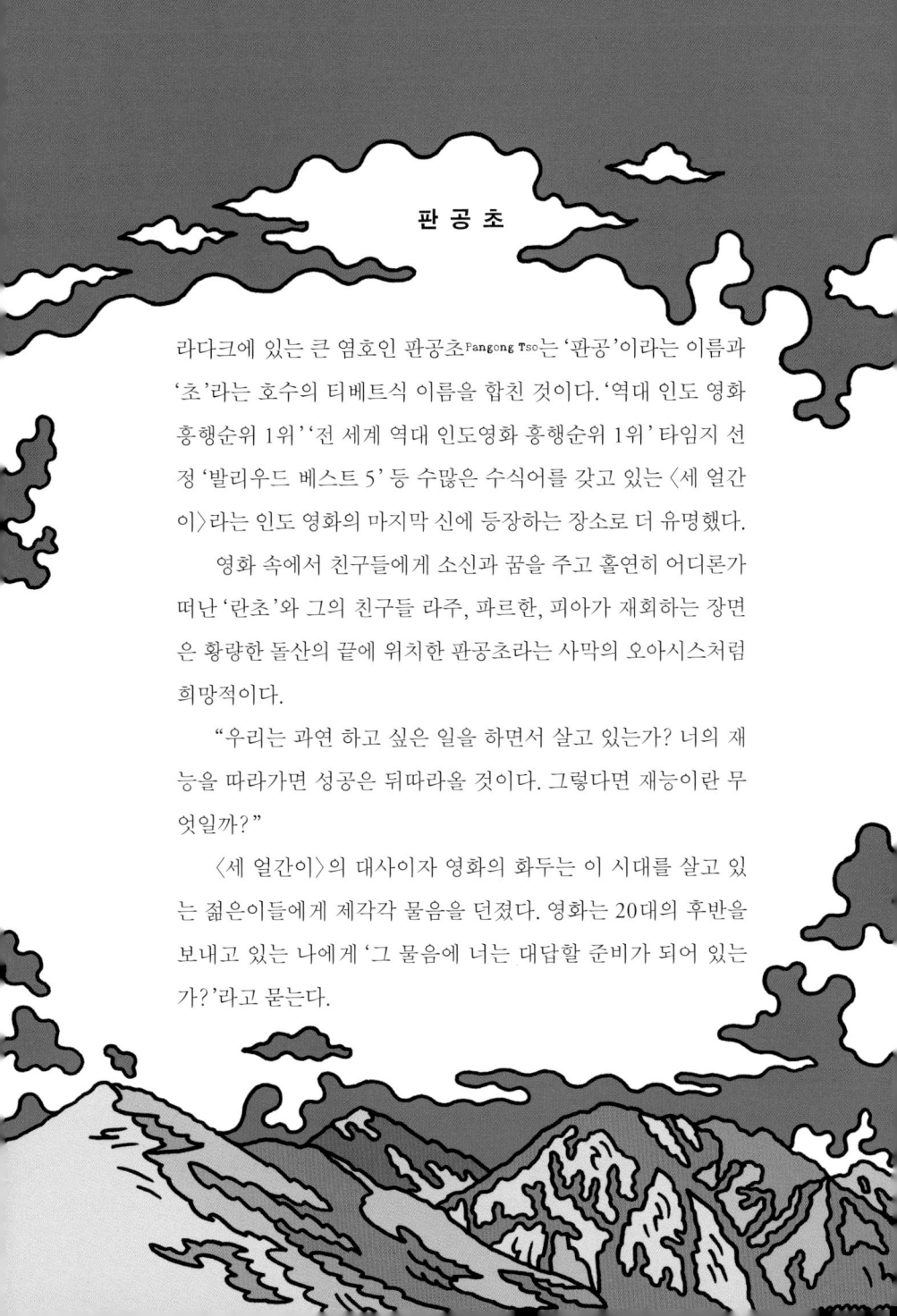

판 공 초

라다크에 있는 큰 염호인 판공초Pangong Tso는 '판공'이라는 이름과 '초'라는 호수의 티베트식 이름을 합친 것이다. '역대 인도 영화 흥행순위 1위' '전 세계 역대 인도영화 흥행순위 1위' 타임지 선정 '발리우드 베스트 5' 등 수많은 수식어를 갖고 있는 〈세 얼간이〉라는 인도 영화의 마지막 신에 등장하는 장소로 더 유명했다.

영화 속에서 친구들에게 소신과 꿈을 주고 홀연히 어디론가 떠난 '란초'와 그의 친구들 라주, 파르한, 피아가 재회하는 장면은 황량한 돌산의 끝에 위치한 판공초라는 사막의 오아시스처럼 희망적이다.

"우리는 과연 하고 싶은 일을 하면서 살고 있는가? 너의 재능을 따라가면 성공은 뒤따라올 것이다. 그렇다면 재능이란 무엇일까?"

〈세 얼간이〉의 대사이자 영화의 화두는 이 시대를 살고 있는 젊은이들에게 제각각 물음을 던졌다. 영화는 20대의 후반을 보내고 있는 나에게 '그 물음에 너는 대답할 준비가 되어 있는가?'라고 묻는다.

익숙함

생각해보면 마음처럼 쉽진 않지만 여행지에 대한 기대는 최대한 자제하는 것이 나을 수도 있다. 여행지의 사진에 반해, 다녀온 사람들의 이야기에 반해 여행을 계획하며 그곳에 대한 자세한 정보들을 수집하는 동안 설렘이 커질 수도 있겠지만 막상 여행지에 도착했을 때 느끼는 신선함은 떨어지는 것 같다. 이 말은 마음이 동할 때 바로 떠나는 게 나을 수 있다는 말도 된다.

3년 동안 생각해왔던 판공초는 '생각처럼만' 아름다웠다. 실망스럽지도 않았고, 생각만큼 멋졌다. 고산지대에서 보이는 구름 그림자들이 주변 산의 모습을 패턴처럼 만들었고, 눈앞에 펼쳐진 파란색 광활한 염호의 이미지가 나를 압도했다. 그렇지만 엄청난 설렘으로 내 머릿속에 있었던 느낌이 금방 익숙해지는 느낌이었다. 너무 많은 기대와 자료를 입력해 두었던 것이 화근이었다. 판공초가 생각보다 감흥이 약했던 것은 입수한 정보와 내가 느끼는 것이 금세 일체화되었기 때문이었다.

이내 음악을 들으며 〈세 얼간이〉의 마지막 무대인 염호 사이를 가로지르는 모랫길을 걷다 보니 '결국 오긴 왔구나.' 하는 안도감과 허무함이 함께 찾아왔다.

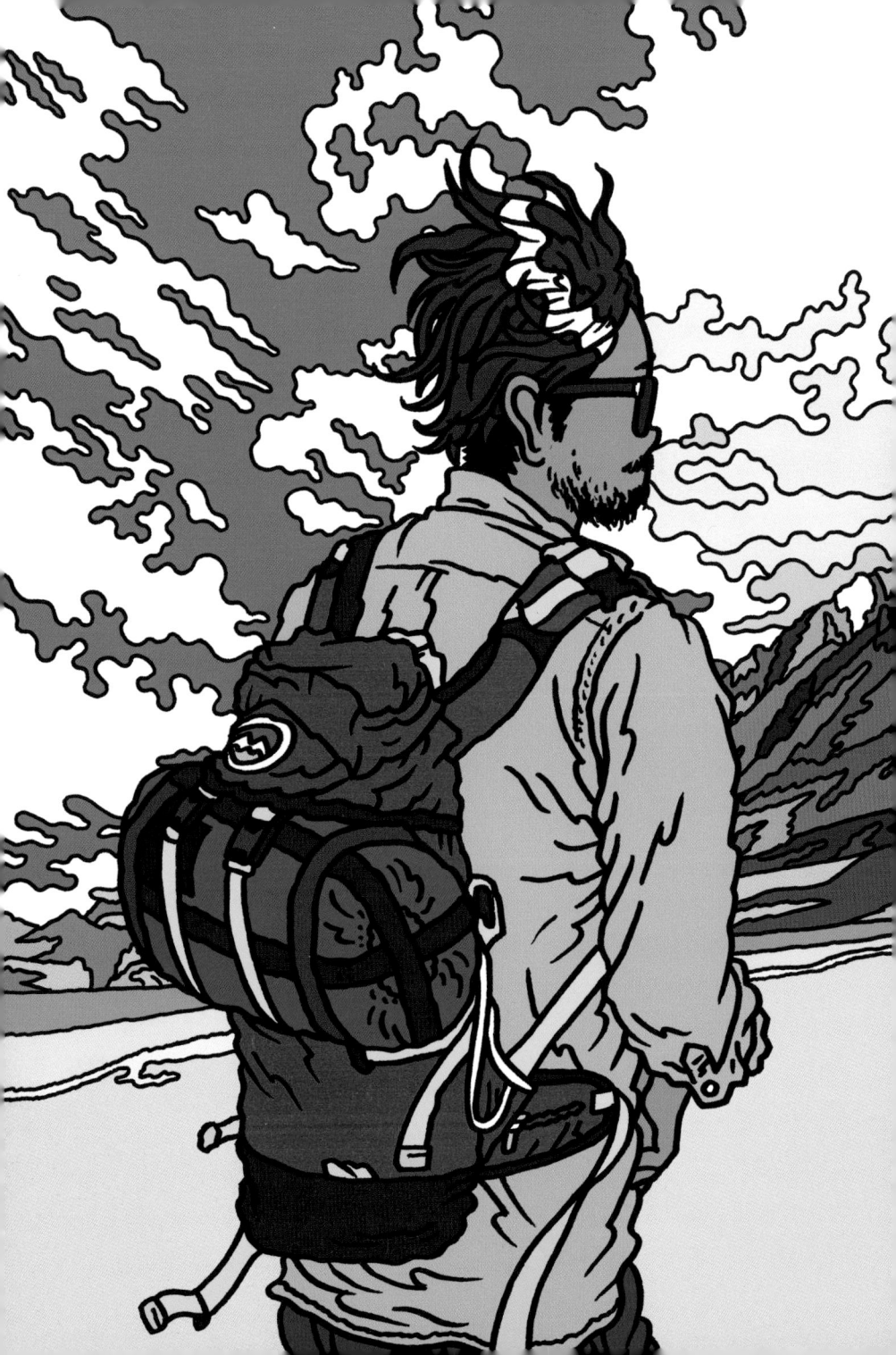

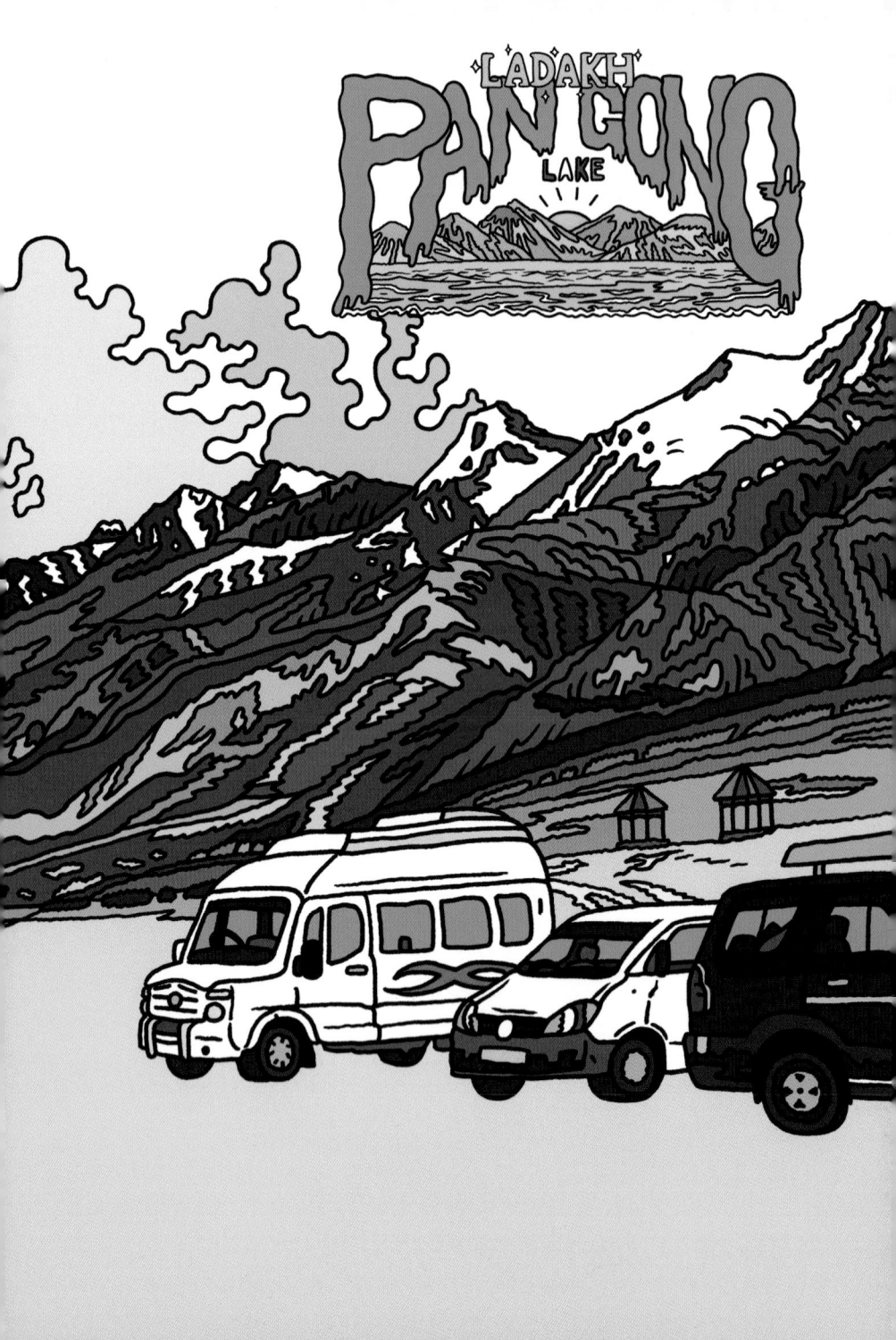

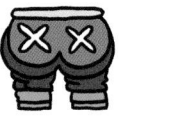
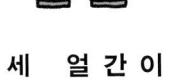

세 얼간이

바람이 심하게 불어 물살이 꽤나 거셌지만, 여의치 않고 물이 닿을락 말락 하는 위치에 앉아서 담배를 피웠다. 지금 내가 있는 곳은 판공초 중에서도 〈세 얼간이〉의 마지막 장면을 촬영한 바로 그곳이다.

영화는 유쾌한 주인공 란초와 친구들의 대학교 입학으로 시작된다. 아버지가 정해준 공학자가 되기 위해 자신의 꿈을 포기한 파르한, 가난한 집을 책임지기 위해 대기업에 취직해야만 하는 라주는 냉혹한 사회의 벽에 부딪혀 상처를 맞보지만 결국 자신의 꿈과 우정을 찾아간다는 희망적인 내용을 담고 있다.

20대를 살고 있는 우리들은 보통 대학을 졸업하면 회사에 입사할 생각을 한다. 영화로 따지면 후반부에 해당하지만 보는 내내 '이 영화는 결국 해피엔딩으로 끝날 것' 같다는 느낌이었다. 그러면서도 한편으로는 한 치 앞을 알 수 없는 실제의 내 모습을 보는 듯했다.

천부적인 능력을 갖고 태어나는 것이 재능일까. 타고난 것은 없지만 끊임없이 노력해 나가는 것이 재능일까.

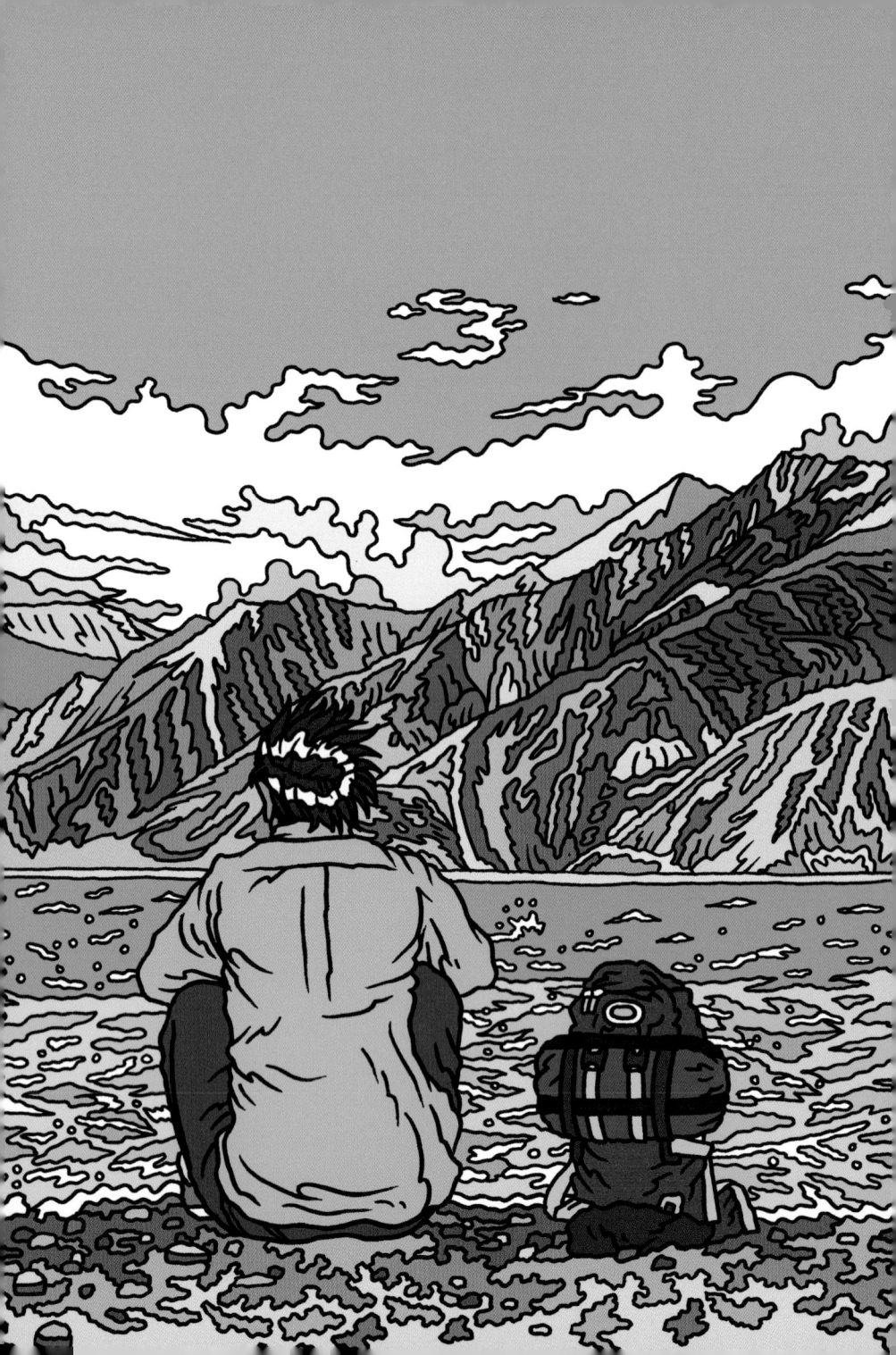

파트마

해가 지고 판공초에 위치한 '스팡믹'이라는 작은 마을에서 홈스
테이를 했다. 그 집 딸인 파트마라는 12살짜리 여자아이가 유독
눈에 띄었다. 일하러 나간 엄마, 감기몸살로 앓고 있는 아빠, 치
매인 조부모…… 그러니 집안의 거의 모든 일을 이 아이가 맡아
서 하고 있었다. 그리고 결정적으로 이 소녀는 너무 예뻤다. 그녀
의 큰 눈과 매력적인 이목구비는 일본배우 히로스에 료코를 떠
올리게 했으며, 검게 그은 피부는 글래머러스한 모델 제시카 고
메즈를 떠오르게 했다. 이런 촌구석에서 이렇게 예쁜 소녀를 발
견할 줄이야! 그녀가 너무 예뻐서 나는 괜히 줄줄 쫓아다니며
악수를 청하기도 하고 이것저것 물어보기도 했다. 다음 날 지프
를 타고 다시 레로 돌아가면서 파트마에 대한 여러 가지 이미지
와 단편적인 시나리오가 떠올랐다.

　오지에 사는 예쁜 소녀가 어느 서양인에 의해 대도시로 가
서 슈퍼모델로서 성공했지만, 결국 그러한 성공들을 내려둔 채
다시 고향으로 돌아와서 대자연과 함께 살아간다……, 어디서
들어봤을 법한 고전영화의 뻔한 스토리가 '파트마'의 얼굴과 오
버랩되고 있었다.

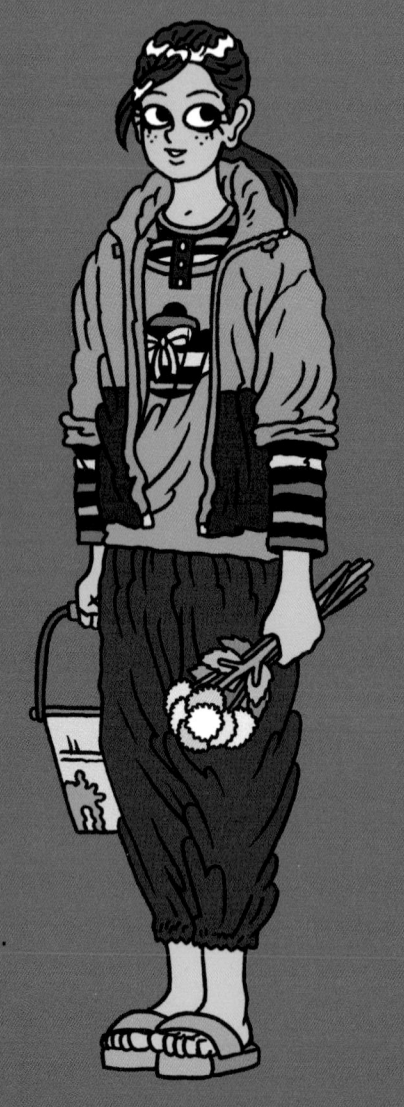

3년 동안 벼르고 별러서 오게 된
판공초가 내게 준 이미지보다
그 속에서 살아가는 예쁜 소녀의
이미지가 더욱 강렬하게 다가왔다.

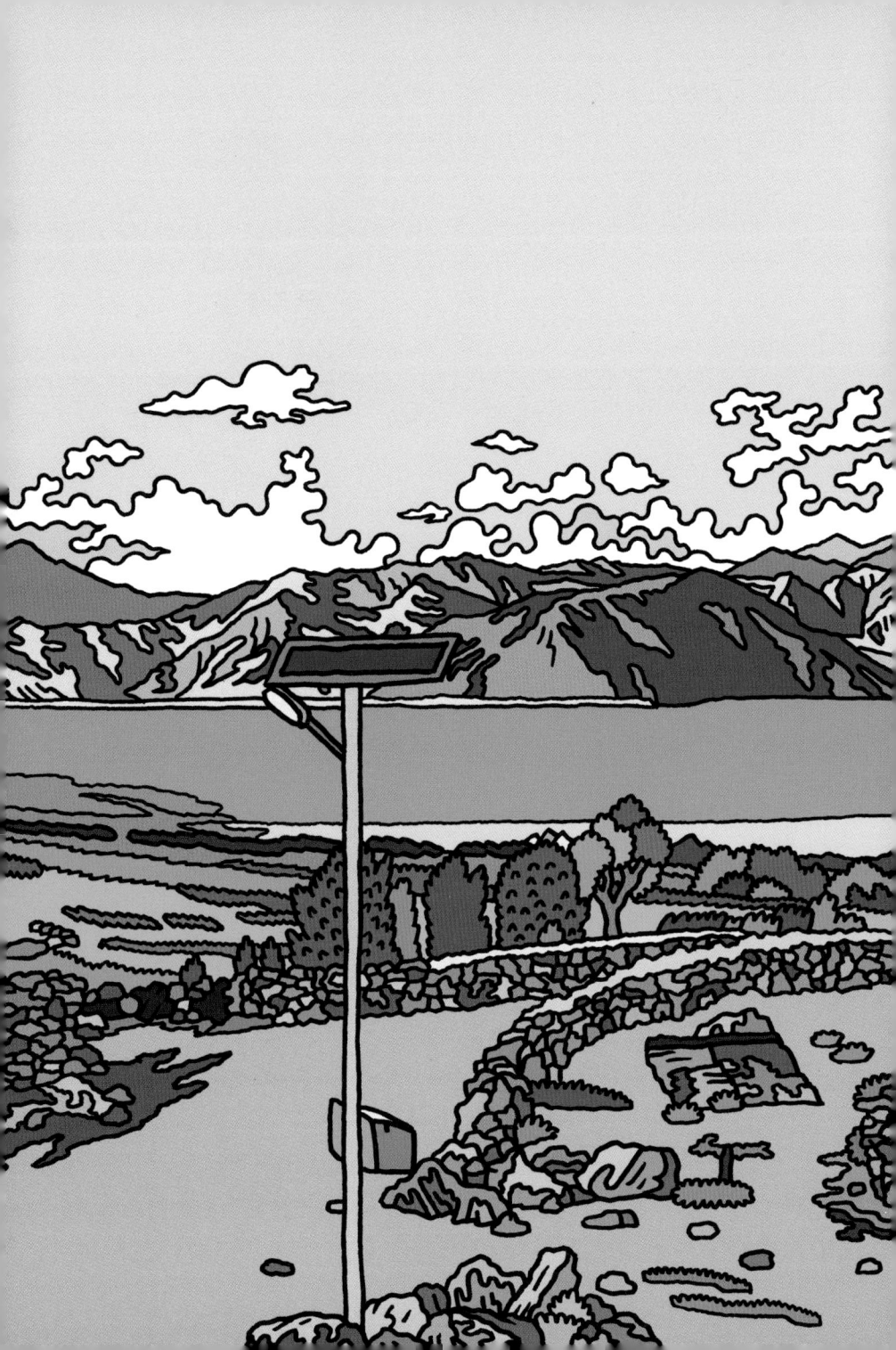

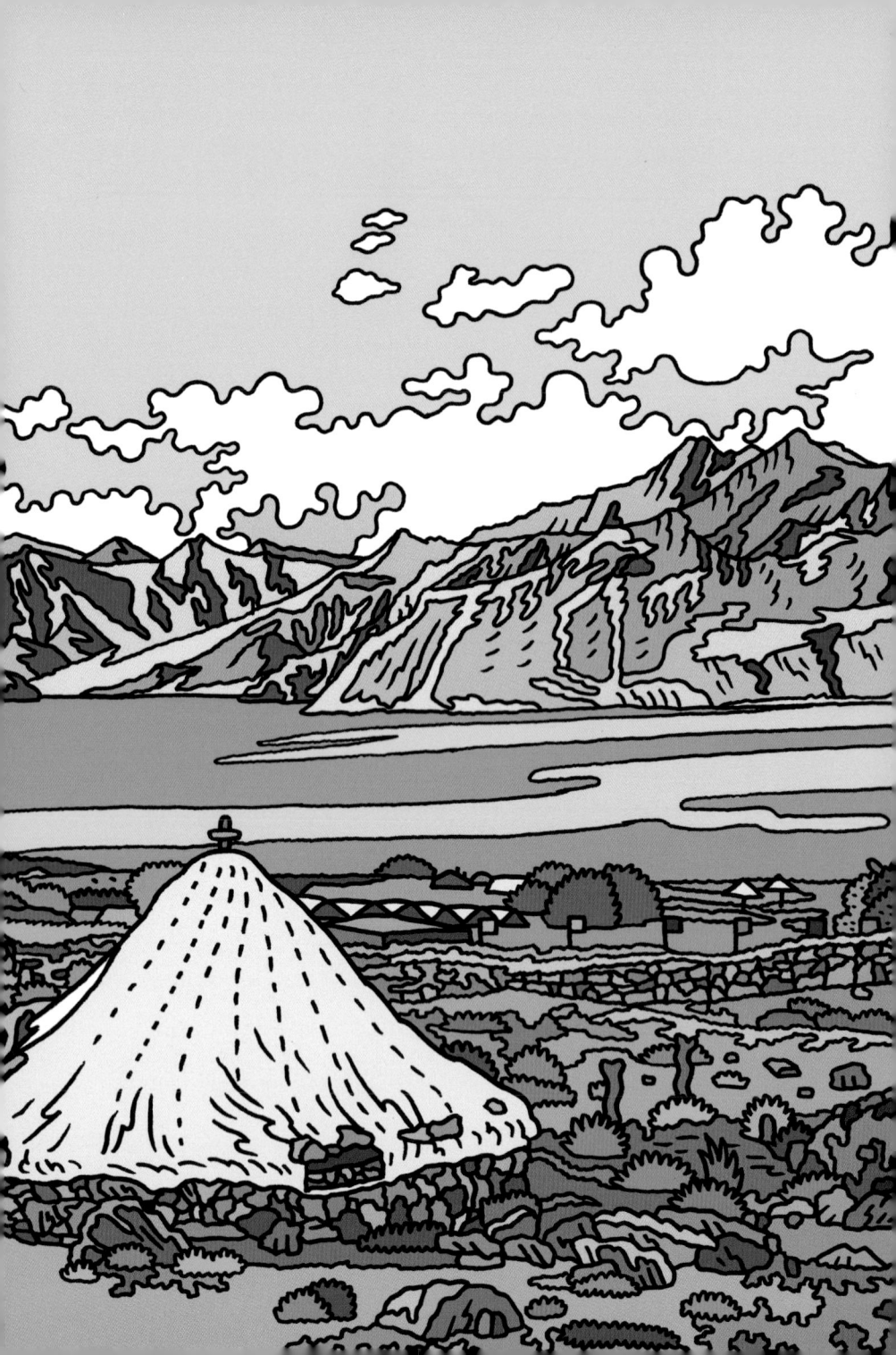

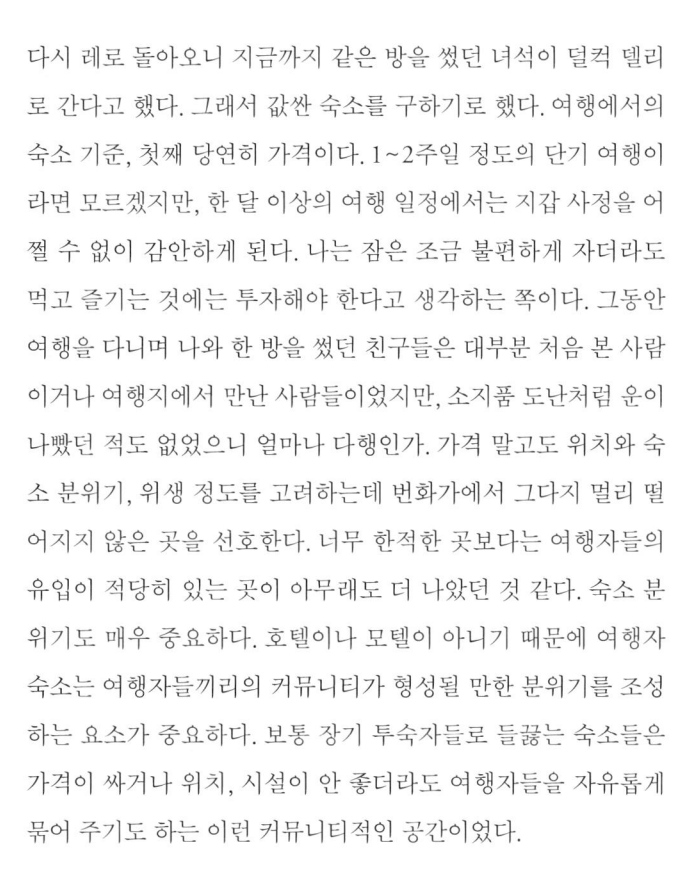

숙 소 의 기 준

다시 레로 돌아오니 지금까지 같은 방을 썼던 녀석이 덜컥 델리로 간다고 했다. 그래서 값싼 숙소를 구하기로 했다. 여행에서의 숙소 기준, 첫째 당연히 가격이다. 1~2주일 정도의 단기 여행이라면 모르겠지만, 한 달 이상의 여행 일정에서는 지갑 사정을 어쩔 수 없이 감안하게 된다. 나는 잠은 조금 불편하게 자더라도 먹고 즐기는 것에는 투자해야 한다고 생각하는 쪽이다. 그동안 여행을 다니며 나와 한 방을 썼던 친구들은 대부분 처음 본 사람이거나 여행지에서 만난 사람들이었지만, 소지품 도난처럼 운이 나빴던 적도 없었으니 얼마나 다행인가. 가격 말고도 위치와 숙소 분위기, 위생 정도를 고려하는데 번화가에서 그다지 멀리 떨어지지 않은 곳을 선호한다. 너무 한적한 곳보다는 여행자들의 유입이 적당히 있는 곳이 아무래도 더 나았던 것 같다. 숙소 분위기도 매우 중요하다. 호텔이나 모텔이 아니기 때문에 여행자 숙소는 여행자들끼리의 커뮤니티가 형성될 만한 분위기를 조성하는 요소가 중요하다. 보통 장기 투숙자들로 들끓는 숙소들은 가격이 싸거나 위치, 시설이 안 좋더라도 여행자들을 자유롭게 묶어 주기도 하는 이런 커뮤니티적인 공간이었다.

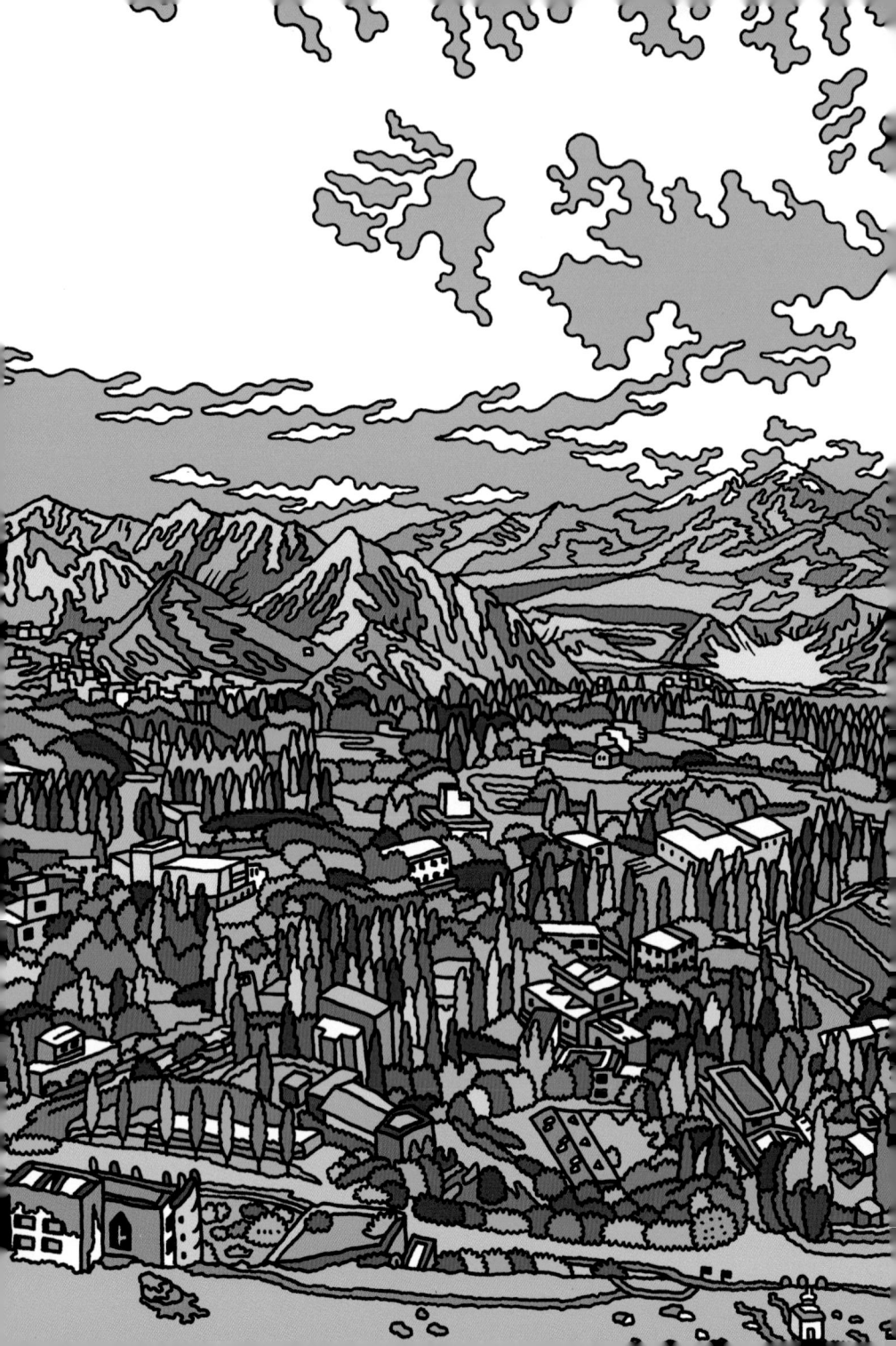

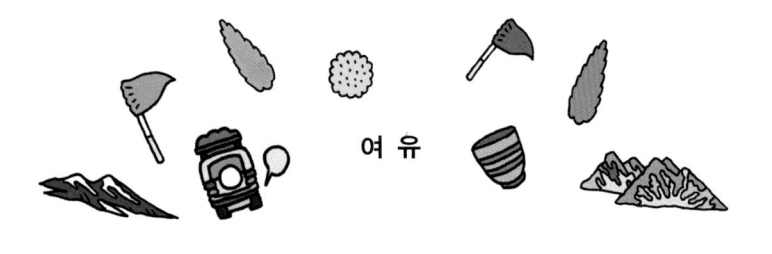

여 유

결국 내가 새로 들어가게 된 곳은 조그만 침대와 커튼 외엔 아무
것도 없는 작은 다락방이었지만 창문 밖으로 바로 보이는 개똥
밭의 목가적인 풍경이 썩 나쁘지 않았다. 이전에 묵었던 곳보다
시설은 조금 떨어지지만 대신에 새로운 사람들을 사귀고 정보를
공유할 수 있을 거란 생각이 들었다. 게다가 가격은 전 숙소의
반 정도밖에 되지 않았다. 이 정도면 내 수준에서는 완벽한 셈이
다. 공교롭게도 나와 같은 시기에 레를 방문한 달라이라마 덕에
많은 사람들이 연일 달라이라마 스피킹 행사장으로 떠났으므로
여느 때와 다르게 텅텅 비어 버린 레 시내는 강렬한 햇빛과 어울
리지 않는 고요함만이 맴돌았다.

누군가 나에게 '너는 왜 아직도 달라이라마를 접견하러 가
지 않느냐?'고 묻는다면 할 말이 없다. 대단하고 엄청난 인물, 살
면서 한번 볼까 말까 한 인물이지만 지금 나에게는 레의 골목들
을 정처 없이 걸으며 느끼게 되는 이국의 온도와 더위에 지쳐 들
어간 그늘진 카페에서 보내는 여유로운 시간도 나름 중요한 것
이다.

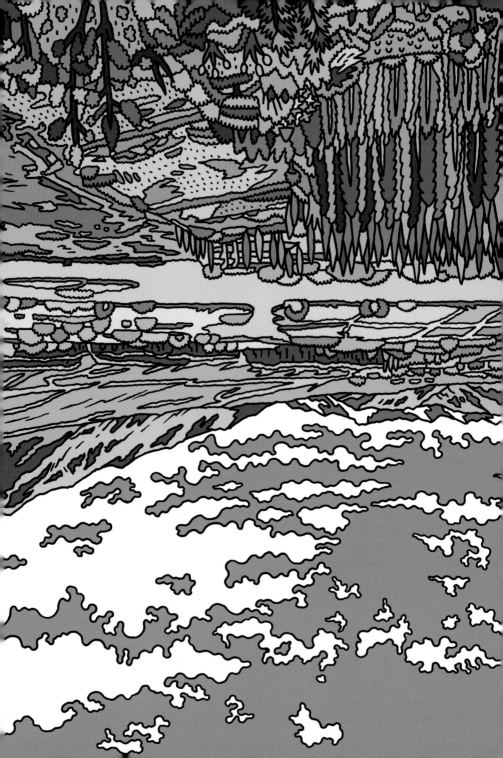

사원에서 바라본 레 시내의
아름다운 모습과는 반대로
머릿속은 갑자기 불안정한 미래와
고민으로 뒤범벅이 되어버렸다.

'앞으로 어떻게 살 것인가?'

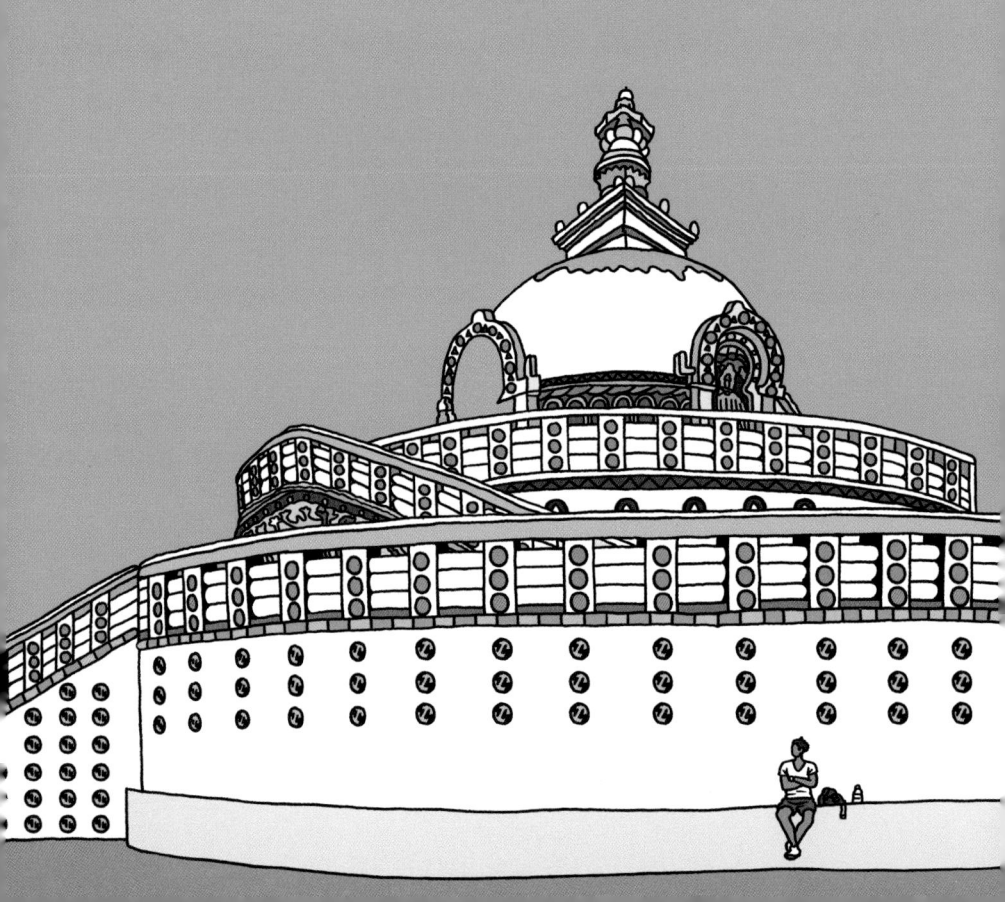

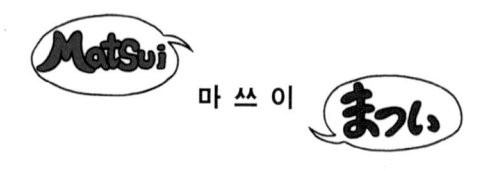

마쓰이

샨티 스투파에서 했던 고민들을 떨쳐버리기 위해 습관처럼
마셨던, 얼음이 들어간 생강차가 마시고 싶어졌다. 몇 번 갔
었던 레스토랑에 들어갔는데 신기하게도 샨티 스투파 올라
가는 길에 잠깐 스쳤던, 내 시선을 빼앗았던 섹시한 여자가
홀로 식사를 하고 있었다. 워낙 유명한 음식점이라 운명이랄
것도 없었지만 묘하게 말을 걸어보고 싶어졌다.

"안녕?"

"안녕!"

"나 사실 샨티 스투파에서 널 찾고 있었어. 내 사진을 찍
고 싶었는데 부탁할 사람이 없었거든."

"아, 그래? 나도 사실 널 봤었지만 고산증세가 심해져서
택시를 타고 금방 내려왔어."

영어로 대화를 할 때면 조금씩 생각하게 되는 텀이 있는
데, 순식간에 나도 모르게 자동적으로 영어가 튀어나왔다. 참
신기하다. 말을 걸어보고 싶거나 한눈에 반한 사람 앞에서라
면 순간적인 용기가 나도 모르게 발휘된다. 이것은 내 의와
는 상관없는 불가항력적인 것이다.

그녀는 현재 5일째 레를 여행 중이지만 고산증과 다른 문제
가 있어서 마날리Manali를 거쳐 델리로 가기 위해 오늘 마날리로
떠난다고 하였다. 마쓰이라는 이름을 가진 일본인으로 나이는 나
보다 5살이 많았다. 우리는 인도 여행에 대한 이야기를 나누다가
자연스럽게 서로 자신이 하는 일과 좋아하는 것들로 화제가 넘
어가게 되었다. 사실 고백하자면 마쓰이는 내가 지금까지 봤던
일본인 중 가장 아름다웠다. 그리고 말도 잘 통했다. 예뻐서 말이
잘 통했다고 느낀 건지, 정말 잘 통했었는지는 모르겠지만 …….

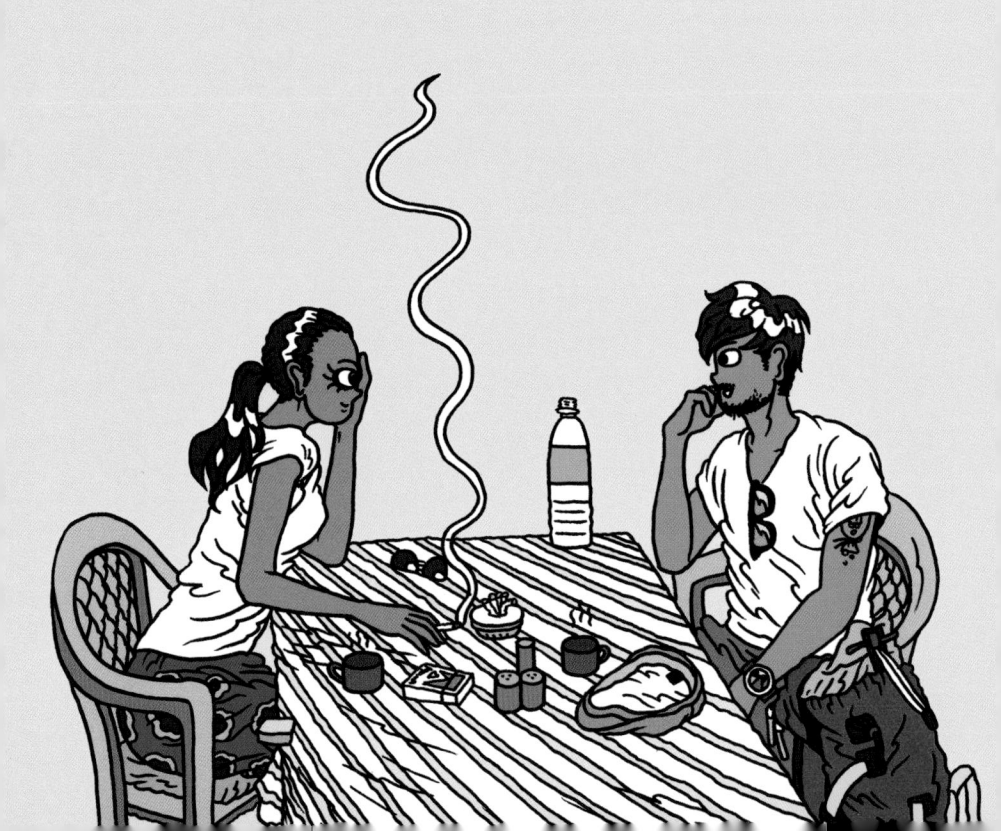

나는 서울에서 활동하는 일러스트레이터라고 소개한 뒤 내
가 해왔던 작업들을 보여주었다. 그리고 그녀는 사실 일본에서
태어났지만 현재는 이탈리아 밀라노에서 일본인 고객들을 위한
번역 일을 한다고 하였다.

　하지만 그녀가 오늘 레를 떠난다니 아쉬움에 나
도 모르게 입이 불쑥 나왔다. 사실 같이 마날리로 가
고 싶은 심정이 굴뚝같았다. 대화를 하는 동안 그녀
의 끊이지 않는 웃음을 보니, 동행에 대한 자신감도
있던 터였다. 착각일 수도 있겠지만 라다크 여행과
이 묘령의 여인 사이의 고민에서 나는 결국 라다크
여행을 선택했다. 물론 그녀는 이탈리아로, 나는 한
국으로 돌아갈 것이므로 긴 만남을 기대하긴 힘들
겠지만, 중요한 건 슬럼프에 빠지고 여행의 일상이
조금씩 지루해지려던 찰나 사막의 오아시스를 만난
것 같은 기분이었다. 태어난 곳과 환경 등이 달라 정
서적으로도 차이가 있을 것이다. 하지만 여행이라는
큰 이야기의 테마와 서로의 대화가 어쩌면 통한다는
느낌이 있었기에 앞으로의 내 여행에도, 그녀의 여
행에도 큰 에너지와 추억으로 남을 것 같은 좋은 느
낌이 든다. 또 앞으로 여행하면서 만나게 될 불확실
한 인연들에 대해서 기대하게 되었다.

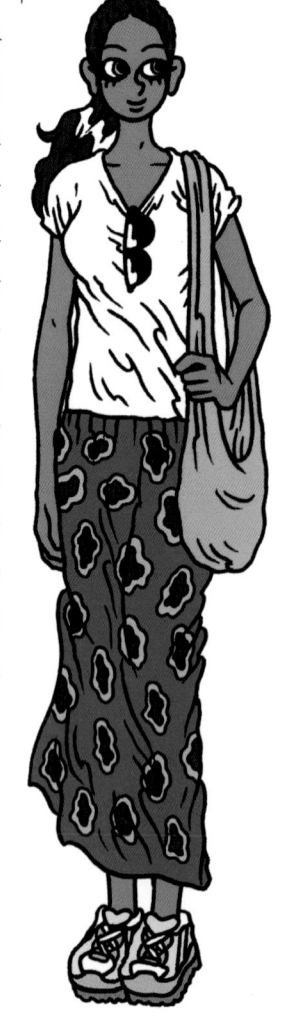

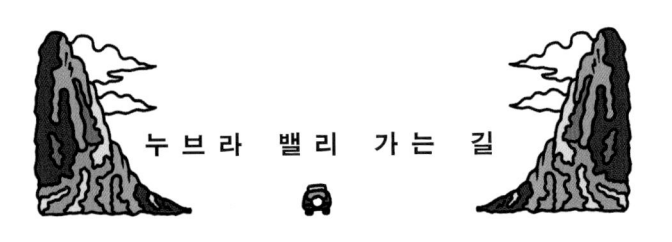

누 브 라 밸 리 가 는 길

관광객들에 대한 개방으로 인해 영원한 오지는 없어졌지만 아직 순수함이 남아 있다는 투르툭^{Turtuk}이란 마을을 향해 지프는 몇 시간째 누브라 밸리^{Nubra valley}를 지나는 중이다. 누브라 밸리는 히말라야 산맥과 연결된 고산들 사이를 가로지르는 계곡이며, 디스킷^{Diskit}이나 훈두르^{Hunder}, 투르툭 등의 작은 마을이 곳곳에 위치해 있다. 판공초와 같이 마을을 기점으로 보통 1~2박 정도를 지내다 오는 것이 일반적인데, 몇 개의 마을들 중에서 나는 이번에 투르툭이라는 마을에서 2박을 하기로 했다.

수없이 반복되고 있는 차창 밖의 험준한 돌산들과 끝없이 펼쳐진 평야의 모습들은 반복적인 패턴을 가졌다는 점에서 내 귀에 들리는 전자음악과 닮아 있다. 한때 열광했던 전자음악 듀오 '케미컬 브러더스'의 뮤직 비디오를 떠오르게 하는 풍경들이었다. 그러면서도 시시각각으로 변하는 자연의 요소들과 갑자기 나타난 거대한 돌산들이 사방으로 지프를 포위하며 나로 하여금 감탄사를 연발하게끔 만들었다. 이색적인 풍경의 라다크가 깊은 자연의 세계 속으로 들어오는 내게 환영인사를 해준다.

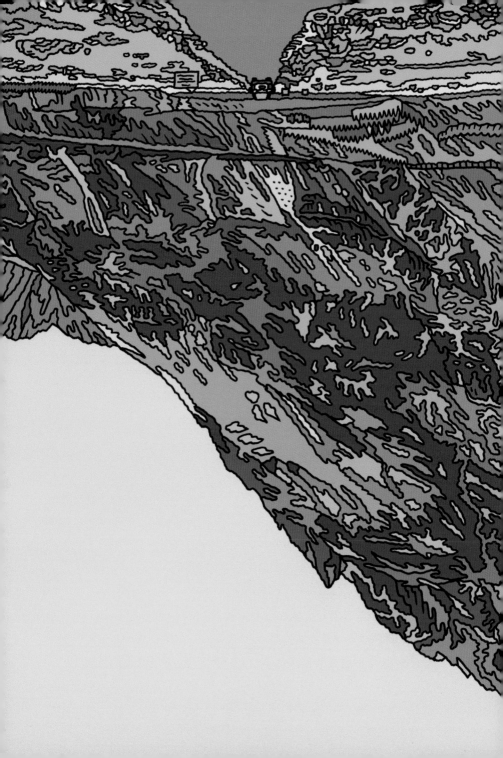

여행자 게시판에 붙어져 있던 사진에서 보는 광경이 너무 아름다워 방문하게 된 누브라 밸리는 누군가가 마을보다도 가는 길 자체가 환상이라고 했었다. 거대한 돌산에 둘러싸여 몇 시간을 달리다 보면, 돌산의 색도 넓은 스펙트럼을 갖고 있다고 했었고, 무채색 톤의 넓은 황야 속에 포인트처럼 피어나는 형형색색의 바위색이나 식물들이 초현실적인 느낌이 들게 할 것이라며 말이다.

실제로 내겐 투르툭이라는 마을보다 누브라 밸리의 길 자체가 더 강렬하게 다가왔다. 이번에 지프를 함께 탄 멤버들은 대부분이 나보다 연장자인 사람들이지만 좀 더 좋은 사진과 자료를 촬영하기 위해 양해를 구하고 조수석에서 열심히 셔터를 눌러대고 영상을 촬영할 수 있었다.

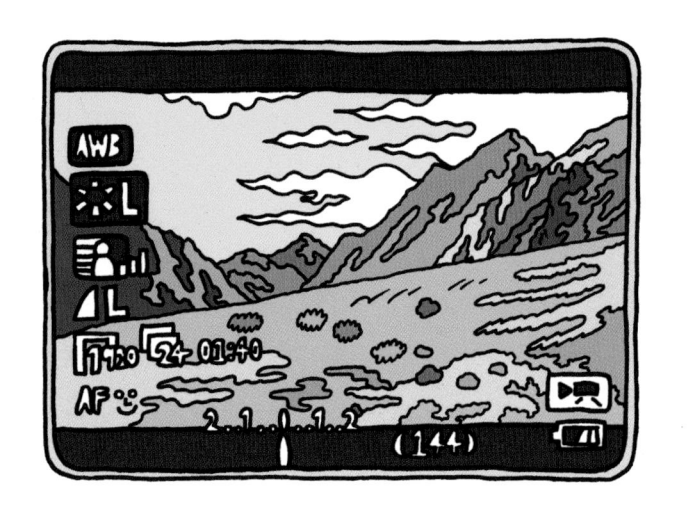

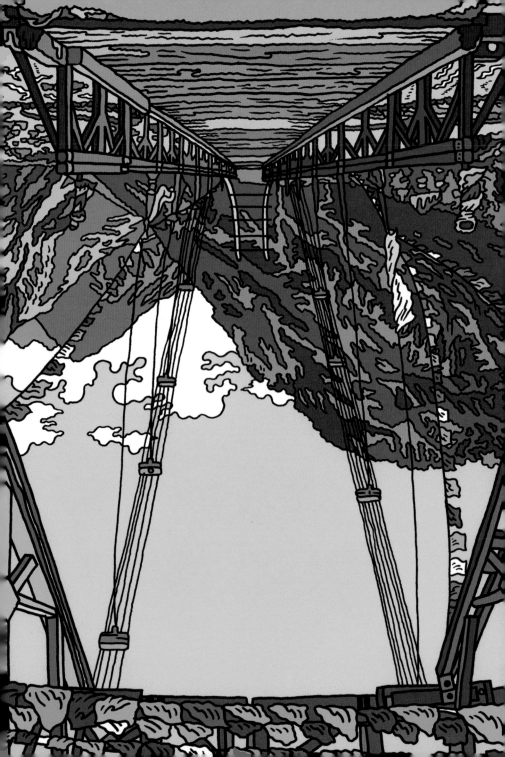

라다크에 온 지 벌써 보름이라는 시간이 되어 간다.
여행자들에겐 돈과 사회적 지위는 중요하지 않다.
시간과 여유 그리고 모험심이 우선이다.

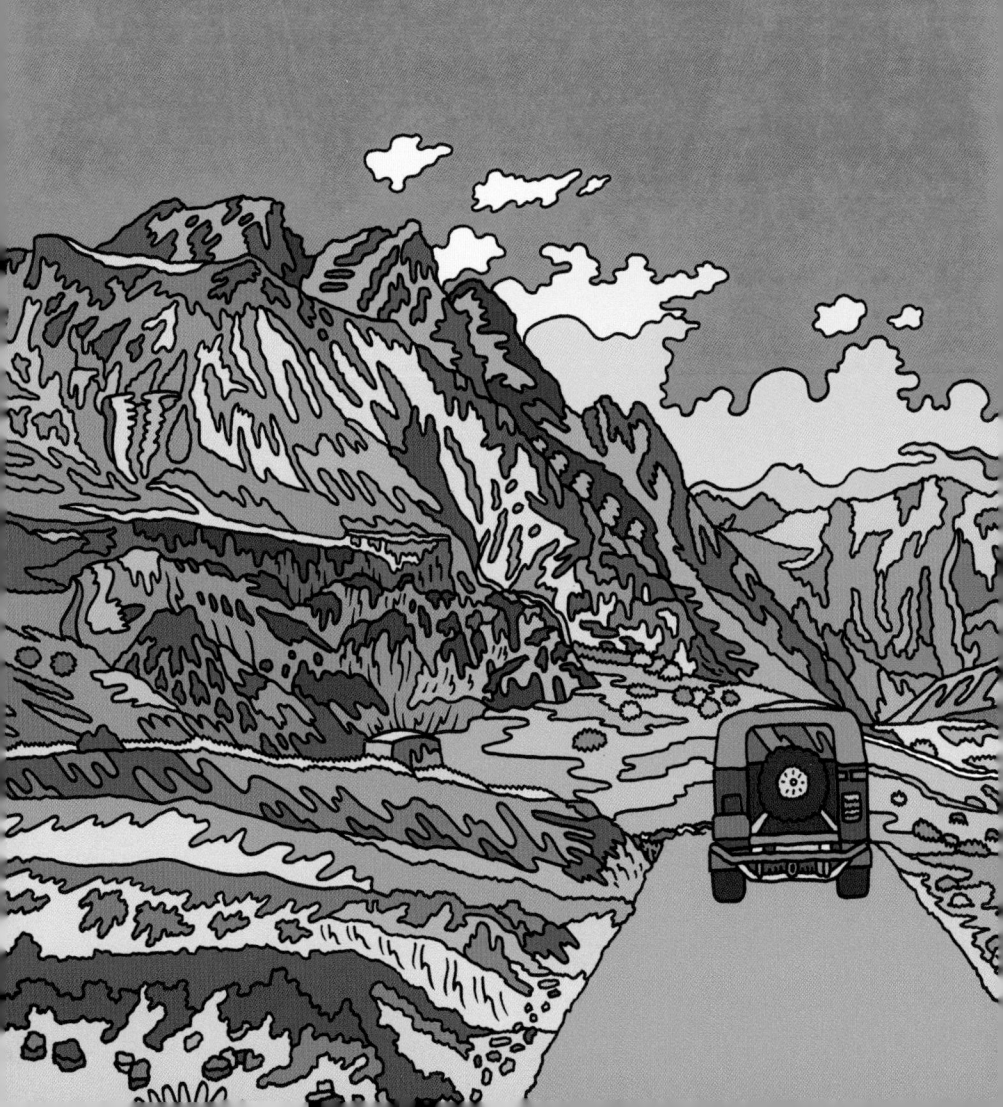

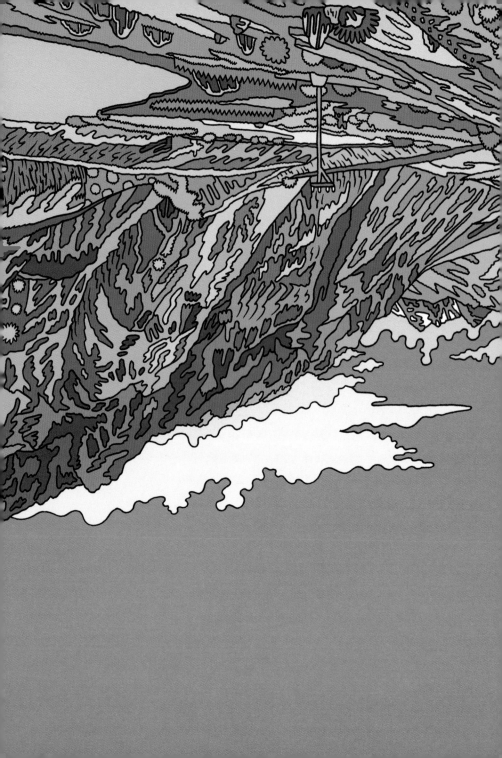

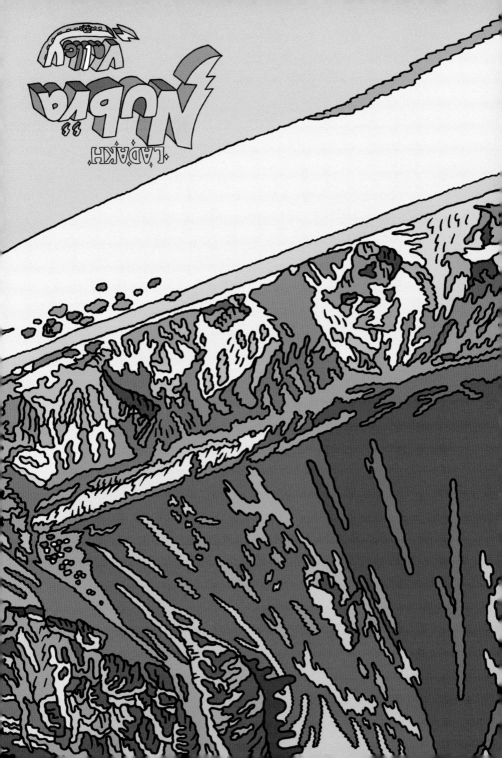

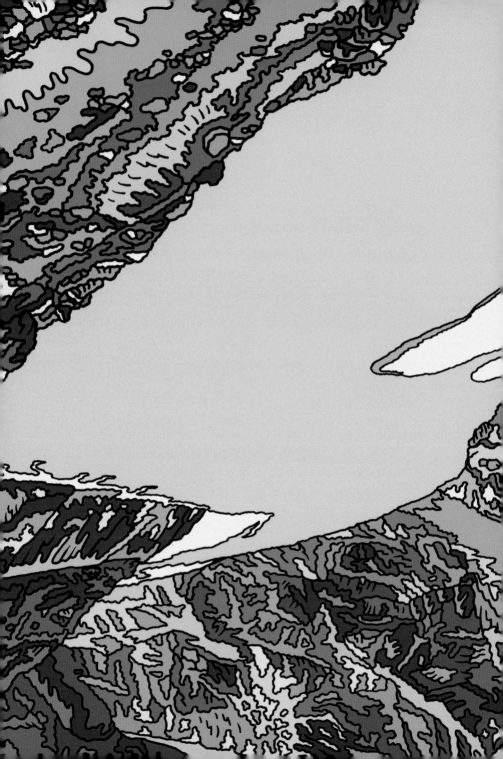

투 르 툭

8시간 정도 누브라 밸리를 내달린 지프는 투르툭 마을에 도착하였다. 지프에서 내려 일행들과 헤어진 뒤 3일 후 아침 이곳에서 만나기로 약속하고 홈스테이를 찾아 나섰다. 비교적 낙후된 숙소 시설 때문에 깨끗해 보이는 게스트하우스는 만실이었다. 그래서 나는 홀로 외딴곳의 한 민박집에서 홈스테이를 하게 되었다. 사실 오지라고 불리는 이 마을에도 게스트하우스가 들어섰다는 것이 이미 오지로서의 희소성을 잃어가고 있다는 증거였다.

처음 보는 벌레가 침대 주변을 맴돌았고, 시골이라 전기보급 따위는 기대도 하지 않았다. 그래서 그런지 마음을 비우고 나니 새삼 이곳이 아늑하게 느껴지는 듯했다. 내 옆방에는 말레이시아에서 여행 온 부부가 있었는데 남편이 꽤나 유쾌한 사람이었다. 공연진행 일을 했었는데 은퇴 후 첫 여행이라 했다. 하지만 판공초는 꽤나 실망스러웠다고 덧붙였다. 티베트에 가면 판공초보다 더 크고 멋진 호수들이 즐비하다면서 티베트 예찬을 아끼지 않는 티베트마니아였다.

다시 내 방으로 돌아와 짐을 푼 뒤, 시골에 내려와 동네 한 바퀴 도는 기분으로 마을로 나가자 판공초에서 묵었던 스팡믹

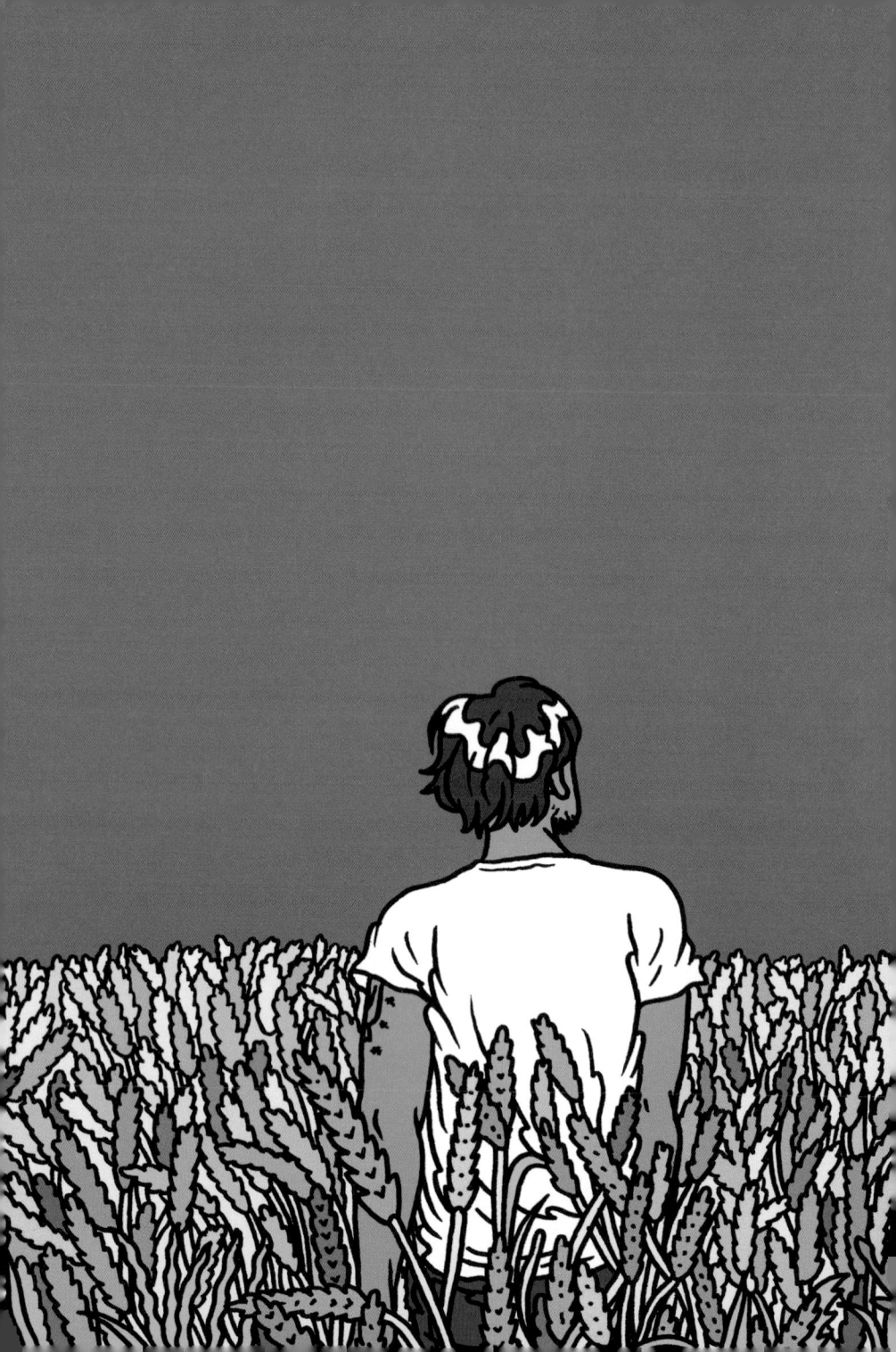

마을보다 더 전원적인 풍경들이 나를 맞이했다. 마을 자체가 그렇게 크진 않았지만 살구나무가 지천이었고, 주로 아낙네들이 벼농사를 짓고 있는 풍경이었다. 게으른 남자들은 일을 하지 않았다.

다음 날 심심한 차에 마을을 둘러보았다. 끼니는 숙소를 계약할 때 식사까지 포함되는 금액으로 약속했다. 생각해보니 사람들이 투르툭을 찾는 이유는 간단했다. '오지'라는 감염되지 않은 전원에 대한 환상을 찾아 떠나왔지만 막상 와보니 숙식이 다 되는 곳에서 눈앞의 자연들을 바라보며 사색에 잠길 수 있으니 이런 편안함을 힐링이라고 생각하는 것 같았다.

라다크엘 가기로 마음먹었을 때 어디 한 군데쯤은 외부문화에 거의 영향을 받지 않은 오지를 방문하고 싶었다. 그렇다고 투르툭이 망가진 오지는 아니지만 아무튼 내가 생각했던 그런 그림의 완전한 곳은 아니었다.

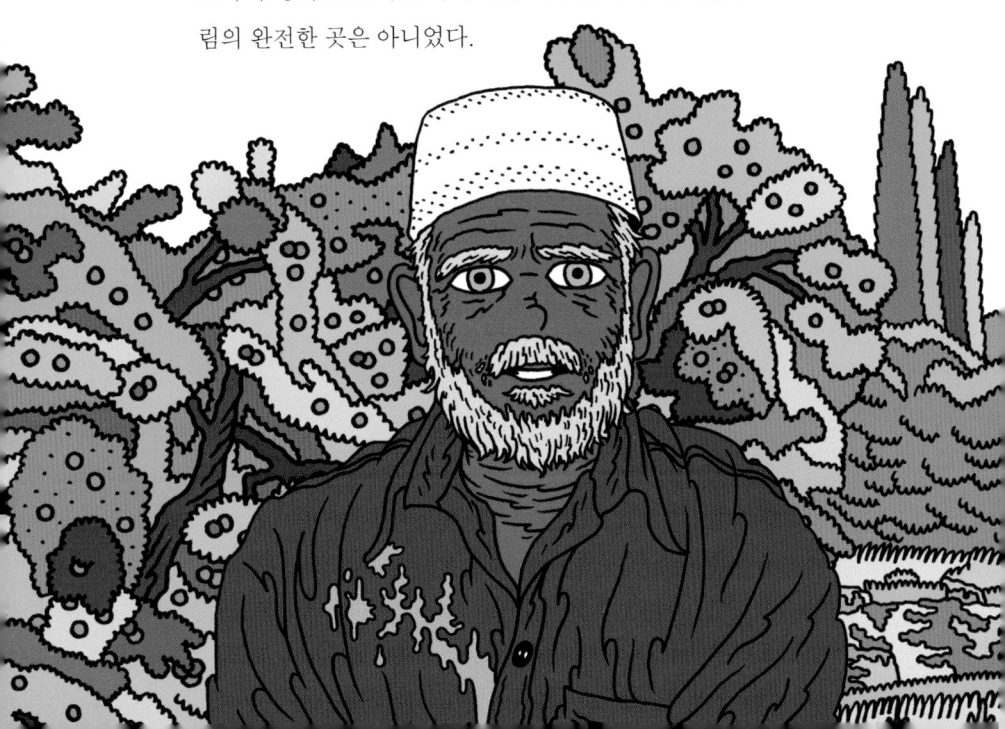

시골의 젊은이일수록 아무래도 외부문화의 영향을 많이 받은 듯했다. 레까지 주로 드라이버 일을 한다는 그들은 돈과 시간이라는 개념이 명확했다. 오히려 투르툭을 산책하며 만났던, 내 목에 걸린 카메라를 보며 신기해하는 아이들과 노인은 순수함 자체였다. 그들은 사진을 찍으라며 수줍은 듯 한껏 포즈를 취해주었다.

어쩌면 영원한 순수함은 오지가 아니라 어린아이들의 영혼일지도 모르겠다.

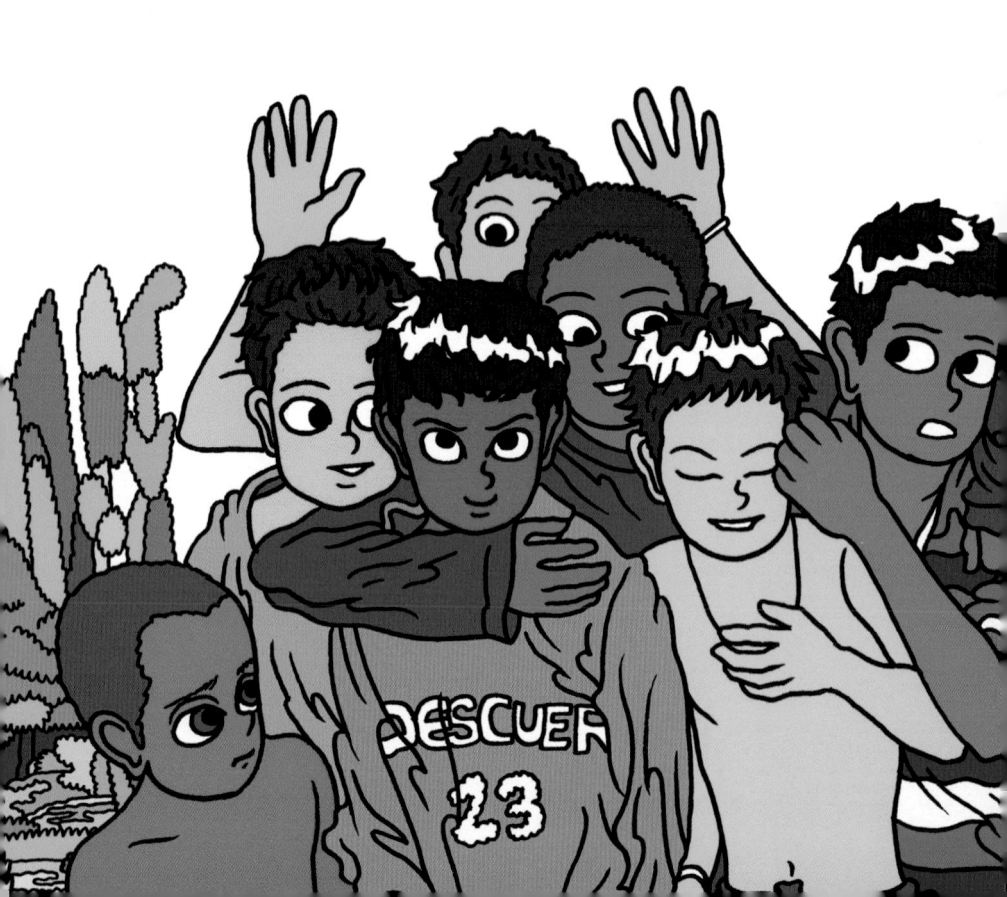

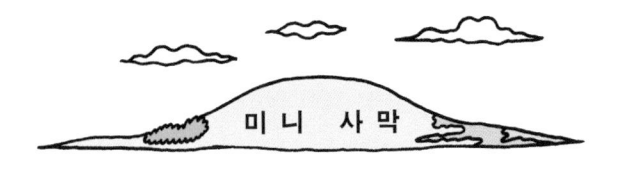

미 니 사 막

투르툭을 떠나 다시 레로 향하는 길에 훈두르 사막에 들르기로 했다. 회색빛 사막과 낙타 사파리로 유명한 훈두르는 다녀온 사람들의 사진 속 모습 그대로였다. 다만 생각보다 사막이 크지 않았다. 어쩌면 사람들이 작정하고 만들었나 싶을 정도의 작은 사막이었다. 인도 서부의 자이살메르 사막도 사하라나 고비 사막에 비하면 작은 사막이었지만 이 정도는 아니었다.

그래도 자이살메르 쿠리 사막은 낙타를 타고 꽤 긴 거리를 다닐 수가 있었고, 사막의 중심으로 들어가 보면 사방이 온통 모래뿐인 곳이 있어 캠핑도 하고 낭만을 느낄 수가 있었는데 누브라 밸리 사막은 그저 협소한 관광 상품에 불과하다는 느낌이랄까. 낙타 사파리에 들어가는 비용도 비싼 편이어서 일행들과 떨어져 그냥 2시간 동안 걸어보자는 마음으로 사막을 홀로 걷게 되었다.

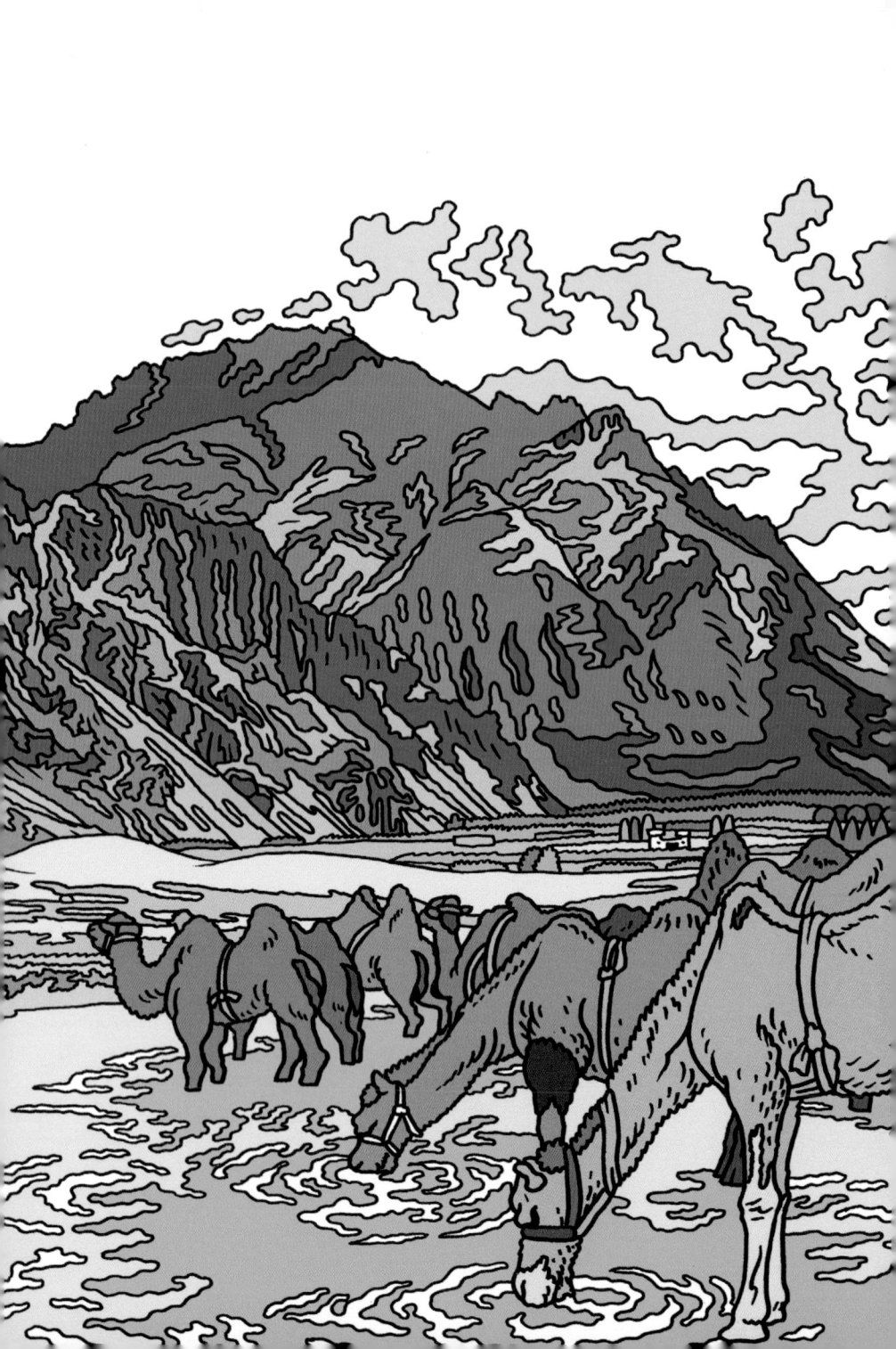

떨 림

일행들이 미리 차 안에 들어가서 쉬거나 그늘 밑에 앉아 사막에
대한 불평을 늘어놓는 동안 나는 땡볕에서 모래를 밟고 있었다.
나는 눈이나 고운 모래 밟는 것을 좋아한다. 사막모래를 발로 밟
고 차는 감각은 일상적인 것이 아니라서 이럴 때 아니면 언제 또
해보겠는가. 삼각대를 세워놓고 연속적인 셀프 촬영도 해보고
사막에 털썩 주저앉아 여유롭게 담배도 피웠다. '이 더운 날씨에
왜 혼자 그늘 하나 없는 사막에서 저러고 있을까?' 하는 사람들
의 따가운 시선이 느껴졌지만 신경 쓰지 않았다.

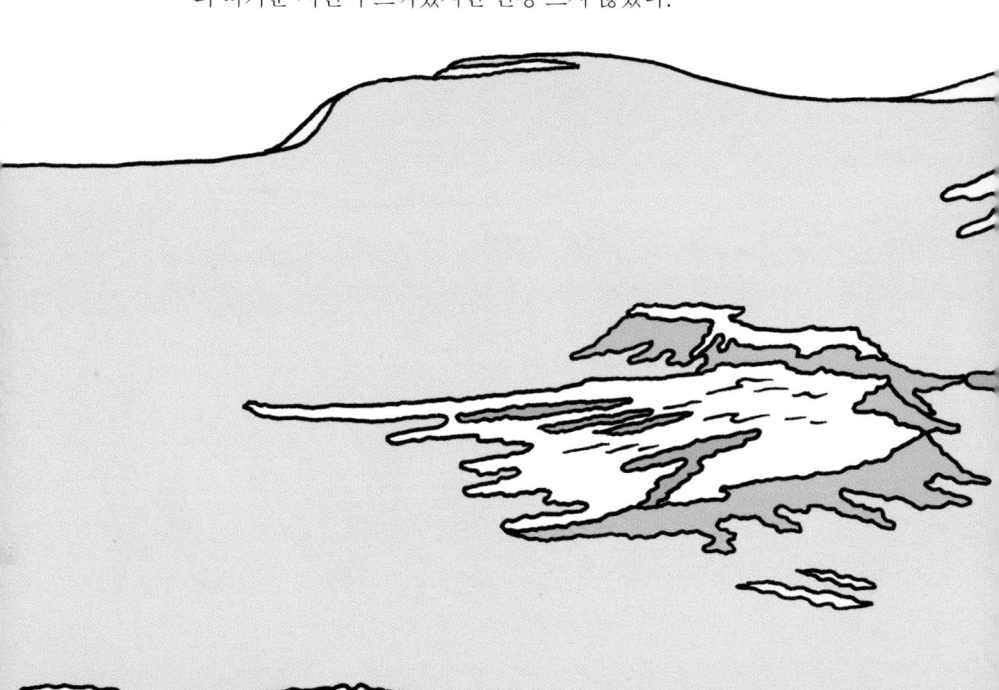

그러면서 지금 내가 그렇게 갈망하던 인도에 다시 왔다는 것, 바로 지금 라다크에 있음을 실감했다. 많은 사람들이 무작정 '여행가고 싶다.' 혹은 '올해엔 어디를 갈 계획이야.'라며 계획만 세우다가 그때가 오면 '내년에 가면 되지.'라며 순식간에 자신을 합리화한다. 앞만 보며 달리는 경주마처럼 그저 추진하면 어느새 그 자리에 와 있는 것이 여행인데 말이다.

꿈꾸었던 것들이 어느새 내 눈 앞에 있을 때
그것을 느끼는 순간 부르르 떨리는 놀라운 느낌을
다른 사람들도 알고 있을까?

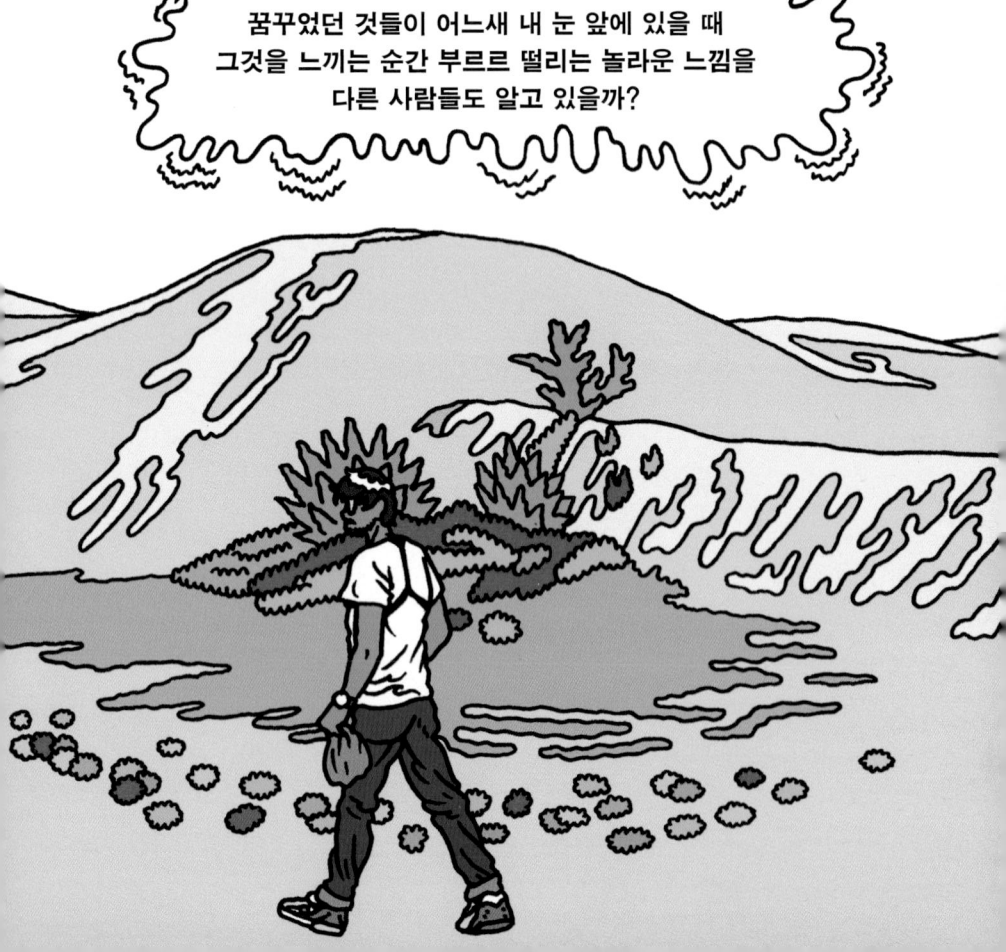

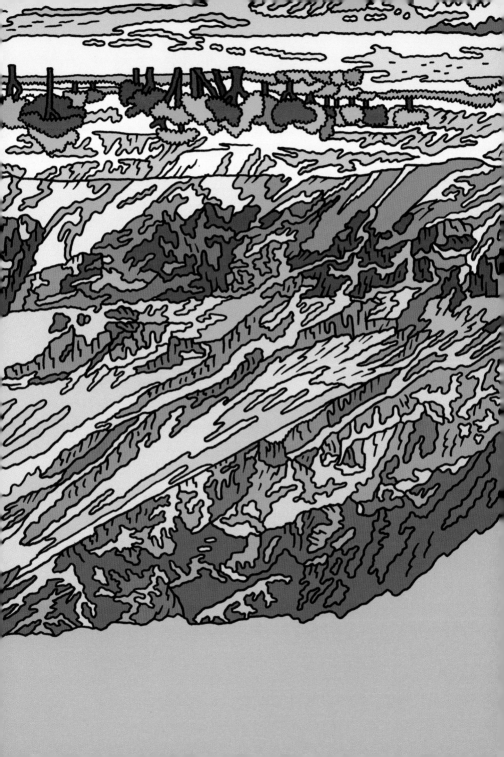

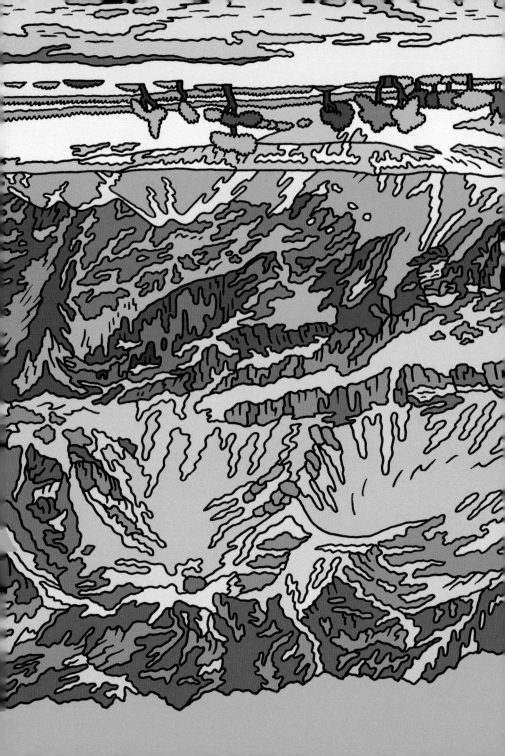

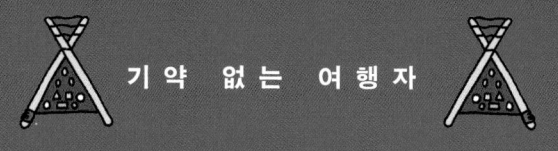

기 약 없 는 여 행 자

누브라 밸리에서, 또다시 돌아온 레에서 만나게 된 프랑스인 '맥'은 기약 없는 여행을 하는 지독한 생활 여행자였다. 그와의 만남은 내가 매일 지나치던 레스토랑 앞의 좁은 좌판이었다. 레 시내의 공간을 이동해가면서 삼각좌판을 벌여 직접 깎아 만든 돌에 심볼이나 종교적인 문양을 새겨 펜던트를 완성한 후 장사를 하고 있었다. 돌 펜던트는 장기 여행자가 구입하기엔 가격이 부담스러웠던 편이었다. 그럼에도 불구하고 나는 이 돌 펜던트를 5개나 구입해버렸다. 거의 3일치 경비에 해당하는 금액이었다. 언제부턴가 기념품을 구입하지 않게 되었는데, 정말 오랜만의 쇼핑이었다. 게다가 5개나 구입할 만큼 뛰어난 완성도와 기념품점의 상품과는 다른 희소성이 있었다.

　내가 5개나 펜던트를 구입하자 맥은 만세를 부르며 표정이 금세 해맑아졌다. 첫인상은 걸인과 다름없는 남루한 이미지였는데 이런 모습을 보니 TV에서 보던 개그맨 같았다. '내가 이 돌 펜던트는 살만한 가치가 있다.'고 말해주자 그는 갑자기 자신의 파일을 펼쳐 드로잉들을 보여주었다. 인도를 배경으로 한 드로잉

은 감각적이거나 특별하진 않았지만 숙련된 데생의 단단함이 보이는 그림이었으며, 완성도가 높은 돌 펜던트와 닮아 있었다.

여행 중 자급자족 생활 여행자들을 만난 건 오래전 일이었고, 이렇게 다시 만나게 된 것이다. 이런 친구들을 보면 '나도 언젠가는!'이라는 기약 없는 다짐이 든다. 사실 쉽지 않은 일이다. 이런 여행을 하려면 정말 현실에서의 직업, 사회적 위치, 사랑하는 사람까지 거의 모든 것을 내려 놓아야 떠날 수 있다. 여행의 목적 유무와 관계없이 몇 달 혹은 몇 년 이상을 한곳에 정착하지 않고 순수하게 여행한다는 것이. 나이도, 국적도, 지금의 처한 상황도 그들의 자유에는 별 문제가 되지 않았다.

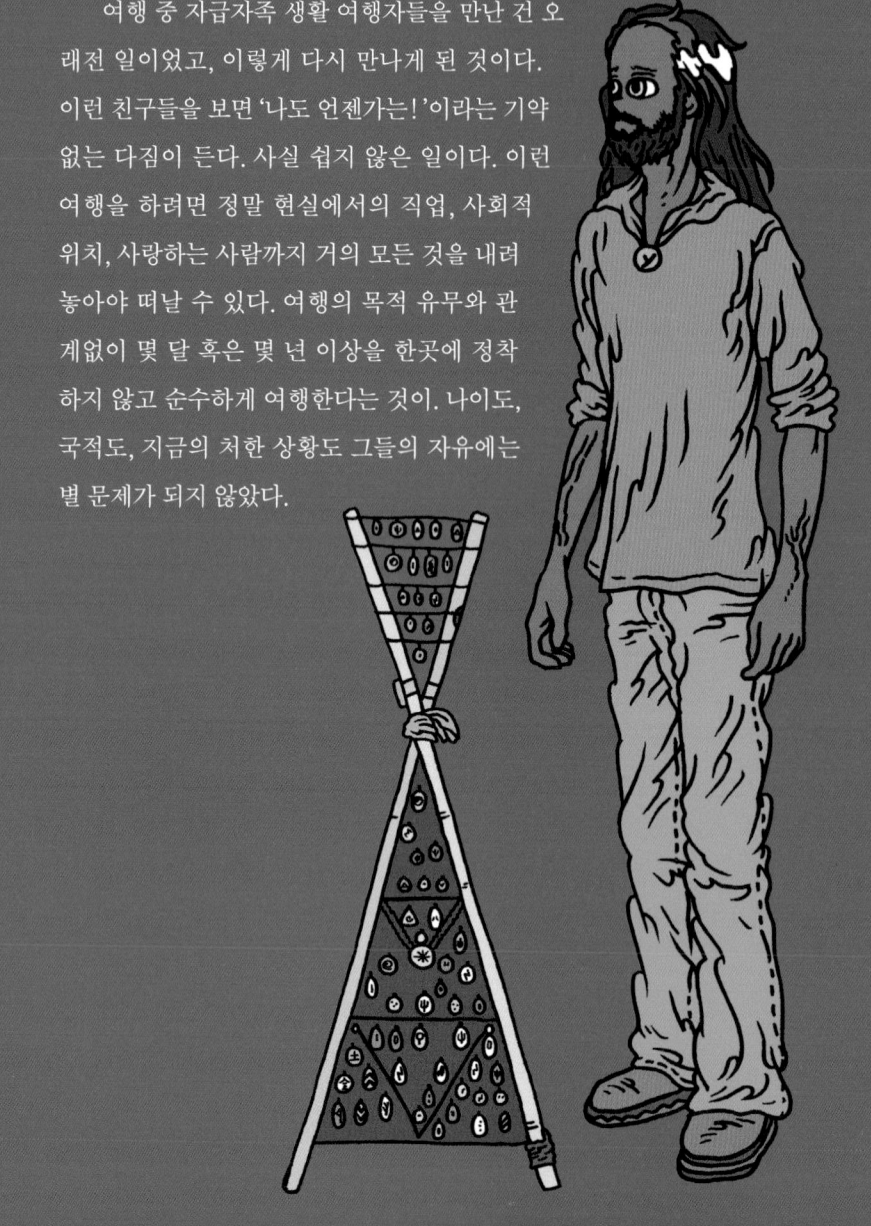

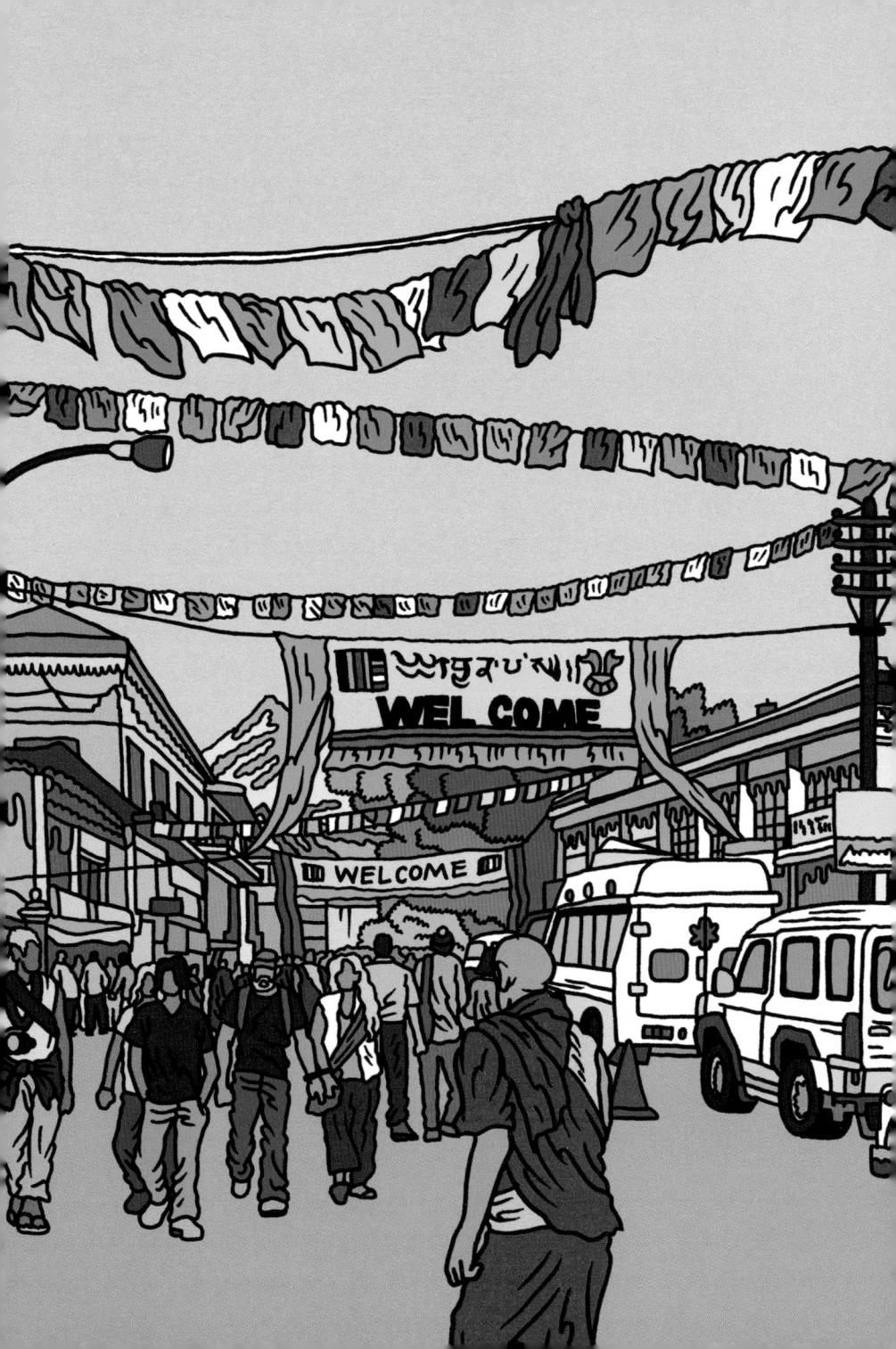

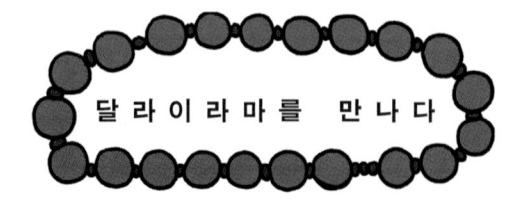

달라이라마를 만나다

레 시내에서 하루도 빠짐없이 듣던 말이 달라이 라마였다. 달라이라마를 보기 위해 온 인도 전역, 전 세계의 추종자들이 레 시내를 점령했으며 20~30m마다 한두 개의 환영식 현수막이 공중을 차지하고 있었다. 달라이라마를 가까이서 보려고 누군가는 몇 년을 추종하며 그림자처럼 따라다닌다고 하더니 그에 비하면 나는 꽤나 운이 좋은 사람이다. 중국으로부터의 갖은 핍박 속에서 티베트의 독립을 위해 싸운 정신적 지주, 세계평화를 위한 살아 있는 간디 정도의 인물로 내가 알고 있는 달라이라마는 티베트 불교권인 라다크를 여행하기로 마음먹었을 때 전혀 생각하지도 않았던 부분이었다. 누브라 밸리에서 돌아오니 지프를 공유했거나 레에서 만났던 사람들은 대부분 레를 떠난 후였던 터라, 매일 지나던 거리에서 마주치던 낯익은 여행자들의 자리엔 낯선 여행자들이 있었다. 누군가는 떠나고 다시 누군가는 오는 것이란 반복적인 현상은 최대한 오래 남아서 여유밖에 즐길 것이 없는 여행자만이 느낄 수 있는 것이었다.

아침 일찍 라다크인들과 택시 합승을 하게 되었다. 아무래도 여행자들보다는 말이 직접적으로 통하는 라다크인들이 탄 택

시가 좀 더 쌀 것이라는 판단에 의해서였다. 여행을 하면서 돈을 아끼는 법, 친구를 만나는 법, 지도 보는 법, 빠르고 느리게 가는 방법 등을 배우고 있다.

마침 내가 레에 있는 동안 달라이라마가 방문을 했고, 그 다음 내가 직접 그분을 찾았다는 점에서 반 운명적이었다. 비록 1:1로 바로 눈앞에서 대화를 한 것이 아니라 일방적으로 그분이 말하는 내용을 나는 통역에 의해서 반 정도만 들을 뿐이지만, 연예인을 만나 환호성을 지르고 그와 함께 사진을 찍으려고 달려가는 것과는 다른 느낌이었다. 락 페스티벌에서나 볼 법한 수많은 인파들을 젖히고 리스너가 갈 수 있는 최대한 가까운 거리에서 나지막이 들리는 그분의 목소리를 들을 수가 있었다.

지독한 삶에서 구원이라도 얻으려는 듯한 간절한 눈빛들과 나처럼 호기심 가득한 눈빛들, 한 사람을 향한 맹목적인 믿음으로 가득 찬 눈빛들이 느껴졌다. 어떻게 한 사람의 힘이 이 수많은 추종자들과 관객들을 끌어 모으는지, 그런 에너지에 대해 경외감이 느껴졌다.

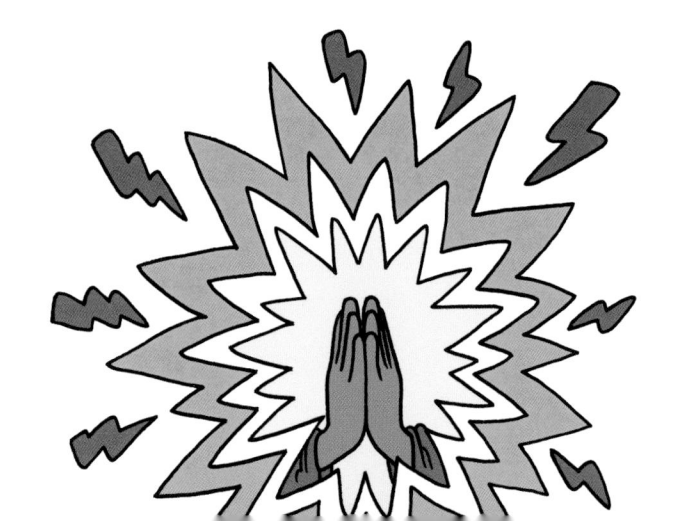

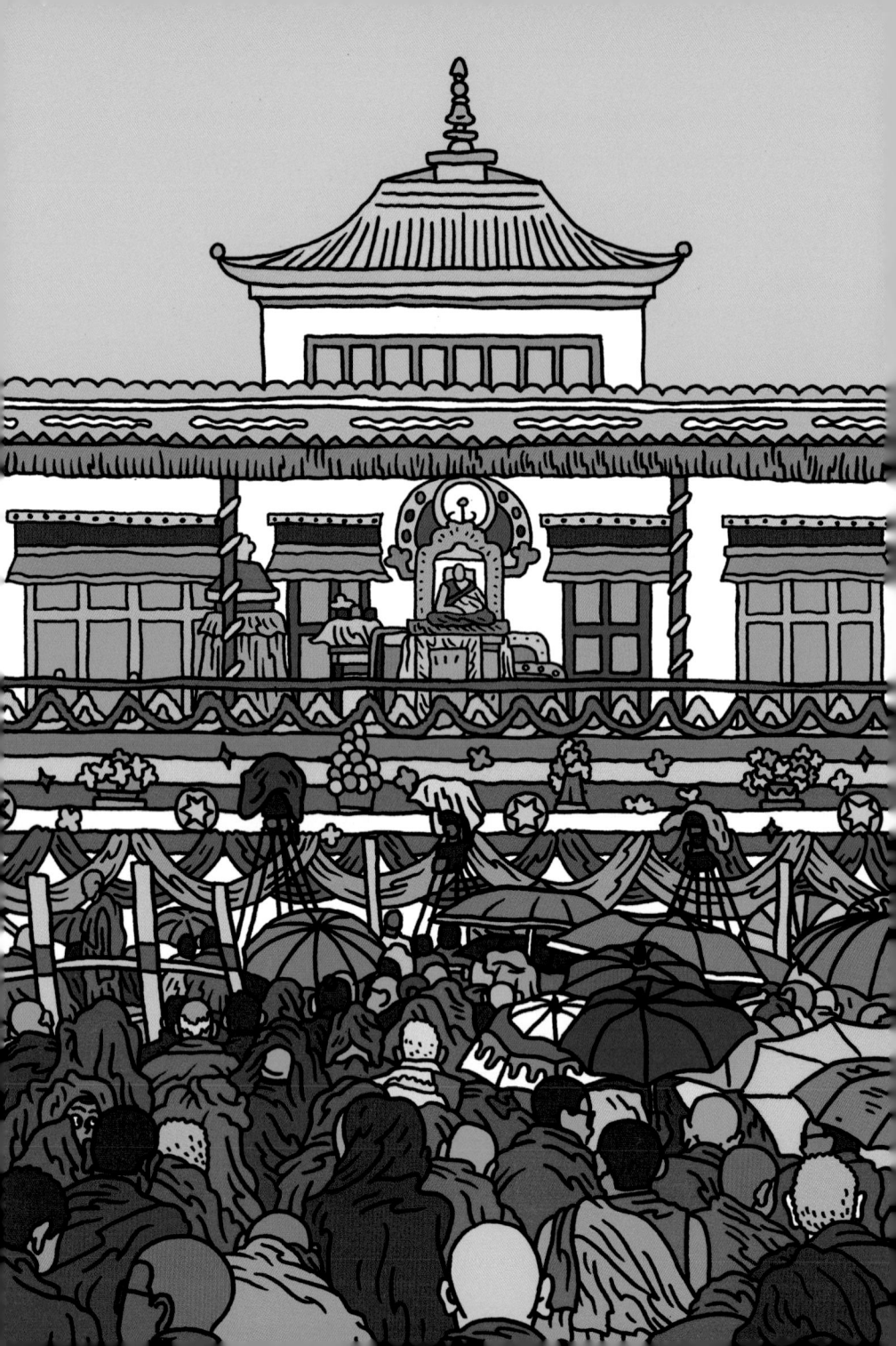

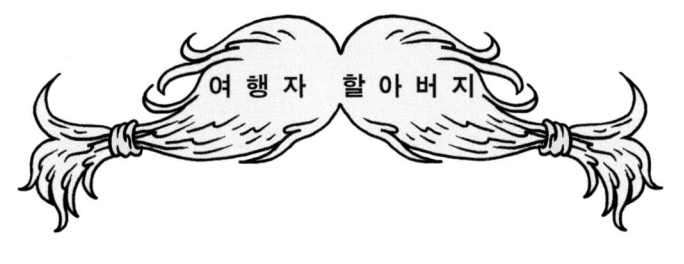

여행자 할아버지

그럼에도 불구하고 스피킹 행사에서 만나게 된 여행자 할아버지는 주변 사람들의 시선이 달라이라마를 향해 있을 때 내 시선을 빼앗은 인물이었다. 그는 내가 바라던 미래의 내 모습에 가까운 사람이었다. 딱 보아도 환갑을 넘긴 나이였고, 얼굴의 반을 가리고 있는 멋진 흰 수염은 그가 이미 오랫동안 여행을 해오고 있었다는 흔적이었다. 허리도 꼿꼿했으며 제법 탄탄한 근육이 '나는 건재하다.'고 말하는 듯했다. 그에게선 굳이 말을 하지 않아도 자연스럽게 사람들의 시선을 끄는 강렬한 에너지가 뿜어져 나왔다. 그의 목에 걸려 있는 가족사진 펜던트는 가족을 소중히 생각하는 마음을 보여주고 있었다.

나는 친구들과 여행 이야기를 할 때마다, 혹은 우리가 30~40년 후의 모습에 대해 이야기를 할 때마다 꾸준한 체력관리와 도전정신으로 자유여행을 할 것이라고 말했었다. 사실 벌써부터 김칫국물을 마시는 감이 있지만 미래의 노년에 여행할 곳들은 지금까지 내가 여행해왔었던 나라들을 재방문한다는 대략적인 계획까지 세워둔 터였다.

이 여행자 할아버지는 미래의 내가 타임머신을 타고 와서 잠시 나와 스친 것만 같은 묘한 착각이 들게 만들었다.

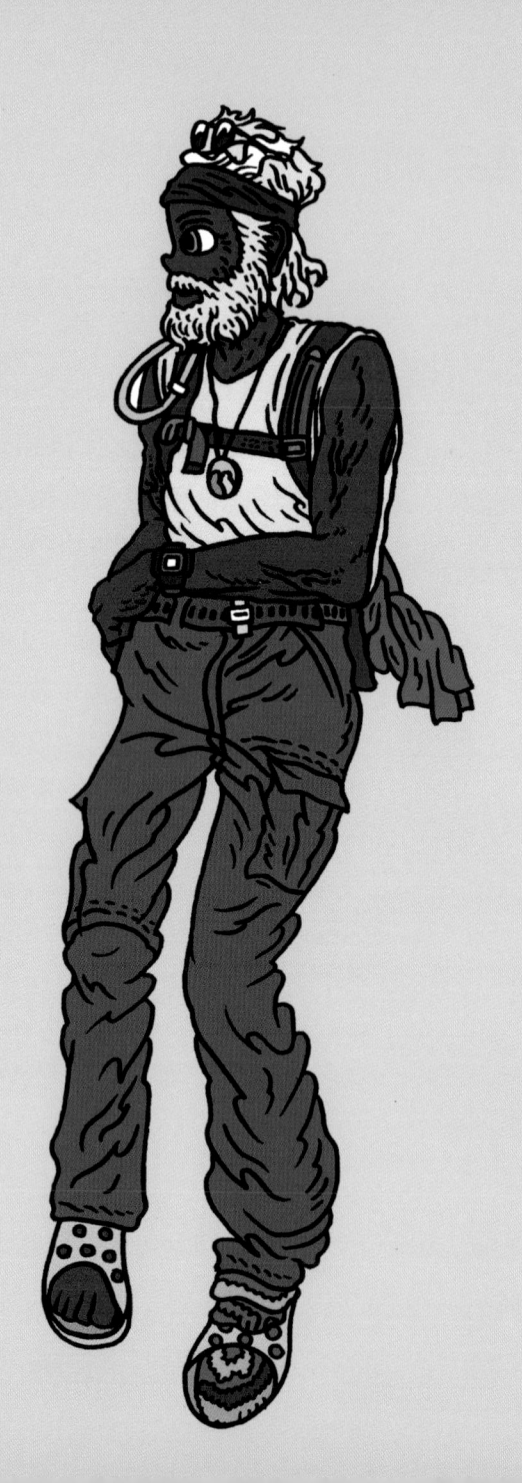

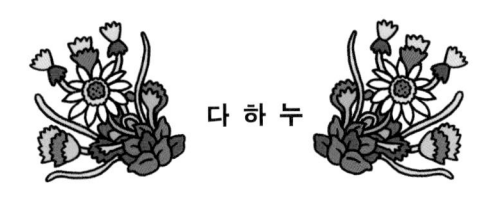

다 하 누

레스토랑에서 생강차와 함께 드로잉을 하는 것이 일상처럼 되어
버렸다. 새로운 친구들을 만나 라다크에 대한 정보공유를 하던
중 일전에 스리나가르에서 만났던 일행들 중 한 명이 말해주었
던 다하누^{Dha Hanu} 지역이 강하게 머릿속을 스쳐지나갔다.

"형, 거긴 리얼 오지예요. 그곳은 글쎄……."

'진짜?' 여행자가 거의 없어 오지의 순수함을 느낄 수 있는
곳이라니. 머리 위에 꽃을 달고 산다는 올드 라다키들의 신비함
까지. 이런 요소들이 판공초, 누브라 밸리를 갔을 때보다도 더욱
강한 호기심을 자극했다. 음식점 직원이나 다른 여행자들에게
다하누에 대해 물어봐도 다들 전혀 모른다는 눈치였다.

당장 정보와 지도를 입수하러 여행사에 들렀는데 내가 들었
던 말은 '그곳에 가는 차편에 대한 정보도, 돌아오는 정보도 없
으니 버스터미널에 가서 알아보라.'는 말뿐이었다. 하긴 그 말이
맞다. 진짜 오지라면 합승 지프를 탈 일도 없겠지. 왜냐하면 아는
사람도 거의 없고, 가는 사람도 없을 테니깐.

버스는 매일 아침 8시 정각에 단 한 차례 출발하며 다하누 까진 9시간 정도가 걸린다고 했다. 돌아오는 차편이나 정류장은 우리도 모르니 가서 현지인들에게 물어보라는 것이 버스터미널 측의 얘기였다.

그리하여 다음 날 아침 8시, 최소한의 짐만 꾸려 나는 다하 누행 버스를 타게 되었다.

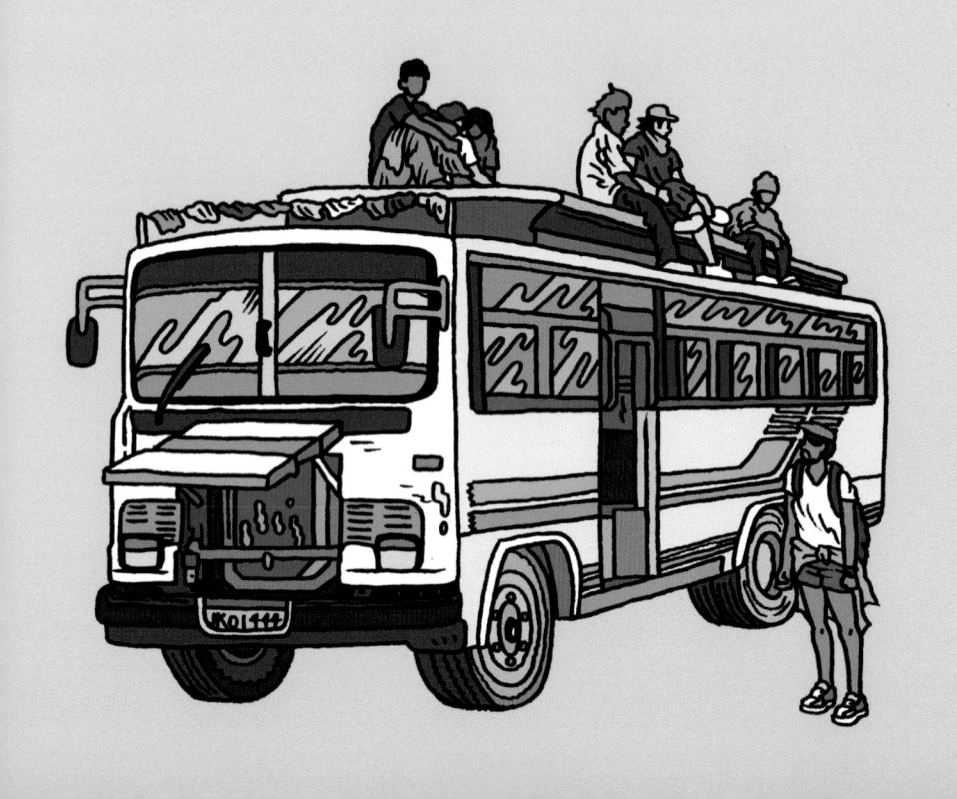

혼 자 가   되 다

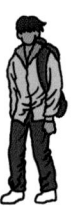

힘차게 출발했던 시작과는 다르게 버스는 처음 4시간을 힘겹게 내달리더니 30분 단위로 긴 정차가 이루어졌다. 아무래도 상태가 좋지 않은 버스 때문이었다. 인도는 장거리를 운행하는 버스나 기차는 항상 상태가 좋지 않았다. 그러려니 하는 수밖에 없었다. 나를 제외한 버스 안의 승객들은 전부 라다키, 인도인들이었는데 버스 지붕에 앉아서 가던 청소년들 외에는 모두 영어 소통이 어려워서 이 지루한 시간을 해소하는 것은 사람들과의 대화가 아니라 배터리 잔량이 얼마 남지 않은 내 MP3와 담배뿐이었다. 덕분에 자주 듣던 앨범의 영어 가사를 모조리 외울 정도가 되었다.

판공초와 누브라 밸리를 방문했을 때는 지프 합승객들이 있어서 서로 친해질 수 있었고, 관심사나 서로의 삶에 대한 대화가 끊이지 않아서 딱히 지루하지 않았다. 그런데 현지 승객들과는 기본적인 의사소통 외에는 말을 할 수 없으니 조금 외로웠다. 라다크를 떠나고 없을 친구들이 생각났다. 그들은 지금쯤 다른 도시로 떠났거나 어쩌면 홍콩이나 일본을 경유해서 인도와는 다른 여행방식을 즐기고 있을지도 모른다. 또 누군가는 아무 일 없었다는 듯이 일상으로 돌아갔을 것이다.

나는 비로소 혼자 여행하고 있다는
느낌이 들었다.

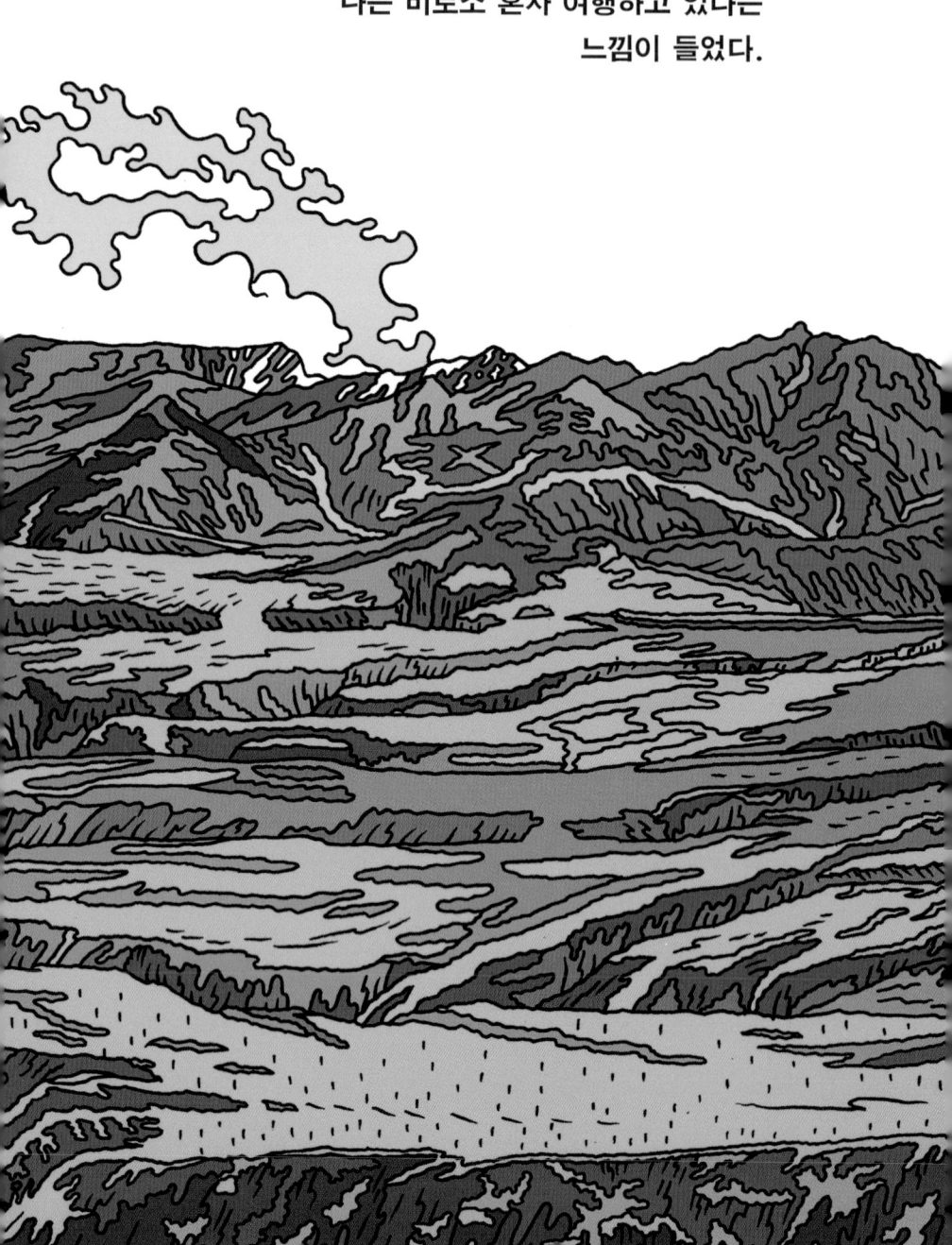

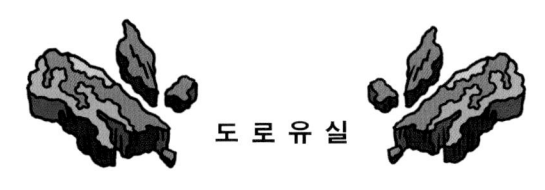

도 로 유 실

많은 사람들이 하차하고 버스엔 나를 비롯해 열댓 명의 승객만 남게 되었다. 드디어 목적지가 가까워졌다고 생각하는 순간 버스가 또 한 번 정차를 했다. 상황이 심각했다. 버스 밖에서 라다키 승객들과 운전수가 서로 언성을 높이며 싸우고 있었다.

"아, 또 뭐야?"

계속되는 더위와 정차 탓에 나도 짜증이 날 대로 난 상태였다. 깜빡하고 비상식량을 챙기지 못한 터라 극심한 배고픔도 함께했다. 버스엔 한국어를 알아들을 사람이 없으므로 마음 놓고 상스러운 욕을 하며 나만의 스트레스를 해소했다.

라다키 청소년들에게 어떻게 된 일이냐고 묻자 그들은 눈앞의 도로가 아리얀 강의 범람으로 인해 유실되었다며 더 이상 버스가 갈 수 없다는 암담한 사실을 말해주었다. 운전수는 승객들에게 단돈 20루피만을 환불해주며 레를 향해 버스를 돌리려 하고 있었다. 다시 라다키 청소년들에게 다하누까지의 거리를 물으니 20km 정도 더 가야 한다고 했다. 이곳은 해발 3,000~4,000m의 고산지대인데다가 눈앞에 펼쳐진 오르막길이 나를 심리적으로 위협했다. 나는 빨리 결정을 해야 했다.

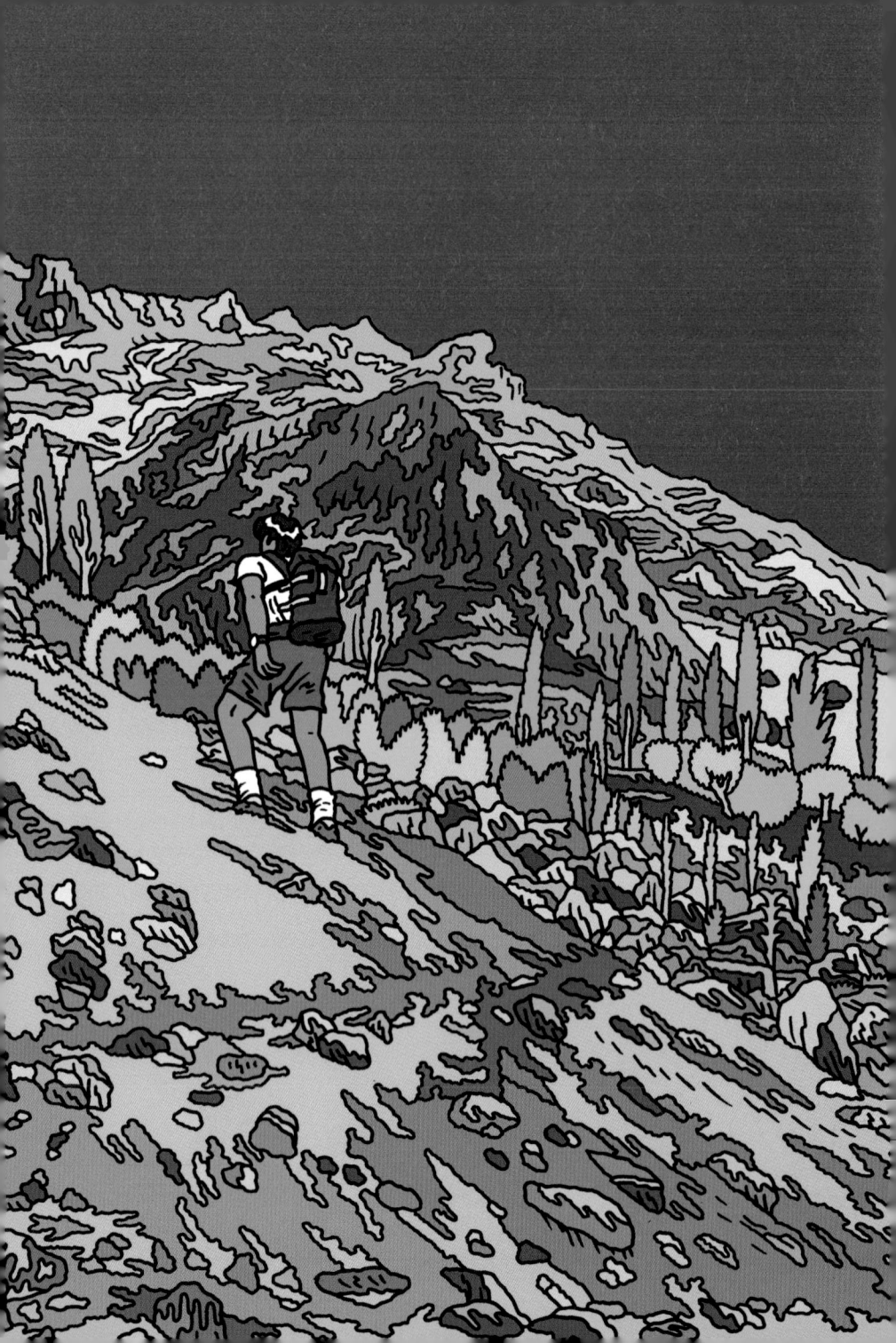

HANU 하누공마 GONGMA

나는 지도에도 안 나오는 오지로 가는 길 위에 떨구어진 상태다. 시간은 오후 4시가 넘어 조금만 더 지체를 했다가는 길 위에서 밤을 맞이할 것이다. 내 뒤로 리턴하는 버스를 타면 다음 날 새벽에 무사히 레로 복귀할 수 있을 것이다. 하지만 여기서 나는 포기하고 싶지 않았다. 아니, 포기라기보다는 이 황당한 상황에 대해 또 한 번 오기가 발동하였다. 이미 걸어가는 사람들이 눈에 들어왔다. 체력적으로 자신 있었던 나는 설마 어떻게 될 것이냐 하는 마음도 들었다. 이런 상황은 내가 앞으로 여행하면서 나올 돌발상황 중의 하나일 것이다. 때문에 내가 레로 돌아가는 버스를 탄다면 분명 후회하게 될 것이다.

버스 운전수에게 잘 가라고 인사하고 앞서간 라다키 청소년들의 뒤를 따르게 되었다. 강이 흐르는 외나무다리도 건너고 그들과 짧은 대화를 나누면서 그렇게 5km 정도를 걸었다. 그들은 총 5명이었는데 알고 보니 라다크인이 아니라 카트만두에서 온

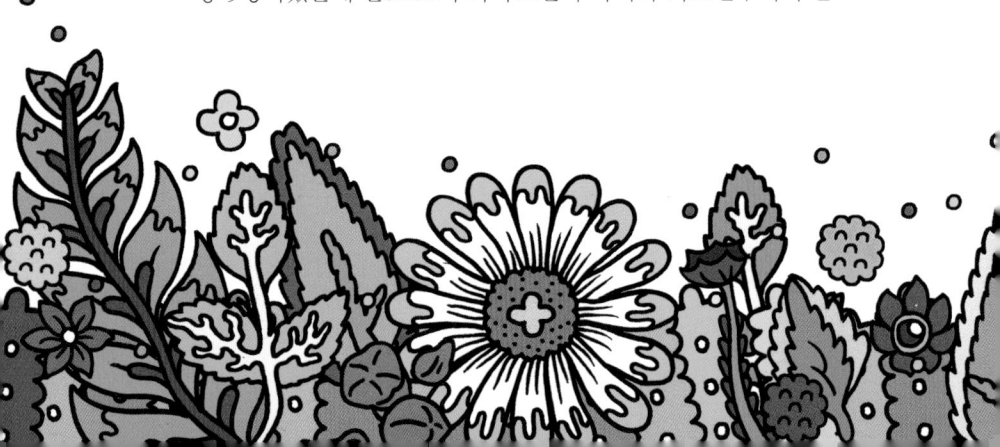

네팔 아이들이었다. 그런데 이 아이들의 패션이 압권이었다. 우리나라에선 10~15년 전에 유행했던 세미힙합 패션에 별 이상한 액세서리를 단 모습이 이곳에서는 꽤나 최신 유행처럼 생각되는 듯했다. 내가 보기엔 그냥 촌스러움의 끝이었건만 자신들의 옷차림이 어떠냐고 묻자 나는 그저 "굿! 뻐킹 어썸!"이라는 영혼 없는 대답을 할 수밖에 없었다.

언뜻 보면 우리는 꽤 친해진 것처럼 보일 수도 있지만, 나는 마음속으로 그들을 철저히 경계하고 있었다. 왜냐하면 이곳에 외부인이라곤 나밖에 없었다. 그야말로 이 청소년들이 내 가방 안의 카메라나 지갑을 탐낸다면 나를 생매장시킬 수도 있는 곳이었기 때문이다. 내 눈치를 보며 자기들끼리 네팔어로 속삭이는 행동이 점점 불편했다. 만약 이들이 단체로 나를 공격한다면 나는 이 5명의 청소년들을 당해낼 재간이 없을 것이다. 해가 저물어 가고 있었다. 걷다 보니 고산증과 갈증이 나를 괴롭혔다. 고산지대에서 쉬지 않고 이렇게 오래 걸은 것이 처음이었다. 레에서 지내는 동안 이제는 고산증에 적응되었다고 생각했던 것은 착각이었다.

네팔 청소년들이 내 몸 상태를 물으며, 가방 속에서 살구 몇 개를 꺼내주었고, 자신들의 생수를 나누어 주었다. 살구는 고산

증세 극복에 도움이 되는 열매다. 라다크 지방에 살구나무가 많은데 맛있다고 마구 따먹는 것은 추천하지 않는다. 부작용으로 지독한 설사병이 찾아오기 때문이다.

다행히도 살구와 물을 먹으니 이내 갈증과 고산증세가 완화되었다. 그들에 대한 경계심을 겉으로 표현하지 않았지만 왠지 미안한 마음이 들었다. 몸 상태가 좋아지니 경계심 또한 자연스럽게 풀리는 기분이었다. 내가 처한 상황 때문이 아니라 나쁜 컨디션에 무의식적으로 발생하는 경계심이었나 보다.

다하누는 마을 이름이 아니라 라다크 내의 지역 명칭이라고 한다. 다Dha와 하누Hanu라는 큰 지역 아래 하누공마, 하누욕마, 하누탕, 다피마(가르혼)라는 마을들로 나뉘어져 있다고 했는데, 문제는 내가 생각했던 이미지의 마을이 어느 곳인지 모르겠다는 점이었다. 하누탕에 도착하자 이제야 사람들이 모여 있는 마을다운 풍경이 나타났다. 판공초나 투르툭 마을에서 만났던 꼬마들은 대부분 내 카메라에 찍히는 걸 신기해하며 장난스럽게 다가왔다. 그런데 이곳은 얼마나 외부인의 출입이 없었는지 피부색과 옷차림, 눈동자 색깔이 다른 내 존재 자체를 신기해했다. 그러면서 수줍게 어른들의 다리 뒤로 숨어 나를 주시하고 있었다. 마치 외계인을 대하는 듯한 태도였다.

마을 주민들은 영어를 모르는 터라 할 수 없이 온갖 손짓발
짓을 하고, 수첩에 그림을 그려서 올드 라다키가 살고 있는 마
을을 수소문했다. 결국 한 트럭 운전수에게서 하누공마와 가르
혼에 머리에 꽃을 장식하고 살아가는 올드 라다키가 있다는 정
보를 얻게 되었다. 하지만 이제 곧 불빛이라곤 없는 깜깜한 밤이
될 것이다. 설상가상으로 이 트럭 운전수는 하누공마를 가고 싶
지 않느냐면서 나를 꼬드겼다. 물론 이 운전수가 원하는 것은 외
부인의 돈이었다. 그것도 400루피라니! 다하누에 와서 만난, 나
를 호구로 만든 첫 번째 라다크인이었다. 할 수 없이 400루피라
는 거금을 쥐어주고 나는 도로유실 후 하누탕까지 짧은 동행을
했던 네팔 청소년들과 이별했다. 오지에서 맞는 첫 번째 밤이 주
었던 두려움과 설렘, 올드 라다키들에 대한 환상이 머릿속을 맴
돌고 있었다.

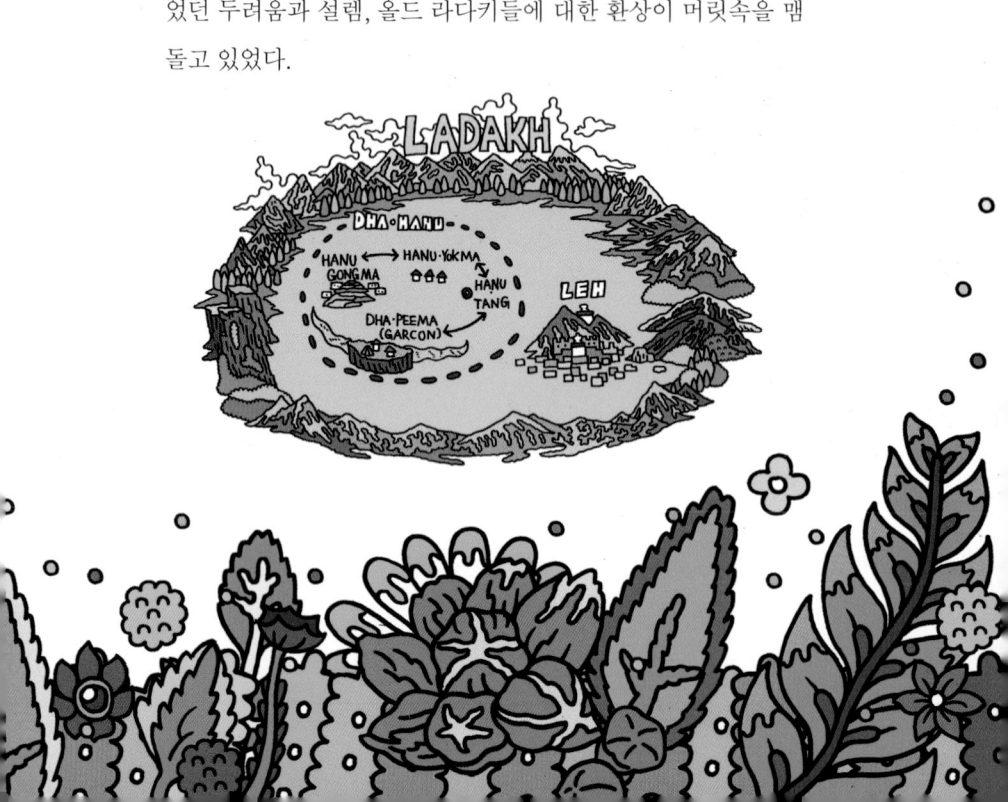

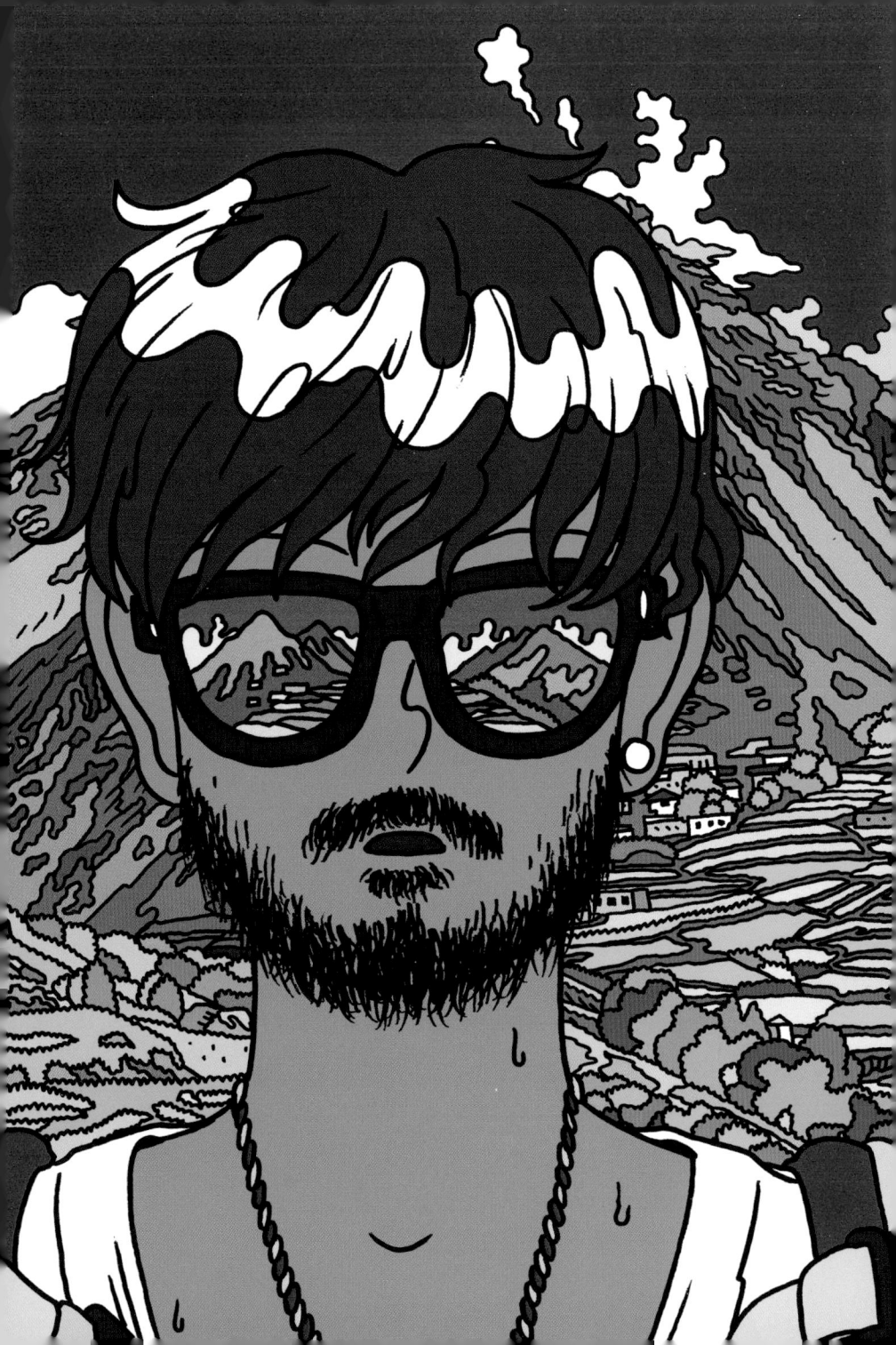

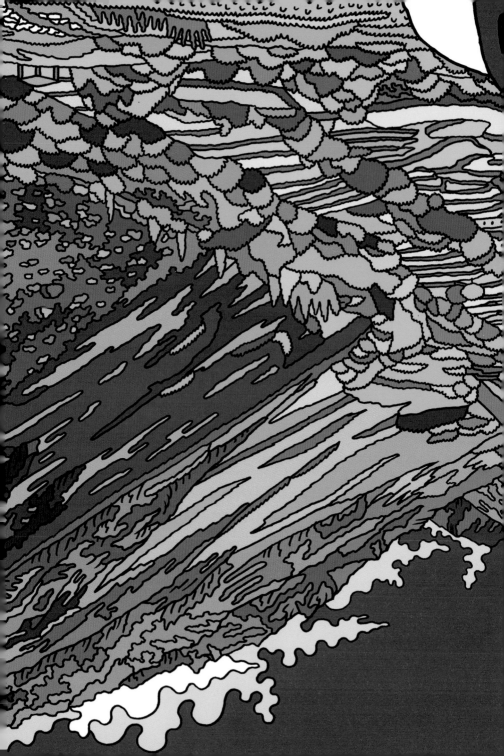

 초 대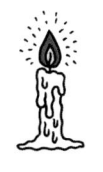

트럭에서 내리자 아이들은 물론 어른들까지도 신기해하며 나에게 몰려들었다. '이제 정말 깊은 곳까지 왔구나!'라는 생각이 들었다. 이곳엔 정말 여행자라곤 나 외엔 아무도 없었다. 물론 말도 통하지 않았다. 정말 소문대로 꽃 장식을 달고 다니는 올드 라다키들이 눈에 들어왔다. 신기한 것은, 이들은 지금까지 봐왔던 인도 사람들이나 라다크인들과는 다른 얼굴을 하고 있었다. 인도 북부의 라다크나 티베트, 네팔 사람도 아닌 그들은 '아리안' 민족이라 한다. 나중에 들어본 이야기에 의하면 과거 아리안족이 라다크 지역에 터를 잡고 살아왔으나 라다크를 침략한 티베트인들에 의해 많은 아리안들이 북부 외곽으로 쫓겨났다. 현재의 라다크인들은 거의 티베트인들의 피가 흐르고 있다고 한다. 자신들의 안방도 빼앗기고 이런 외곽 오지에서 조용하게 살아가는 그들이 왠지 안쓰럽게 느껴졌다.

그들 중 한 명이 친히 자신의 집에서 자고 가라며 즉석 초대를 했다. 솔직히 맛은 별로였지만 그래도 푸짐한 저녁상을 대접받았다. 몹시 배가 고팠던 내게 맛은 별로 중요하지 않았다. 그들 가족은 게걸스럽게 음식을 먹는 내 모습을 킥킥거리면서 구경했다. 그들의 따뜻한 마음이 느껴지는 저녁이었다.

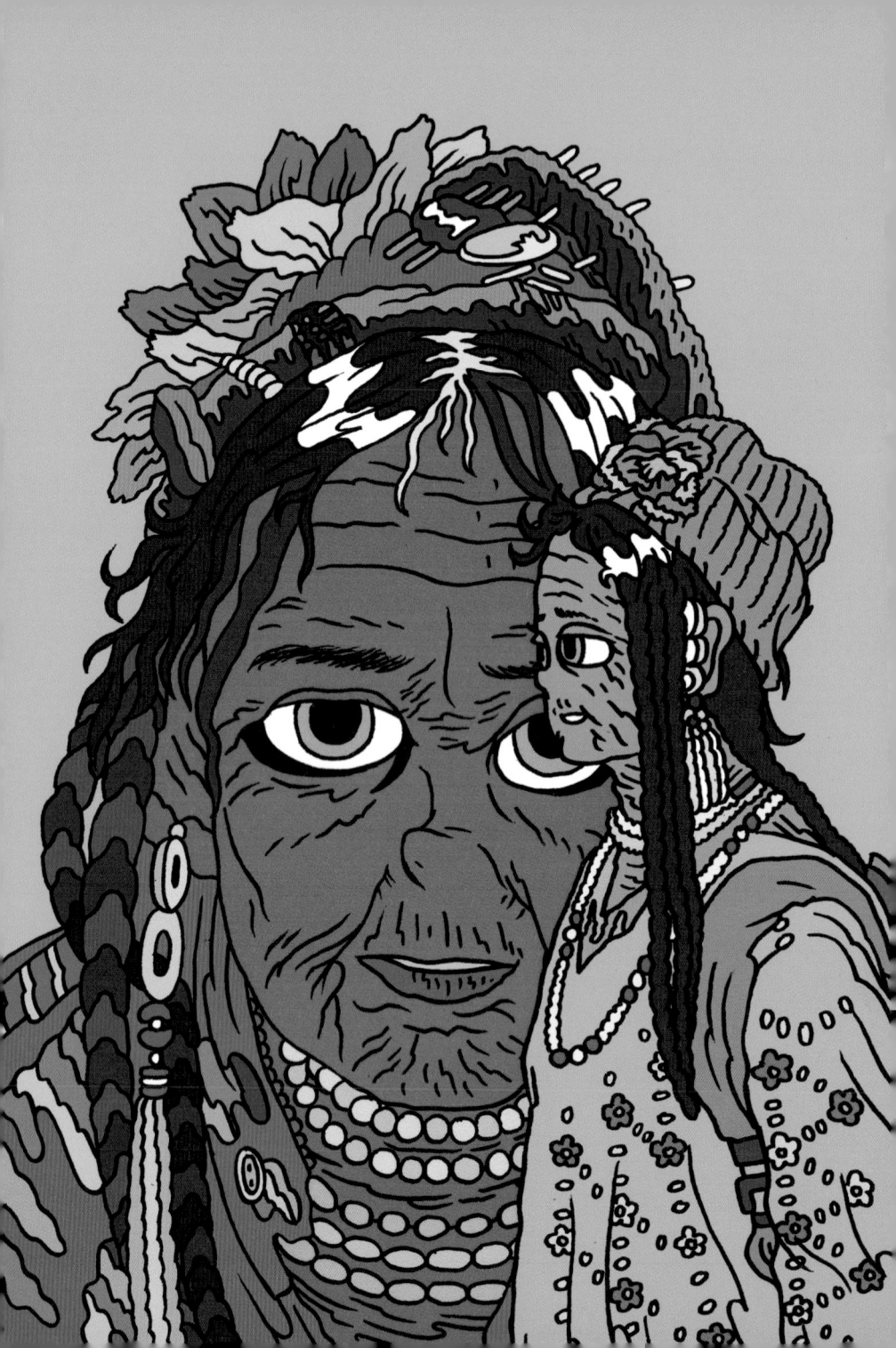

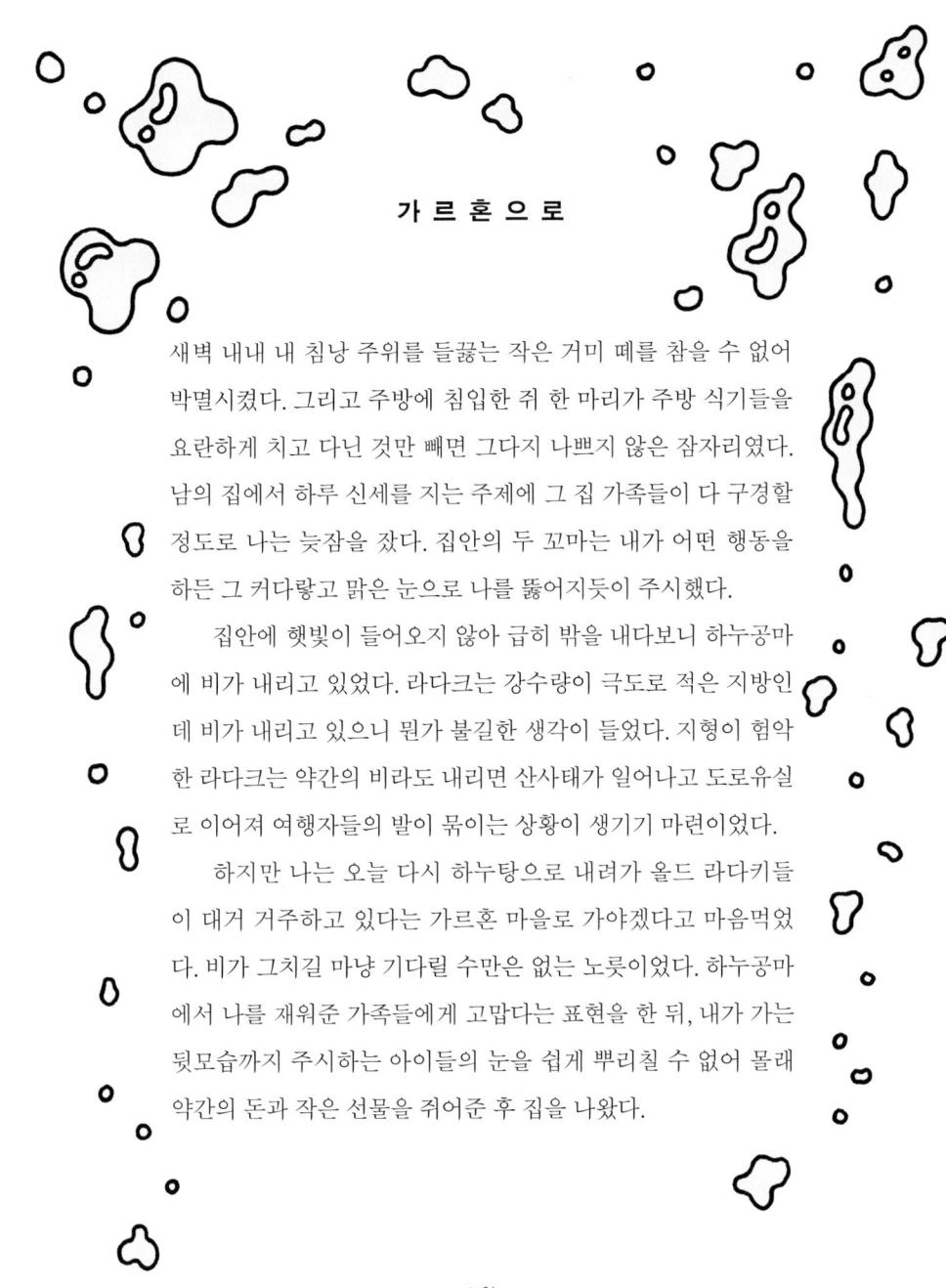

가 르 혼 으 로

새벽 내내 내 침낭 주위를 들끓는 작은 거미 떼를 참을 수 없어
박멸시켰다. 그리고 주방에 침입한 쥐 한 마리가 주방 식기들을
요란하게 치고 다닌 것만 빼면 그다지 나쁘지 않은 잠자리였다.
남의 집에서 하루 신세를 지는 주제에 그 집 가족들이 다 구경할
정도로 나는 늦잠을 잤다. 집안의 두 꼬마는 내가 어떤 행동을
하든 그 커다랗고 맑은 눈으로 나를 뚫어지듯이 주시했다.

집안에 햇빛이 들어오지 않아 급히 밖을 내다보니 하누공마
에 비가 내리고 있었다. 라다크는 강수량이 극도로 적은 지방인
데 비가 내리고 있으니 뭔가 불길한 생각이 들었다. 지형이 험악
한 라다크는 약간의 비라도 내리면 산사태가 일어나고 도로유실
로 이어져 여행자들의 발이 묶이는 상황이 생기기 마련이었다.

하지만 나는 오늘 다시 하누탕으로 내려가 올드 라다키들
이 대거 거주하고 있다는 가르혼 마을로 가야겠다고 마음먹었
다. 비가 그치길 마냥 기다릴 수만은 없는 노릇이었다. 하누공마
에서 나를 재워준 가족들에게 고맙다는 표현을 한 뒤, 내가 가는
뒷모습까지 주시하는 아이들의 눈을 쉽게 뿌리칠 수 없어 몰래
약간의 돈과 작은 선물을 쥐어준 후 집을 나왔다.

다시 하누탕까지 20km,
만만치 않을 것이란 생각에 수통에 물도 채우고
일부러 신나는 음악도 들으며 애써 씩씩한 척했다.

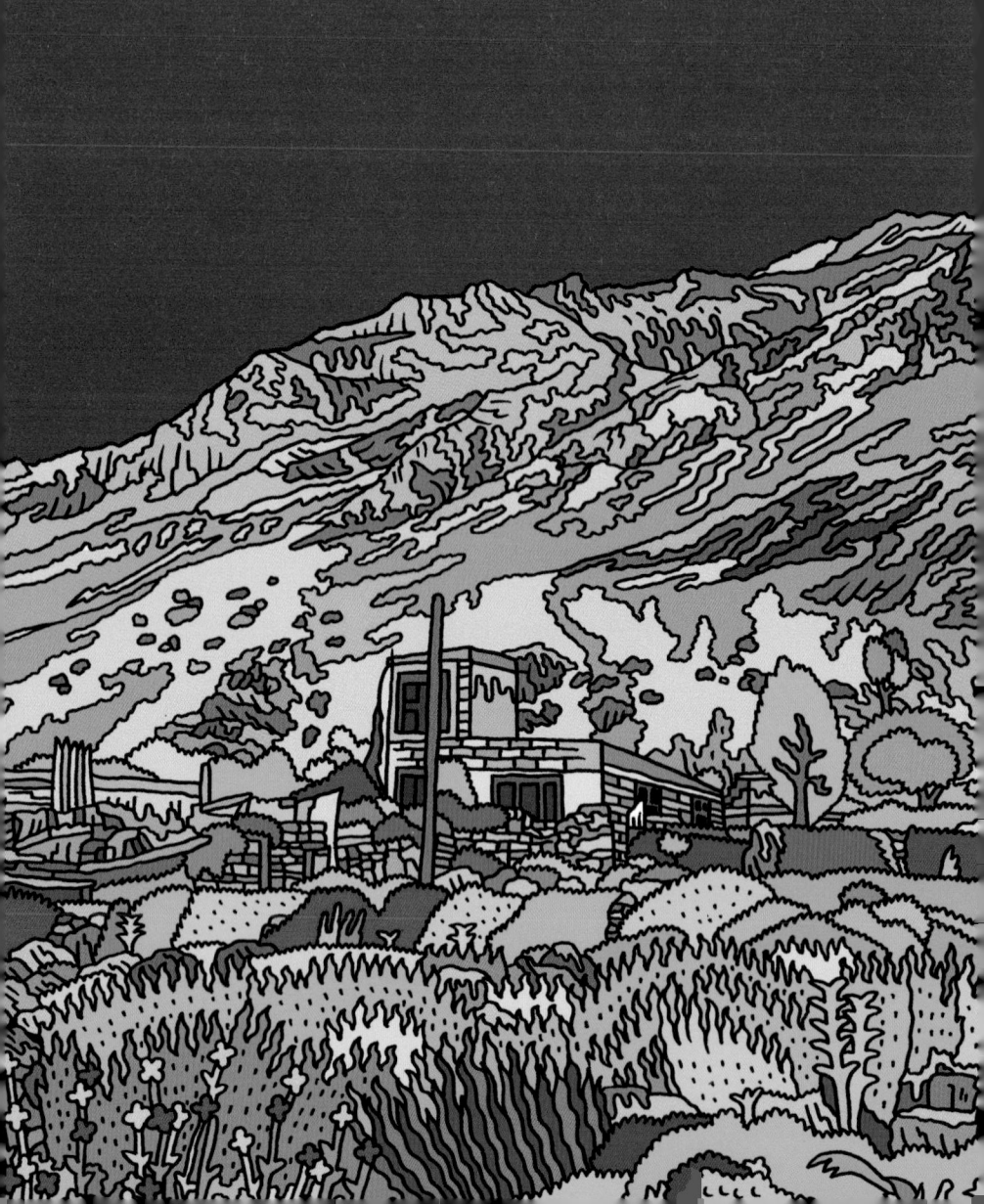

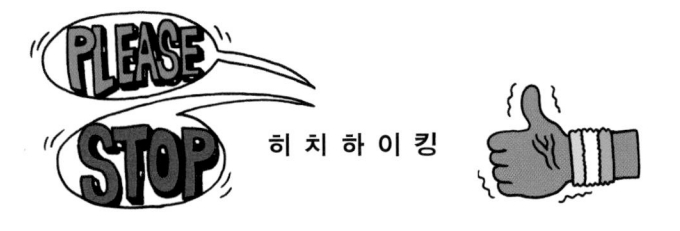

히 치 하 이 킹

겨우 5km여를 걸었을 뿐인데 내 체력은 빠르게 닳고 있었다. 고산지대에서 배낭을 메고 걷는 일은 생각보다 쉬운 일이 아니었다. 계속 같은 풍경들만 되풀이 되었고, 길을 지나는 흔한 자동차 한 대 없었다. 어쩌면 길도 모르는 이 상태로 계속 가야만 한다는 사실에 심리적인 부담감까지 나를 덮쳐왔다. 음악도 별 소용이 없었다. 오히려 이런 상황에서 음악을 들으니 짜증이 났다. 몸보다도 마음이 더 흔들리는 순간이었다.

자포자기의 심정으로 근처에 있던 작은 종각의 처마 밑에 앉았다. 무슨 대단한 것을 보려고 이 고생을 하며 홀로 여기까지 왔나 하는 생각이 들었다. 잠시 멍 하니 앉아 있노라니 저 멀리서 트럭이 달려오고 있었다. 나는 있는 힘껏 엄지를 추켜들어 트럭을 세웠다. 히치하이킹에 성공한 건 정말 엄청난 행운이었다. 트럭에 탄 뒤 하누탕까지의 거리와 지형을 보니 비교적 트럭을 타기 전까지의 길은 평탄한 편이었다. 만약에 하누탕까지 계속 걸었다면 어땠을까? 아마 급경사의 언덕과 더 많은 거리를 홀로 걸으며 더 큰 내 안의 함정에 빠졌을 것이다.

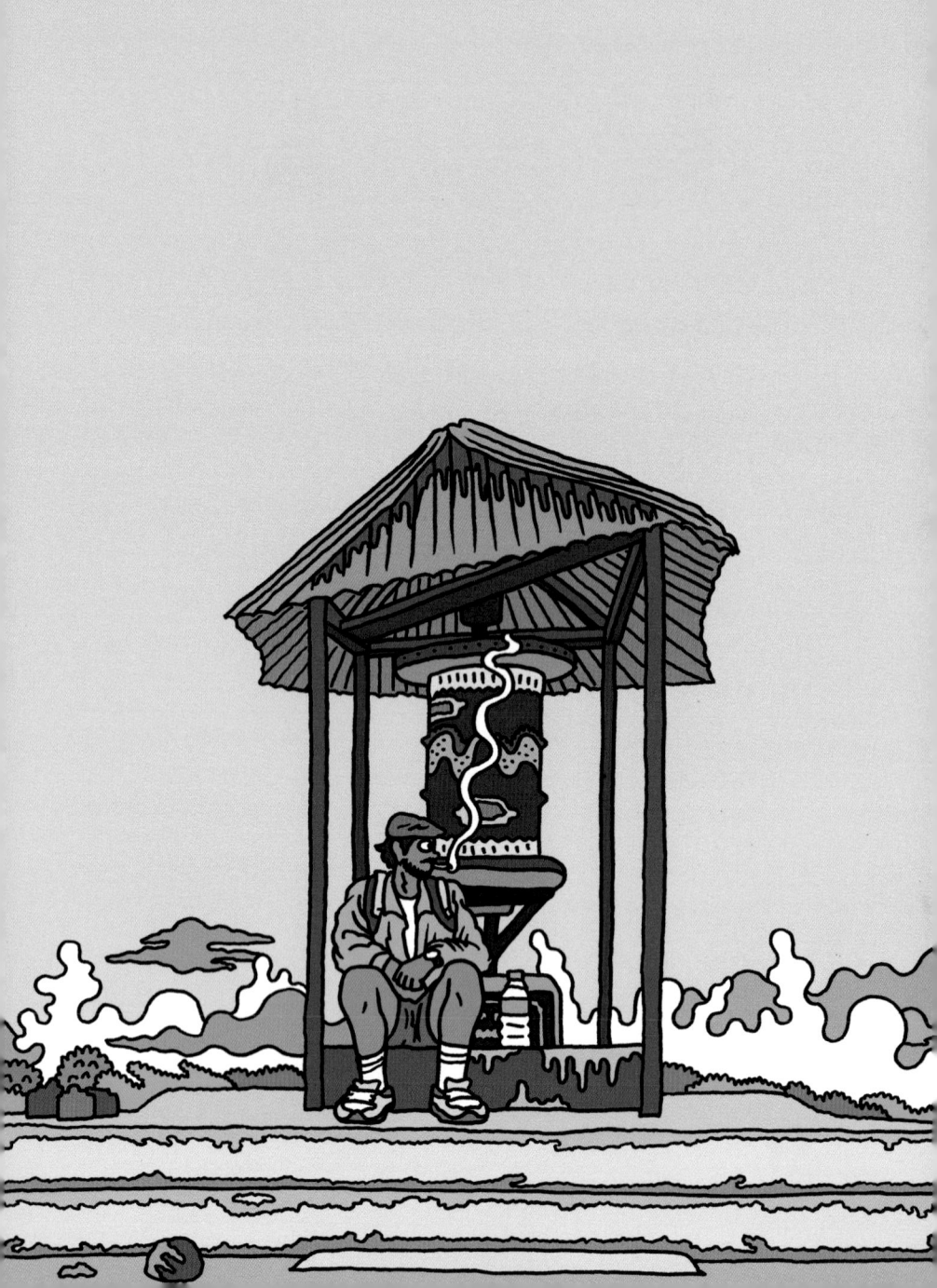

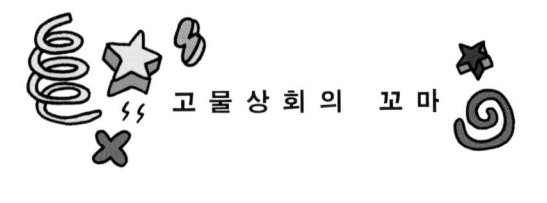

고물상회의 꼬마

하누탕에 도착하자 부슬부슬 내리던 빗줄기는 점점 거세게 변했다. 허기에 지친 나는 고물상회처럼 보이는 어느 상점으로 몸을 피했다. 상점은 대충 봐도 3~4평 남짓할 정도로 너무 작았는데 정리가 안 된 생활용품과 과일, 먼지가 가득 쌓인 과자 박스가 안 그래도 좁은 공간을 더 좁게 만들었다. 초등학생 정도로 보이는 꼬마가 만화책을 보며 홀로 상점을 지키고 있었다. 내가 들어가자 아이가 화들짝 놀랐다. 먹을 게 라면밖에 없을 듯싶어 꼬마에게 고갯짓을 하며 매기 라면 2개를 주문했다. 그 말을 듣더니 꼬마는 번개와 같은 속도로 라면을 끓여 주었다. 쏟아지는 비를 감상하면서 먹는 면 요리는 나름대로 운치가 있었다.

식사를 마친 후 100루피를 꺼내며 계산을 하려 하자 꼬마는 50루피를 불렀다. 보통 다른 지역에서도 개당 20~25루피 정도 하는 매기 라면이었다. 돈을 지불하려는 찰나 꼬마의 할머니로 추정되는 노파가 들어오며 아이의 뒤통수를 때리며 화를 냈다. 나는 놀라 어안이 벙벙해졌다. 할머니는 나에게 70루피를 거슬러 주셨다. 꼬마는 이런 식으로 외부인에게 몰래 자신만의 용돈을 챙기고 있었던 것이다.

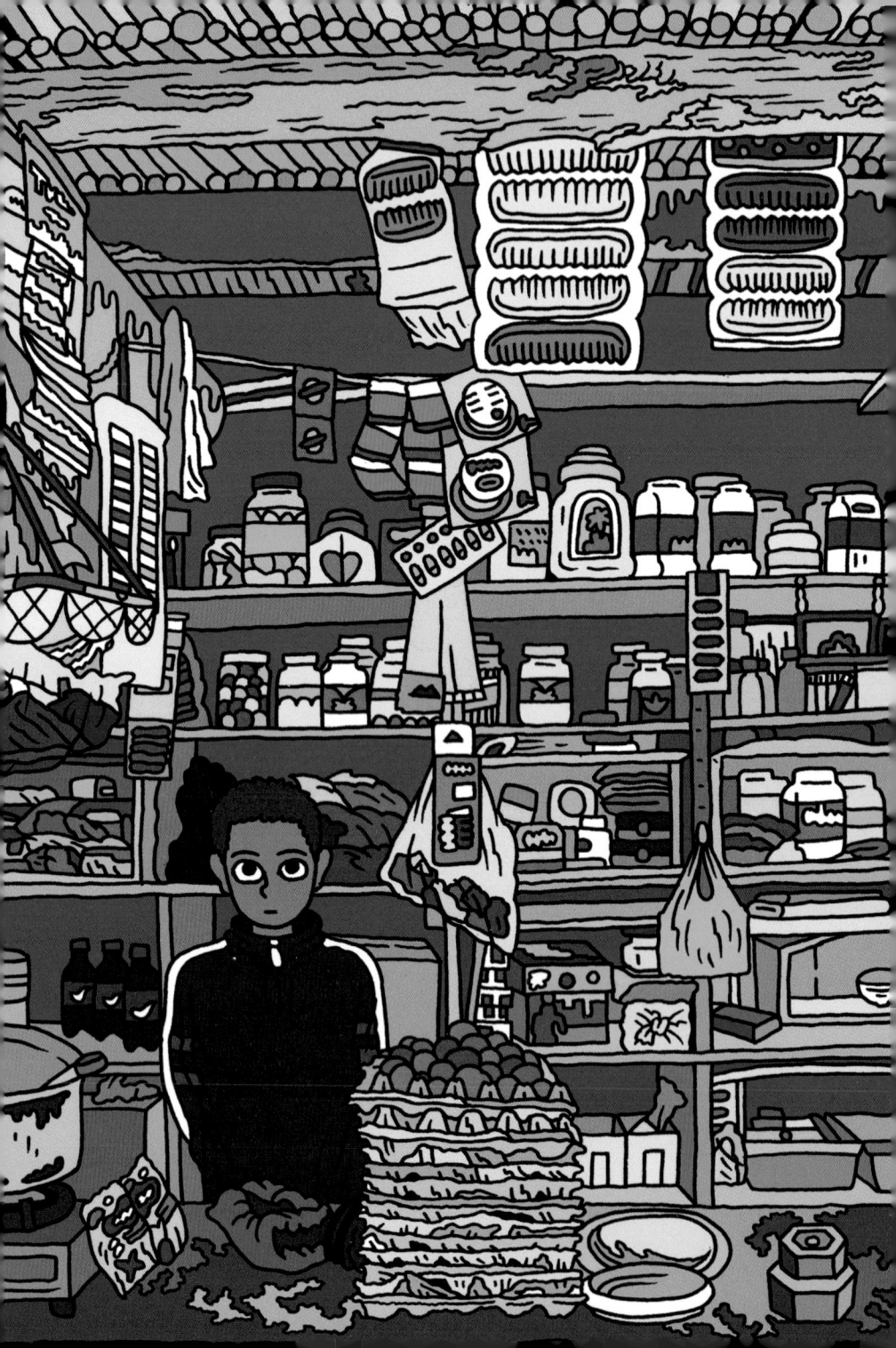

어쩐지 빛의 속도로 라면을 끓이더라니! 내가 라면을 먹는
동안 얼마나 속이 탔을까.

꼬마를 보니 어릴 적 동생과 함께 아버지의 양복주머니에서
돈을 빼내 레고를 사고 군것질을 했다가 결국 발각되어 반나절
동안 매를 맞았던 기억이 났다. 꼬마 녀석은 상점 한켠에 쪼그리
고 앉아 닭똥 같은 눈물을 흘리며 설거지를 하고 있었다.

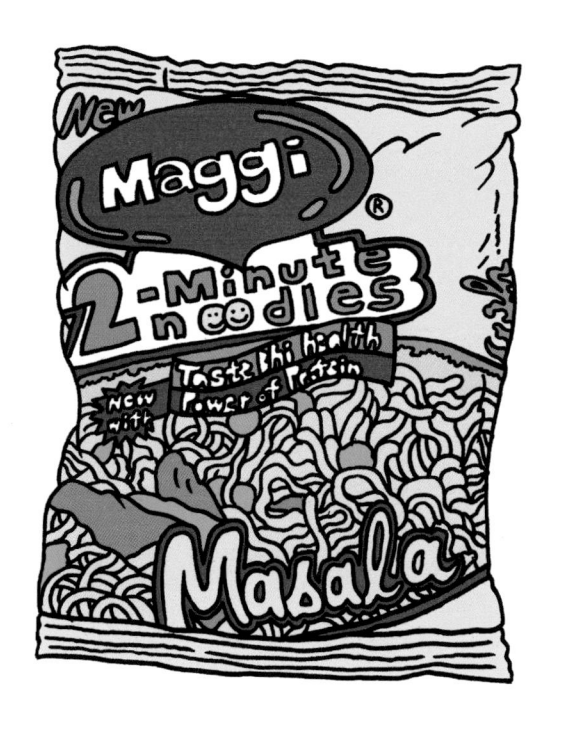

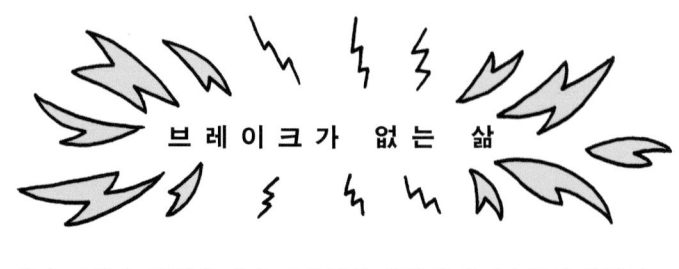

브레이크가 없는 삶

비가 그쳤다. 라면을 먹은 고물상회 옆방엔 운전수들이 심각한 표정으로 돈을 걸고 카드게임을 하고 있었다. 나는 그들 중 가르혼 마을로의 중간 휴게소까지 태워줄 수 있다는 어느 운전수의 차를 얻어 타고 또 한 번의 히치하이킹을 하게 되었다. 만약 여행에도 기술이라는 것이 있다면, 단언컨대 히치하이킹은 가장 불확실하며 스릴 넘치는 기술이 아닐까 싶다.

휴게소에 도착한 뒤 놀라우면서도 반가운 것은, 어제 다하누 버스에서 만났던 네팔 청소년들을 만났다는 것이다. 그들은 나를 알아보며 반갑게 인사를 해주었다. 또한 여름마다 이곳에 와서 친구들을 돕다가 겨울이 되면 네팔로 돌아간다고 했다. 상상할 수 없는 일이다. 분명 비행기도 아니고 버스와 기차로 수십 시간 걸려 오고갈 텐데…… 이 친구들은 서로에게 의지하며 필사적으로 청소년기를 보내고 있는 것이다.

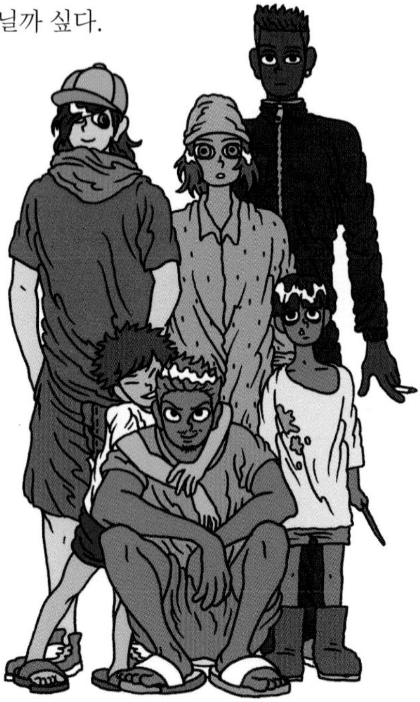

하지만 왜 이들은 인도, 그것도 인도에서 최북단 오지인 이곳을 선택한 걸까?

휴게소 식당엔 그들 5명 외에도 동생과 형뻘로 보이는 녀석들이 각각 2명씩 더 있었다. 형뻘인 녀석들은 주로 동생들을 관리하고 별로 하는 일 없는 한량과도 같았다. 주로 돈 계산과 이곳에 들르는 운전수나 현지 손님들에게 말 상대나 하는 정도였다. 또한 가난에서 오는 삶의 스트레스를 이곳에 들르는 운전수나 아주 가끔씩 오는 나 같은 여행자들에게 바가지를 씌우며 악착같이 사는 듯 보였다.

이곳에서 간단히 끼니를 해결한 후 다피마 마을로 들어가기 위해 옆 테이블의 운전수들에게 차를 얻어 타려 했지만 모두 거절하였다. 이동수단이 절실해 보였던 내게 맏이뻘인 녀석이 다가와 제안했다.

"내게 차가 있으니 원한다면 250루피(약 6천원)에 태워줄게. 거기까진 10km지만 대부분 오르막길이라서 걸어서 가기엔 힘들 거야."

이곳의 지도도, 어떠한 정보도 없는 나는 어쩔 수 없이 250루피를 주고 그들의 허름한 차를 탔다. 차 상태는 말로 표현할 수 없었다. 아니, 이 녀석들이 더 가관이었다. 하도 고물차라 주행 1km마다 엔진이 꺼져버렸다. 그러면 뒷좌석에 있는 녀석이 엔진을 회생시키기 위해 직접 입으로 엔진오일이 통하는 호스를 물고 바람을 불어넣었다. 초등학생 정도 나이대의 두 꼬마들은

급히 차에서 내려 괴성을 지르며 힘껏 차를 밀었다. 그래서 겨우 차가 출발하게 되면 브레이크 한번 안 밟고 그 좁은 협곡을 빠르게 통과해 나갔는데 내 창가 밑엔 바로 절벽길이 계속되었다. 운전하던 맏형의 표정을 보면 악에 받쳐 행동하는 것이 이미 습관이 되어버린 듯했다. 8번 정도의 재시동을 경험한 후에야 목적지인 다피마에 도착하게 되었는데 나중에서야 알게 된 충격적인 사실은 그들의 차엔 브레이크가 없었다는 것이다. 마치 브레이크가 없을 것만 같던 그들의 삶처럼 말이다.

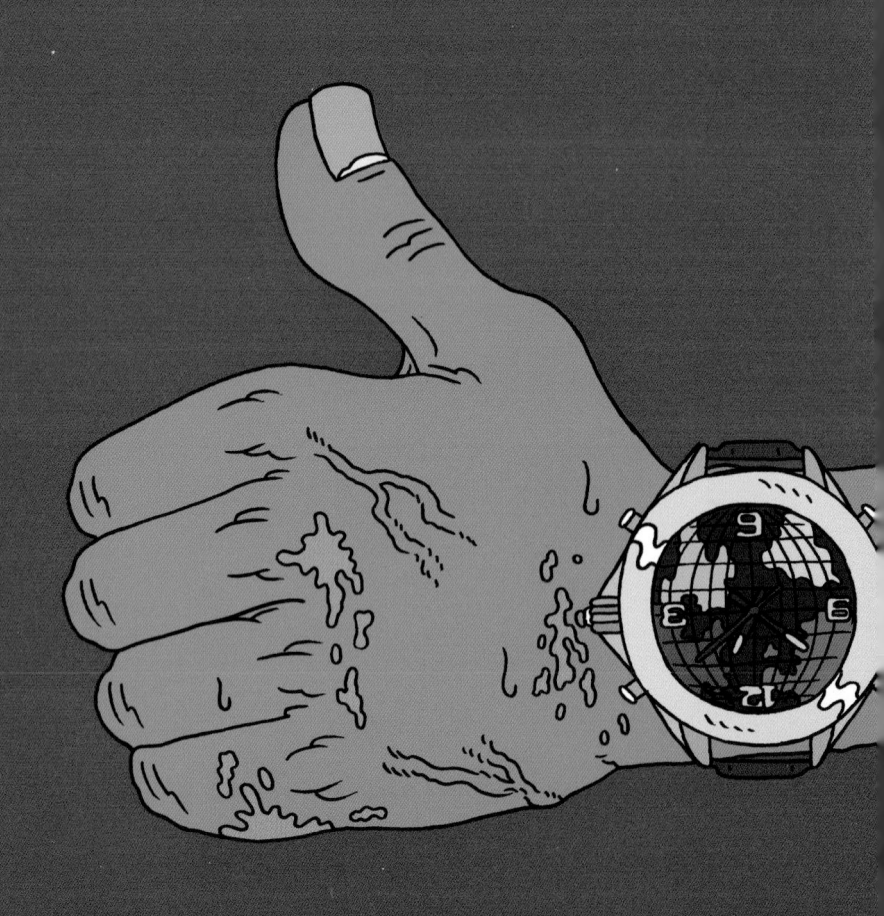

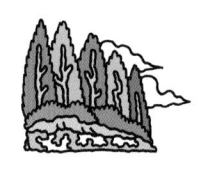 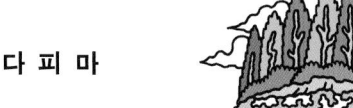 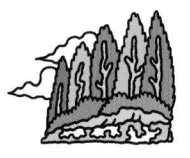

다 피 마

결국 해가 지기 전 다피마 마을에 도착했다. 내가 지나왔던 어느 마을보다도 조용하고 평화로웠다. 그리고 정말로 머리에 화려한 꽃 장식을 하고 다니는 올드 라다키들이 살고 있었다. 고지대에 위치한 마을 아래에는 아리얀 강이 흐르고 있었다. 올드 라다키들 중 일부 노인들은 카메라를 들고 있는 내 앞에서 피리를 멋들어지게 불다가도 내가 사진촬영을 한 뒤, 떠나려 하면 금세 엄지와 검지를 비벼가며 돈을 요구해왔다. 한 마을 주민이 말하길, 예전에 다큐멘터리 촬영 팀이 이곳을 찾은 사례가 있었는데, 그때 촬영에 응해주고 돈을 받아서 이런 버릇이 생긴 올드 라다키들이 더러 있다고 했다. 그러면서도 절대 모든 올드 라다키가 다 이렇진 않다며, 자신들만의 순수함을 간직하고 있다고 강조했다.

하누공마 마을과 마찬가지로 처음엔 나를 경계했으나, 내가 먼저 "줄레?"라고 말하며 인사하면, 곧바로 웃음꽃이 피며 "줄레!"로 답해주었다.

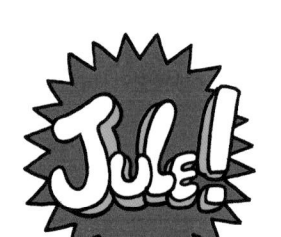

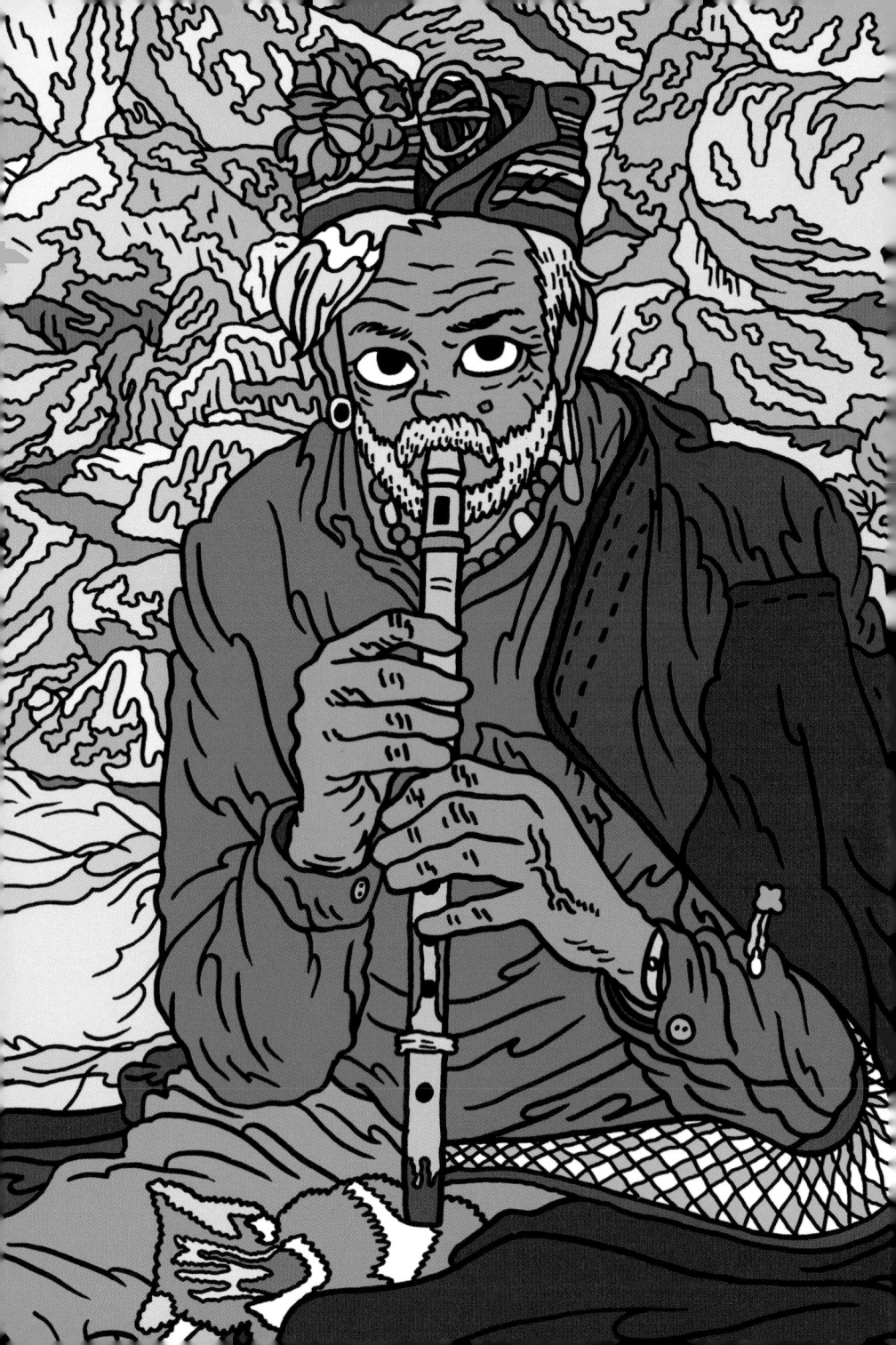

이제야 짧게 설명하지만 라다크어로 '안녕하세요'의 뜻인
'줄레'는 적어도 라다크 내에서는 '하이'라는 말보단 많이
쓰이는 인사말이다. 나도 언제부턴가 영어를 안 쓰게 되었고,
외국 여행자들을 만나면 줄레로 시작했다가
영어로 대화를 하는 방식의 소통에 익숙해져 갔다.

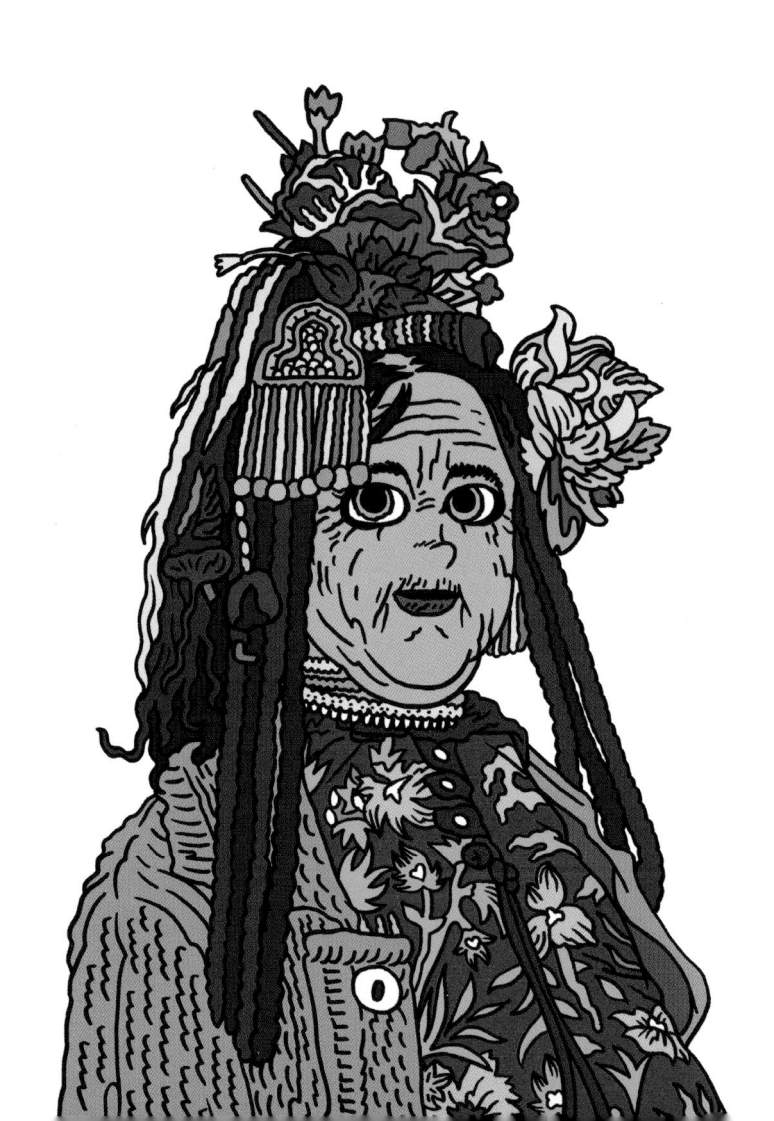

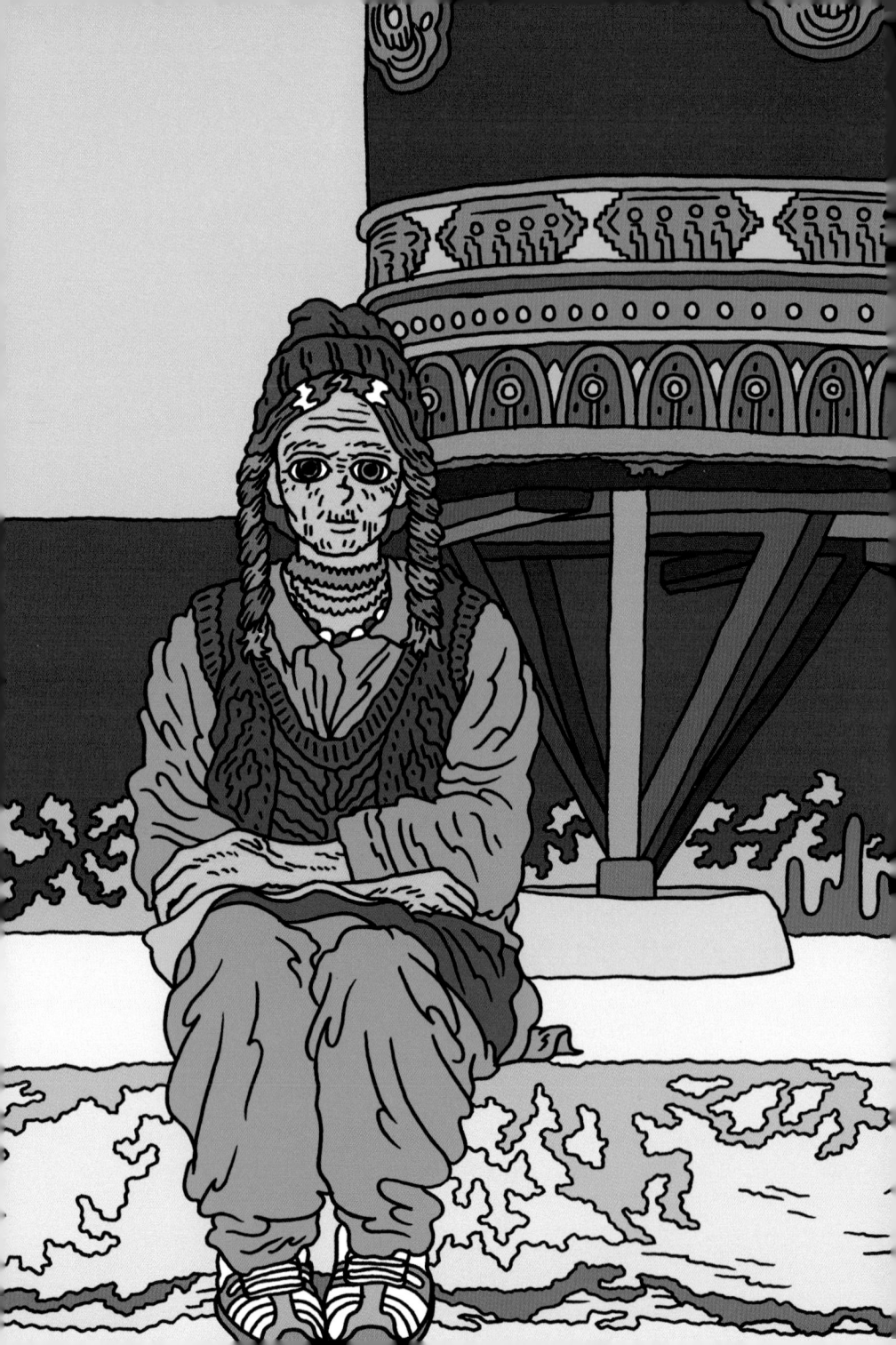

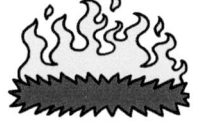 열 정

누군가는 미래에 과거 자기가 했던 결과물이나 행적을 보며 느낄 법한 부끄러움 때문에라도 잘해야 한다고 하지만, 생각해 보면 꼭 그렇지도 않은 것 같다. 과거에 저질렀던 부끄러운 허접함과 세련되지 못했었던 부분들은 오히려 내 자신이 성장했음을 보게 해주었으며, "이땐 이렇게라도 해냈는데!" 하며 슬럼프에 빠졌을 때 위로해주었다. 다만 중요한 것은 순간순간 열정을 다했던 순수함이라고 생각한다.

여행은 나 자신을 되돌아보는 계기가 되었다. 나는 내가 경험하는 것들을 그리는 마음속의 열정을 확인할 수 있었고, 결국 나는 또다시 인도에 왔다. 또한 여행은 여러 사람들이 가진 가치관과 서로 다른 방향의 열정을 가르쳐준다. 뒤틀린 순수함으로 인해 자기 자신을 가두는 사람들을 보았고, 신대륙을 찾아가는 콜럼버스의 마음처럼 단순한 설렘과 모험심으로 무장한 사람들을 보았던 반면, 예전의 나처럼 모든 것이 무의미해져버린 찰나 생각 없이 떠나온 사람들도 보았다. 새삼스럽게도 나는 이런 모습들을 조금씩 다 가지고 있었던 것 같다. 지금에 와서 내가 변해가는 것이 있다면, 서로 다른 상황과 가치관을 갖고 있는 그들을 모두 존중해야 한다는 생각이다.

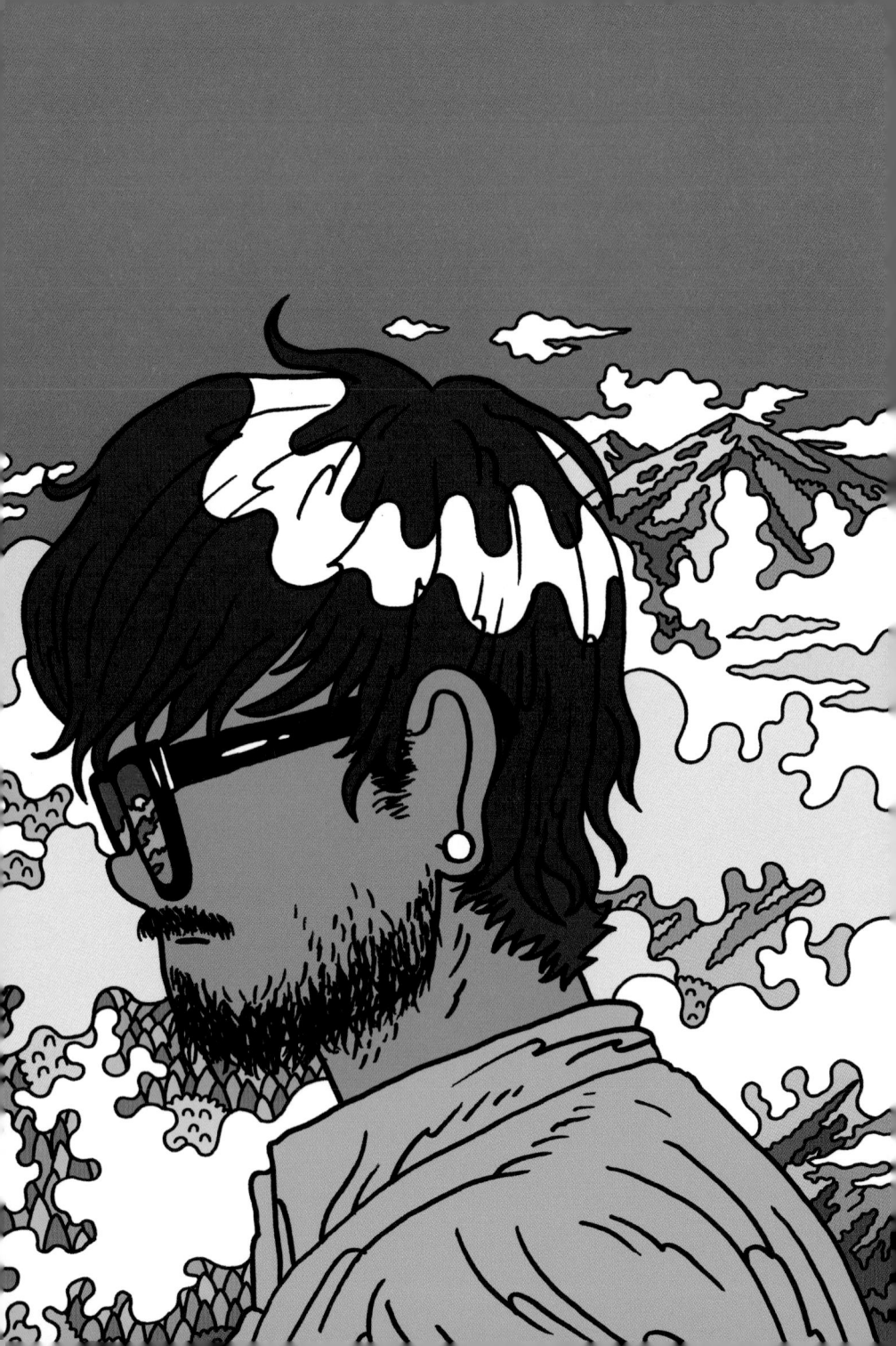

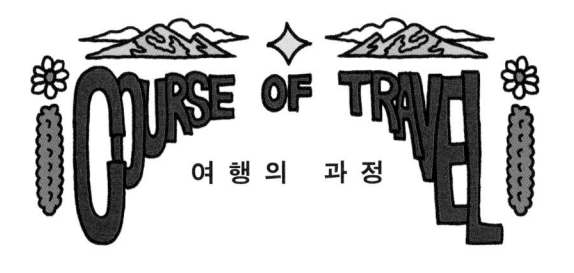

COURSE OF TRAVEL

여 행 의   과 정

홈스테이 아주머니의 '다피마 마을 뒤편에 기막힌 경치의 절벽이 있다.'는 말에 동해서 쉬엄쉬엄 산책하는 기분으로 그곳으로 향했다. 아무도 없는 곳에 와서 나만의 비밀 공간을 찾아 가는 여정 같기도 했다. 다하누는 내게 있어서는 비밀, 환상, 오래된, 모험, 오지 등의 단어가 주는 신비함 그 자체였다.

하지만 이렇게 힘들게 다하누를 왔건만 이상하게도 무언가 대단한 느낌이라든지, 끝내주게 멋진 풍경 따위는 없었다. 그저 여행자가 없는, 비밀을 간직한 마을에 내가 있다는 것뿐이었다. 간절했던 라다크 여행을 하면서 나는 무엇을 보았을까?

생각해보면, 여행 전엔 한 장의 사진이나 여행자들의 구전으로 신비함이 생기고 설레었다. 하지만 지금 와보니 어디를 가서 무엇을 보고 확인한다는 자체의 의미보다는, 그곳을 가기 위한 과정들이 더욱 더 강하게 남게 되었다. 형형색색으로 변하는 아름다운 자연, 히치하이킹, 다양한 사람들과 내가 진정 생각했던 것들을 만났다. 때문에 여행지에 도착했을 땐 이상하게도 이제부터 이곳의 무언가를 보고 즐기는 느낌이 아니라, 이곳을 오기 전까지의 과정들을 되새김질하는 시간이 되어버렸다.

하지만 이 모든 것들이 내 그림의 소중한
자산이었으며, 인생의 경험이 되어버렸다.
여행이라는 것, 삶이라는 것 자체가 계속되는
과정의 연속일 뿐이라는 생각이 들었다.

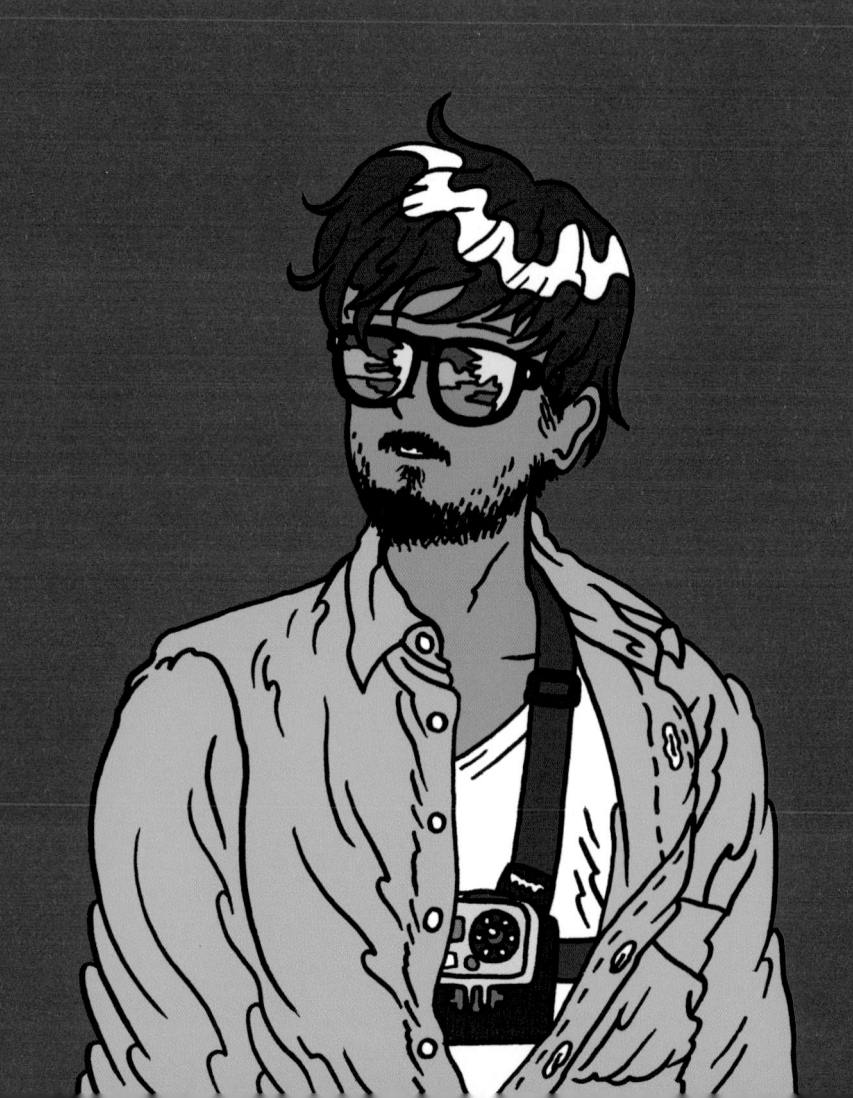

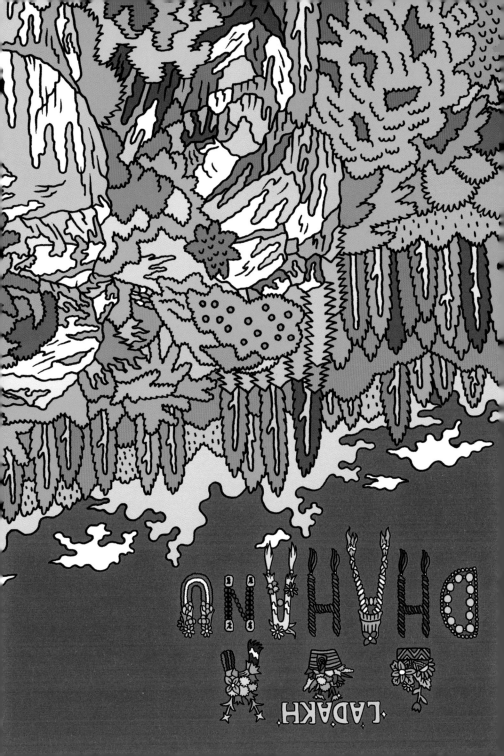

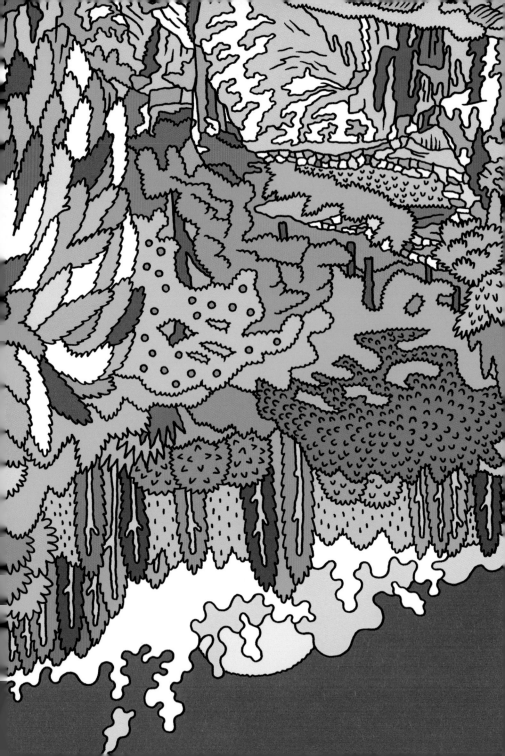

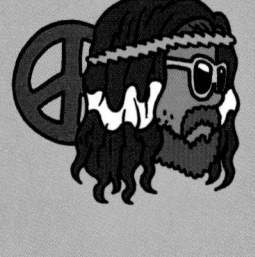

히피

인도내 히피들의 3대 성지 중 하나인
'마날리'에는 유독 히피들이 많았다고
하지만, 진정한 의미의 히피는 점점
줄어드는 추세.

유황 온천

마날리 즐길거리 중 하나인 유황온천은
무료인데다가 여행자들의 피로를
덜어준다는 점에서 인기이지만 너무 늦은
시간에 온천을 이용한다면 더러운 물에서
온천욕을 하게 되는 단점도 있다.

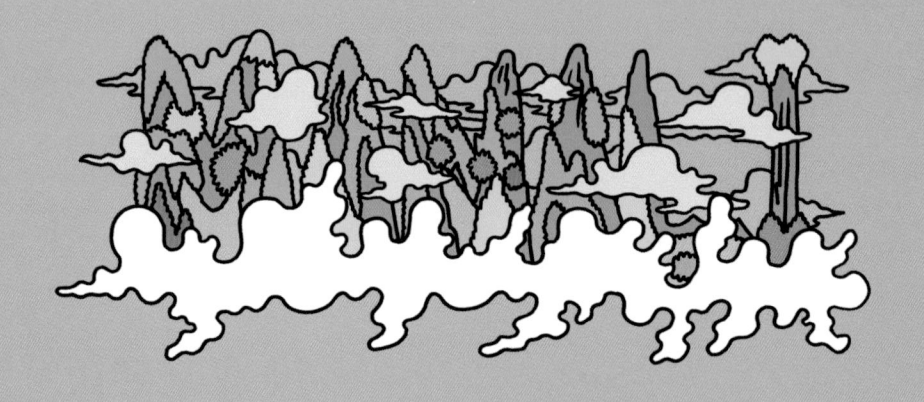

MANALI

마
날
리

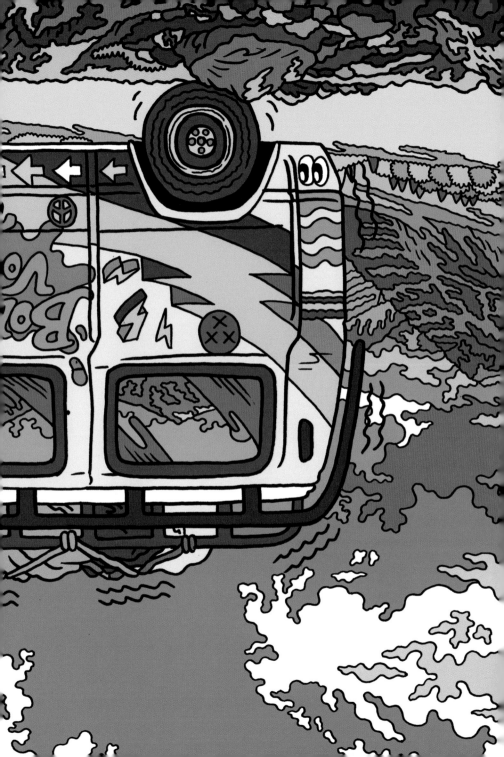

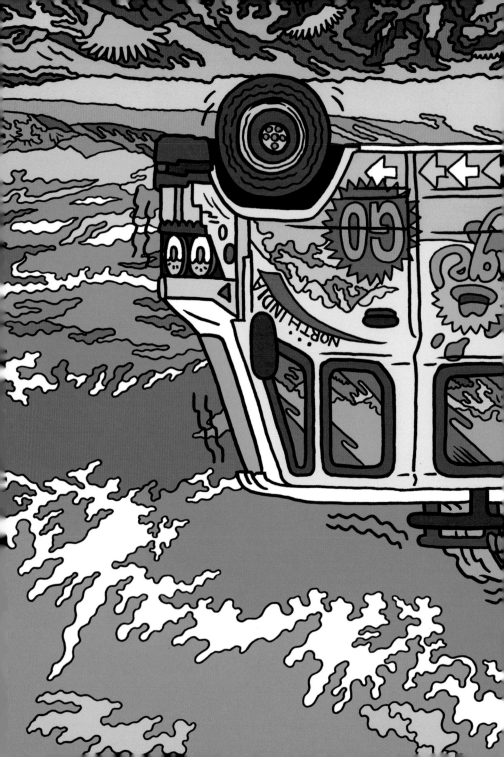

미 니 버 스   안 의   불 청 객

다사다난했던 라다크를 떠나 다음 목적지인 마날리Manali로 가는 미니버스는 정원이 10명인데, 로컬버스로 약 20시간이 넘는 거리를 단축하고자 여행사에서 예약한 버스였다. 인도 여행 중에서 가장 길이 험하다는 레-마날리 구간은 그 이름도 험악한 로탕패스Rohtang Pass에 가서 절정을 이룬다고 했다. 그러나 내 고역은 로탕패스에서 일어난 것이 아니었다. 인도를 여행하며 고통스러워하는 것은 전생의 업이라고 누군가 말했다.

　　친구들과 술을 마신 후 작별 인사를 하고 나는 미니버스에 올랐다. 곧이어 버스가 출발했다. 문제는 여기부터였다. 술을 마시고 나면 항상 목이 탈 듯한 갈증을 느끼던 나였는데, 깜빡하고 물을 준비하지 못했던 것이다. 갈증이 심해지자 잠도 오지 않는 최악의 상황이 되었다. 내 앞좌석에 앉은 레즈비언 커플에게 물을 얻으려 했지만 거절당했다. 임시방편으로 혀를 목구멍 쪽으로 굴려넣어 갈증을 최소화 시키려 했지만 역부족이었다.

두 번째 고역은 내 옆에 앉은 프랑스 아주머니에게서 비롯되었다. 지금 생각해도 그녀는 정말 여행에서 만난 사람 중 최악이었다. 나는 왜 하필 그녀 옆으로 자리 배정을 받았을까. 인도 내 육로 이동 중 최악을 경험하려면 레-마날리 구간 중에서도 미니버스의 맨 뒷자리 4석에 앉아서 가면 된다는 말을 한귀로 흘려 들은 채 나는 뒷자리 4석 중 그것도 최악 중의 최악인 중간에 앉게 되었는데, 내 옆에 앉은 프랑스 아줌마가 문제였다. 일단 그녀는 매우 뚱뚱했다. 그래서 좁은 좌석에 겨우 끼여 앉은 상태가 되었다. 하지만 누구에게도 불평할 수는 없는 노릇이었다. 미니버스 안의 여행자들은 모두 로컬버스의 답답함을 탈피하고자 이런 불확실성에 대한 감수를 하는 사람들이기 때문이다. 그럼에도 불구하고 왜 프랑스 아주머니가 두 번째 고역에 선정되었냐 하면, 그녀는 이 좁은 자리에 대한 불만을 나와 앞좌석의 독일청년에게 풀면서도, 자신의 살에 남의 살이 닿는 것조차 용납지 않았던 극도의 시니컬함을 가지고 있는 여자였다. 어쩌면 극도의 인종차별주의자인지도 모르겠다.

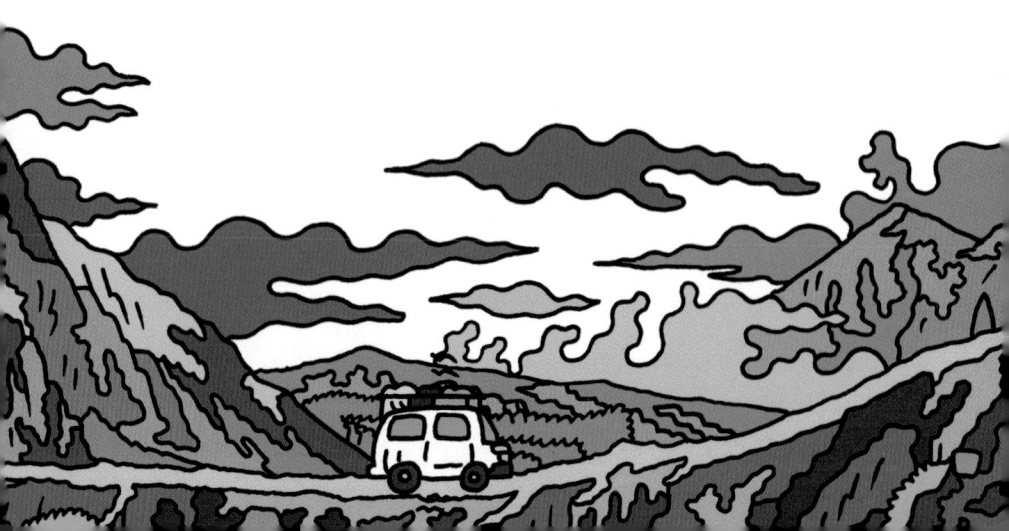

그녀는 내가 갈증에 지쳐 겨우 잠이 들라치면 나를 힘껏 밀어젖히며 알 수 없는 욕을 해댔다. 때문에 나는 물론이고 내 옆 좌석에 있던 사람들까지 잠을 설치기 일쑤였다. 2시간이나 넘게 우리를 괴롭혀 시간은 새벽 3시를 지나고 있었다. 안 그래도 불편한 차 안의 분위기는 그녀 때문에 더 엉망이 되었다. 몇 명의 승객들이 나와 마찬가지로 잠을 설치며 각국의 욕을 해대는 판국이었다. 그래도 그녀는 개의치 않고 이어폰을 꽂으며 내 몸을 계속해서 밀어댔다.

새벽 3시 30분, 더 이상 참을 수가 없었다. 나는 한국의 가장 대중적인 욕을 그녀에게 쏘아대기 시작했다. 그리고 그녀가 귀에서 이어폰을 빼자, 우리들은 약속한 듯 일제히 욕을 했다.

"헤이! 퍽킹 비치, 아 유 크레이지?"

그리고 곧 모든 상황이 종료되었다. 더 이상 그녀의 지독했던 푸쉬도 없었으며, 차 안엔 평화가 왔다.

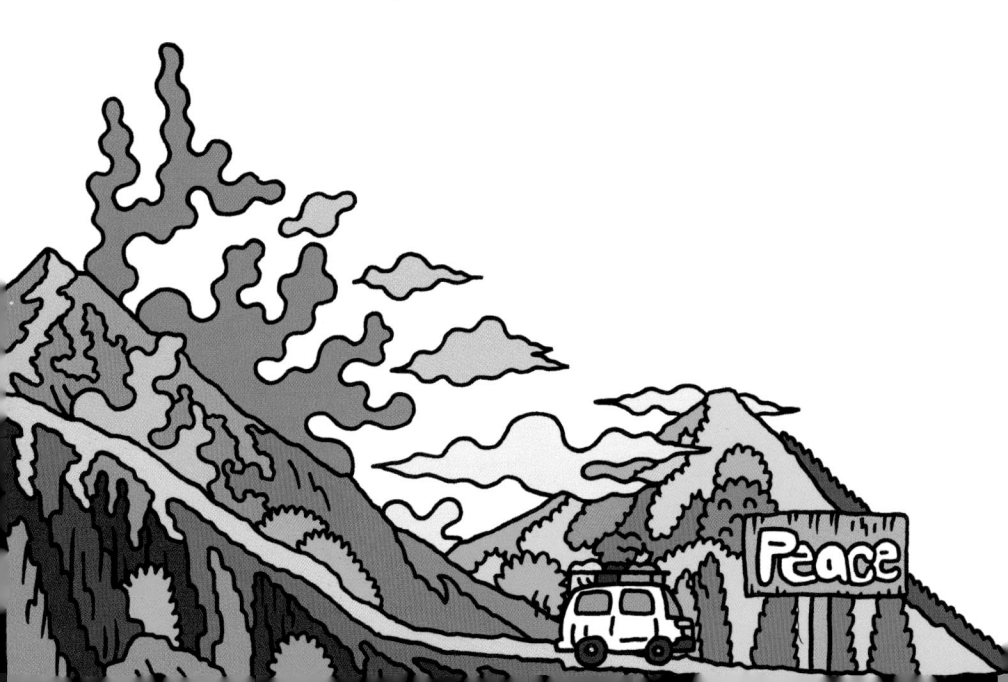

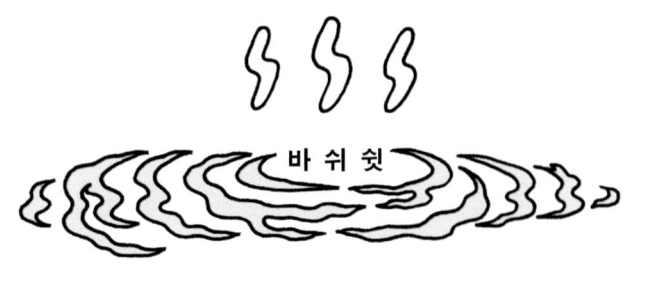

바쉬쉿

마날리는 북인도 최고의 신혼여행지라 불리는 '쉼라'와 함께 북인도 최고의 휴양지라 소문이 자자했지만 도대체 인도는 너도나도 갖다 붙이기만 하면 어디든 '최고의 휴양지'라는 수식어가 붙으니 큰 기대는 금물이다.

마날리를 크게 나누자면 주로 상권과 교통수단, 인구가 집중되어 있는 올드 마날리Old Manali, 뉴 마날리New Manali와 그곳에서 3~4km정도 떨어진 산에 위치한 바쉬쉿Vashisht이 있는데, 며칠 쉬다 갈 목적으로 온 나는 바쉬쉿에서만 마날리 전 일정을 다 묵기로 했다. 이유를 천천히 풀어보자면, 2~3년 전에도 그랬었고, 지금도 그런데 여행 도중 만났던 많은 사람들은 내 행색과 수염을 기른 얼굴 생김새를 보곤 이렇게 외쳤다.

"아 유 재패니즈? 곤니치와!"

나를 일본인으로 분류하려 하였다. 심지어 일본인 여행자나 한국 여행자도 첫 만남엔 나를 보며 일본어를 쓰거나 영어로 대화를 시도하는 걸 보면 내 외모나 옷 입는 스타일이 꽤 일본인스러웠나 보다. 그러면서 꽤 유명한 일본인 게스트하우스가 있다고 들어 이번엔 아예 일본인 숙소로 가자고 마음을 먹었던 것이다.

그리고 지금까지 적지 않게 만나왔던 한국인 여행자들과도 잠시 떨어져 생활을 하고 싶었던 마음도 컸다. 확실히 한국 사람은 외국에서 만나면 반가운 감은 있지만 그 와중에 실망하는 점들도 많고, 무리지어 다니게 되면 새로운 친구들을 사귀기엔 불편함이 따랐다. 게다가 이 게스트하우스는 해시시 같은 마약에 쉽게 노출되었다지만 유황온천과 폭포, 자유로움에 끌렸다.

　간밤에 나를 괴롭혔던 프랑스 아줌마는 힐끗 쳐다보더니 시원하게 떠나버렸다. 버스 앞좌석에 있던 독일인과 일본인 여자 그리고 나 이렇게 세 사람만 바쉬쉿으로 향했다.

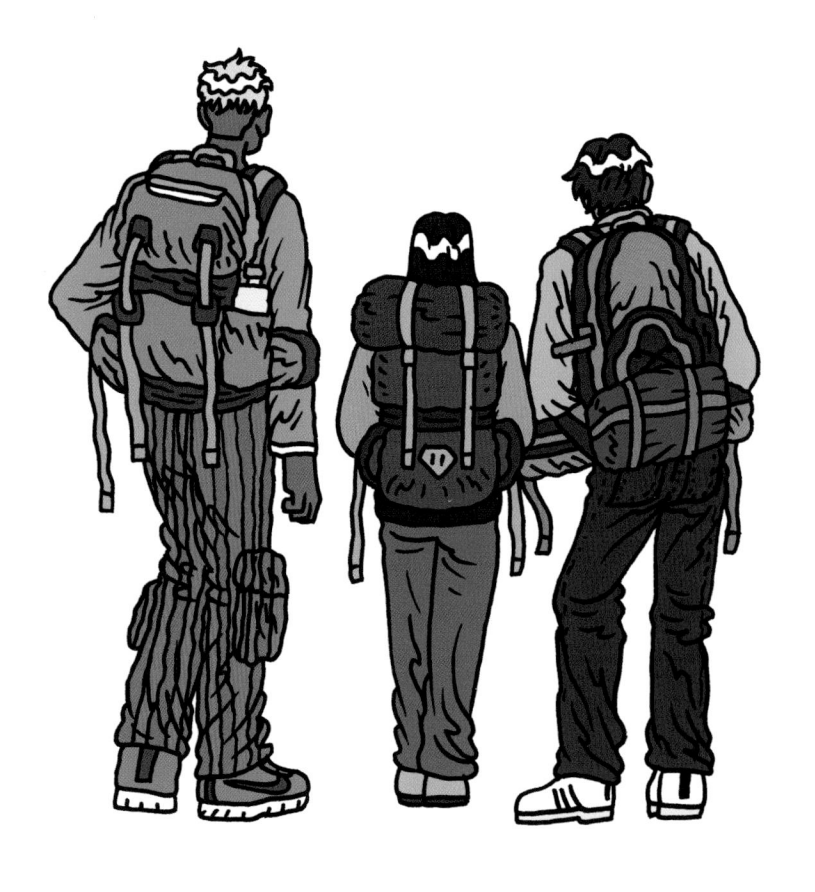

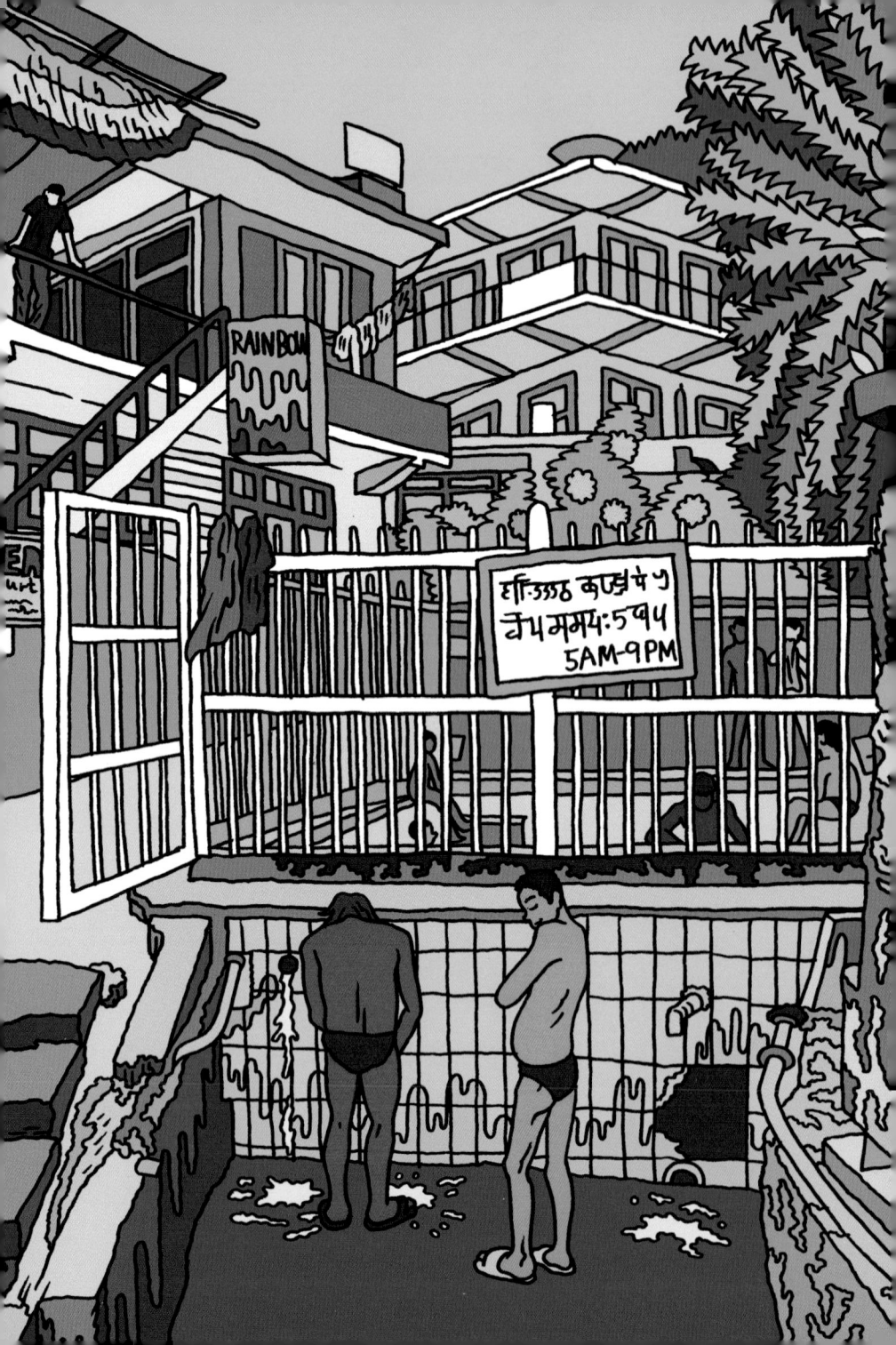

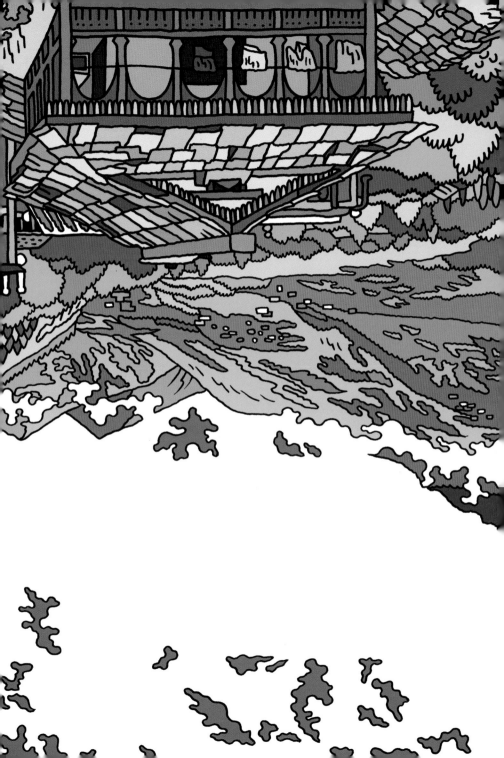

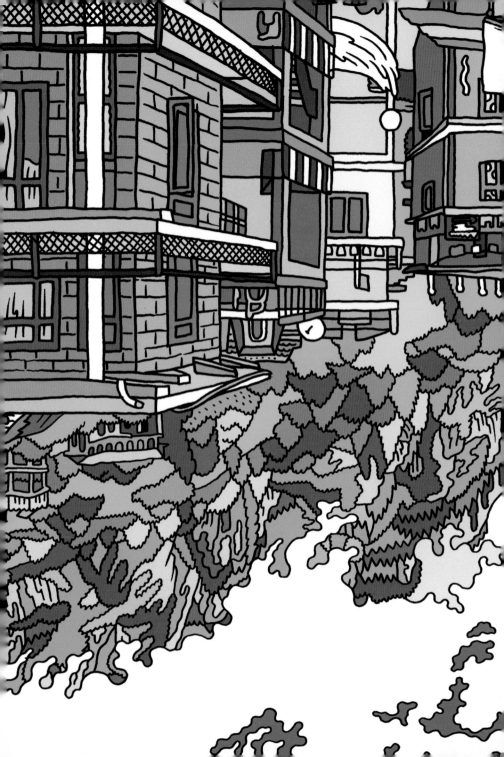

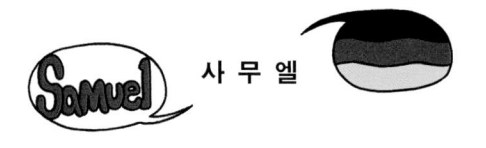

사무엘 Samuel

네기 하우스에 가 본 적이 있다던 일본인 여자의 안내를 받아 우리는 일본인 게스트하우스에 묵게 되었다. 그중 독일인 청년인 사무엘Samuel의 호탕한 성격과 비교적 나와 궁합이 잘 맞는 개그 코드 덕에 우린 한 방을 쓰게 되었다.

그는 독일인답게 키가 컸고, 아주 잘생긴 20살의 청년이었다. 멀쩡한 허우대에 맞지 않게 꽤나 덜렁대고 해시시를 좋아했지만 말이다. 우리 둘은 통하는 점들이 많았다. 길가의 재밌는 상황을 보면 흉내를 냈고, 기상한 후 상의를 탈의한 채 거의 팬티 바람으로 유황온천으로 유명한 바쉬쉿의 노상온천으로 뛰어드는 일상을 함께했었다. 그리고 이 녀석은 아침마다 안개에 둘러싸인 마날리의 산을 보며 '오아시스' 음악을 크게 틀어댔다.

하루는 바쉬쉿 뒷산의 폭포에서 신나게 다이빙을 즐기고 돌아오는 길에 현재 어떤 공부를 하느냐고 물었다.

"나는 지금까지 공부해 본 적이 없어. 당연히 대학교는 다니지 않아. 많은 사람들이 대학을 진학하고 내게도 공부를 강요했지만, 나는 공부를 꼭 대학에서 해야 한다고는 생각하지 않아. 가난한 사람들에겐 미안하지만 집에 돈이 많아서 아르바이트도 하지 않아. 그냥 지금처럼 세계를 맘껏 여행하다가 질리면 집에 돌

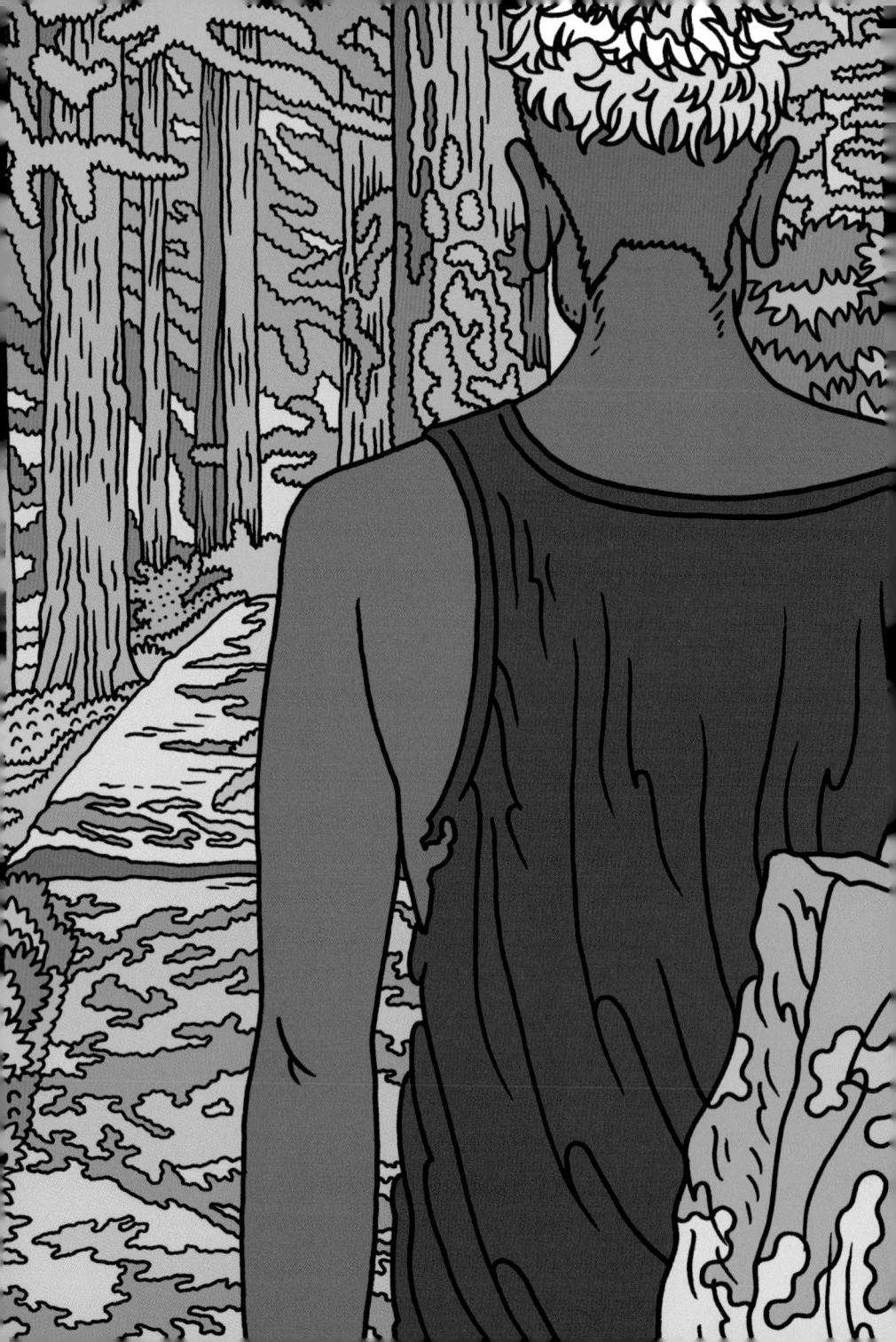

아가고, 그렇게 여유를 찾아다니다 보면 언젠가 내가 무언가에 미쳐 있을 때가 오겠지. 많은 친구들이 자신이 진정 무엇을 원하는지도 모른 채 학교라는 곳에 가고 졸업한 다음엔 자유를 즐기지 못했다는 자책을 볼 때마다 나는 다르게 살겠노라고 다짐했지. 그리고 가족들이 나를 방치해서 다행이야."

나는 그의 성격이나 외모로 보아 미술대학을 다니거나 체육을 할 줄 알았는데 의외의 대답이었다. 게다가 그의 나이 때 그렇게 가고 싶었던 미대에 입학하여 마냥 좋아했던 나보다 어쩌면 성숙하다고 해야 하나. 하여튼 대학을 입학하여 졸업할 때까지 뚜렷한 목표도, 궁극적으로 하고 싶은 것도 없이 계속 방황하고 걱정만 하던 내 자신을 곱씹게 되는 순간이었다. 하지만 사무엘이 '아직 어리긴 어리구나.' 싶은 마음이 들기도 했다.

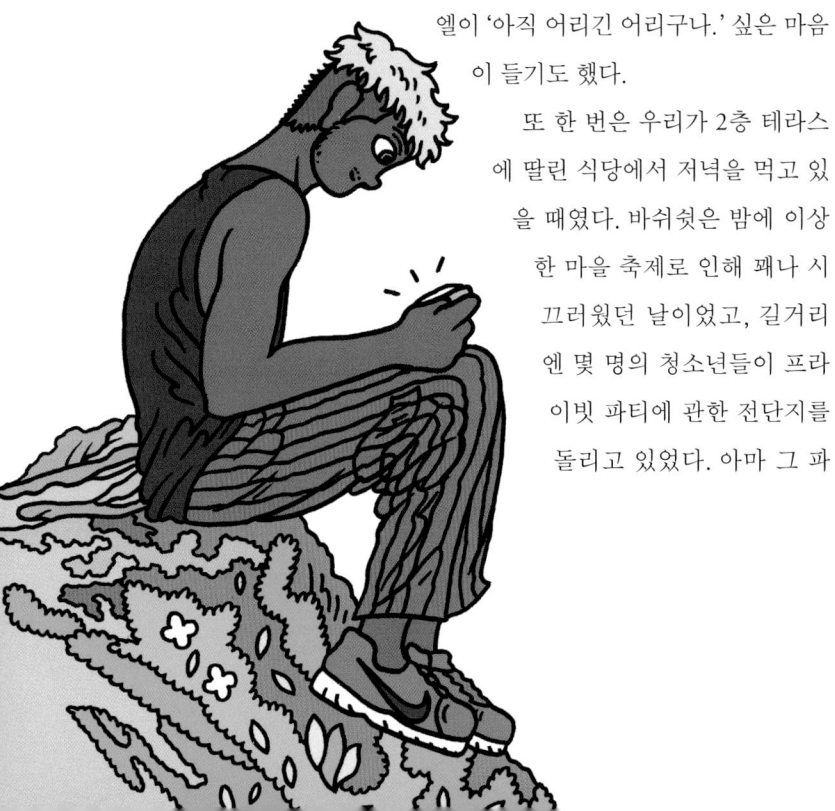

또 한 번은 우리가 2층 테라스에 딸린 식당에서 저녁을 먹고 있을 때였다. 바쉬쉿은 밤에 이상한 마을 축제로 인해 꽤나 시끄러웠던 날이었고, 길거리엔 몇 명의 청소년들이 프라이빗 파티에 관한 전단지를 돌리고 있었다. 아마 그 파

티는 해시시 파티가 아닌가 싶었다. 그때 한 아저씨가 다가오더니 그 청소년들 중의 한 명에게 욕을 퍼부으며 급기야 신고 있던 신발을 벗어 아이의 뒤통수를 마구 구타했다. 내 주위에 있던 여행자들은 해시시에 취해 "와우!" "어썸!" "왓 헤픈?"이라는 식으로 이 상황에 대한 이해할 수 없다는 식의 반응을 보였지만 나는 대충 이해가 되는 상황이었다. 아들의 비행을 막기 위해 아버지가 선의의 폭력을 쓰는 순간이라고 할까. 이런 상황은 내가 어렸을 때만 해도 종종 볼 수 있던 풍경이었다. 소년은 아버지의 매 앞에서 어떠한 반응도 하지 않았다. 그저 두 손을 앞으로 모으고 견디는 수밖에.

"사무엘, 나라면 도망갈 텐데, 넌?"

"용오, 내가 만약에 저 아이라면 난 저렇게 맞고만 있지 않았을 거야. 나는 아마 싸웠을 거야. 내 아버지일지라도 말이야. 폭력을 사용하는 사람들에겐 오로지 폭력으로만 대항해야 한다고! 그리고 꼭 이기고 말 거야."

그의 말을 듣고 나니 갑자기 그가 철부지 어린아이로 보였다. 아무리 그래도 아버지와 맞서 싸울 생각을 하다니! 여기서 또 나는 과거 아버지와의 갈등을 못 참고 가출했던 암울한 고등학교 시절 또한 회상되었다. 확실히 나보다 나이 많은 사람들과 이야기를 해보면 미래를 볼 수 있고, 나보다 어린 친구들과 이야기를 해보면 내 과거를 돌아보는 듯하다.

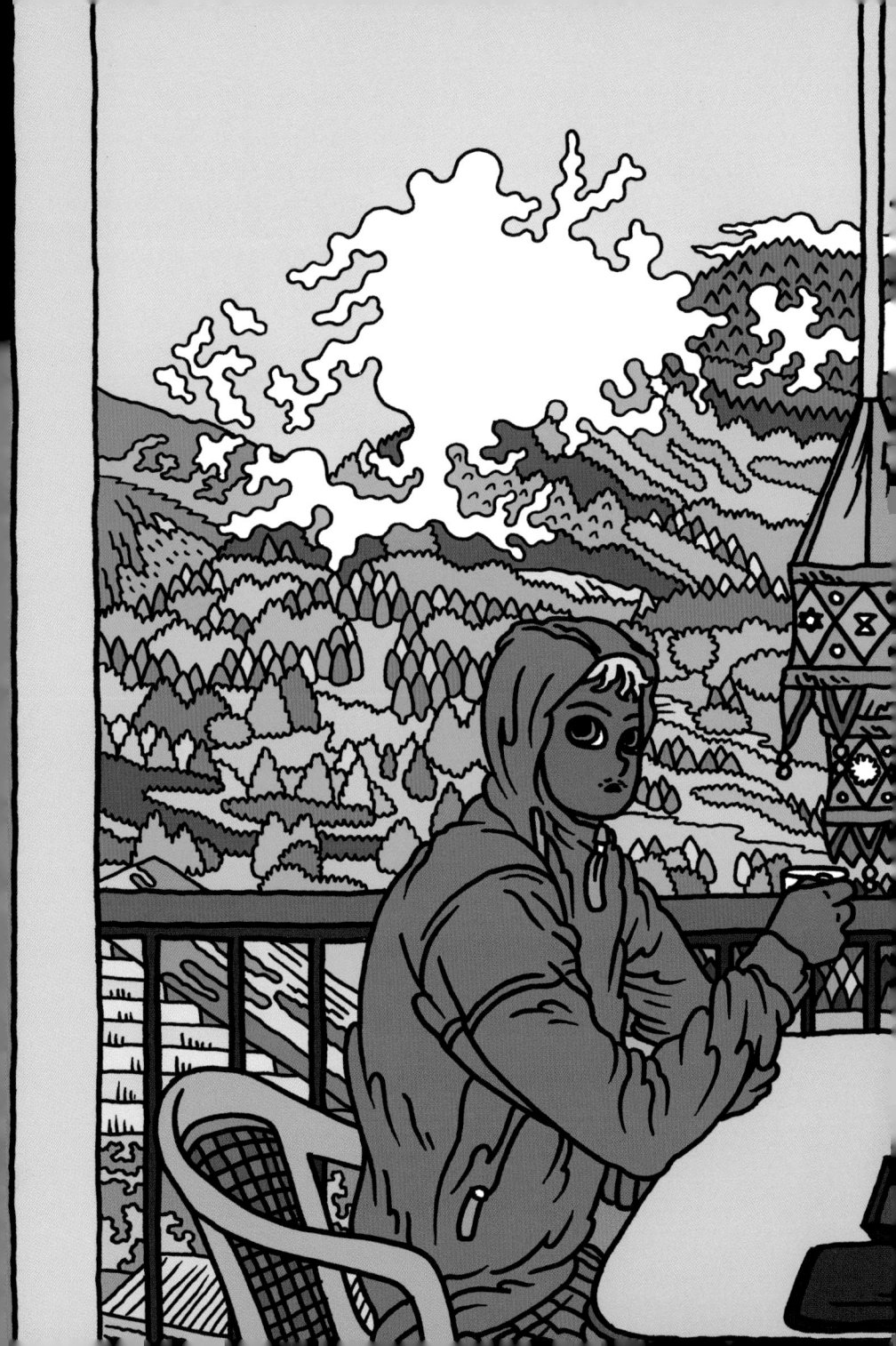

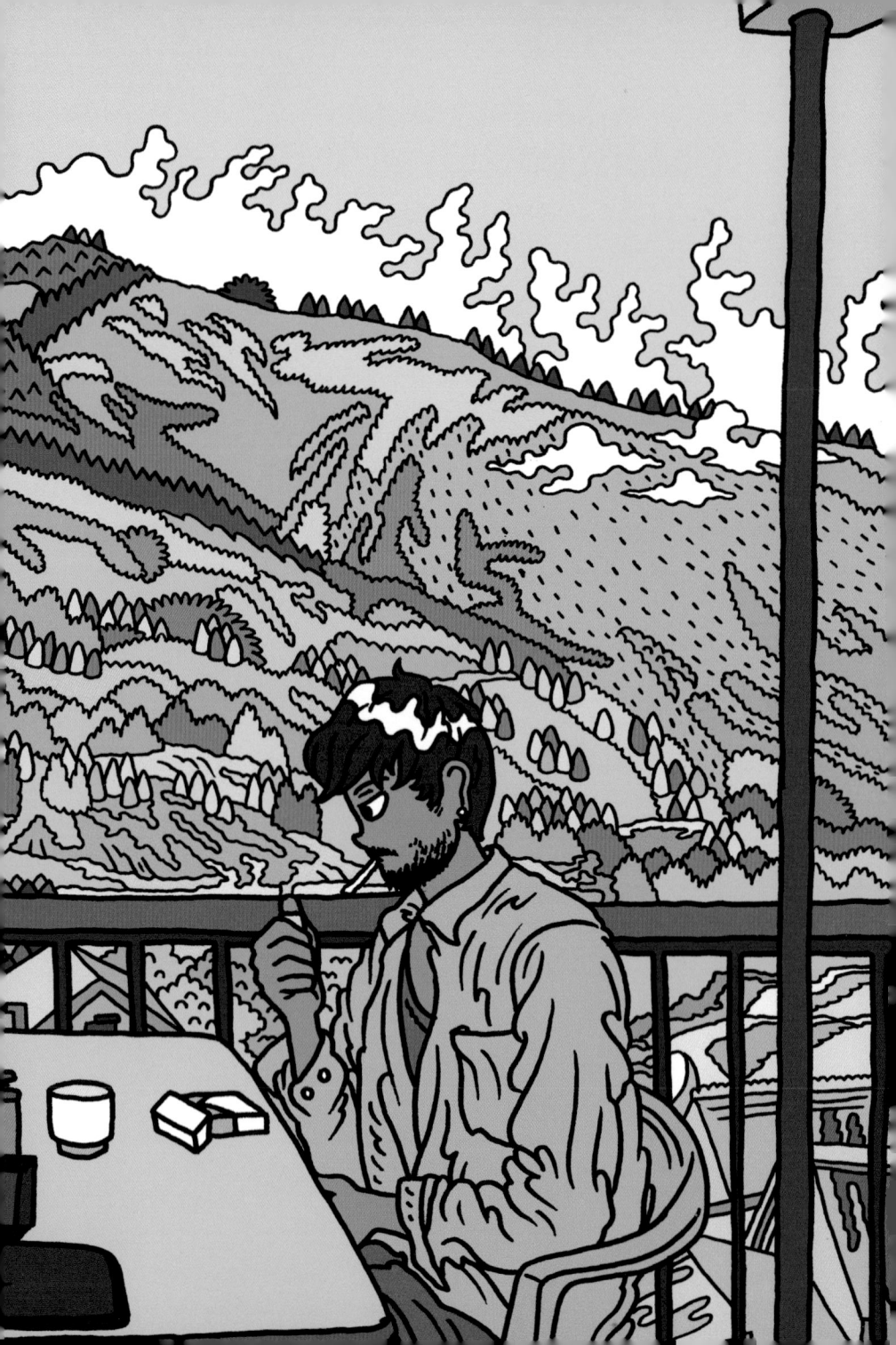

내가 마날리를 떠나기 하루 전, 그는 갑자기 영국 런던에 있는 중국인 여자친구를 보러 간다며 버스표와 비행기표를 예매해버렸다. 너무 보고 싶어 미치겠다고 했다. 우리가 같이 지냈던 날들은 4일 남짓이었지만 여행하면서 가장 많이 웃고 떠들며 지냈던 시간이었고, 그만큼 잘 통하는 친구였다. 그는 인도에 처음이지만 조만간 여자친구와 함께 다시 1년 정도 인도 전역을 여행하겠노라고 큰소리를 쳤다. 천진난만하게 큰소리치는 그의 다짐에 나는 여자친구와 헤어지지나 말라고 농담했다. 마지막으로 연락처를 받은 뒤 그는 이어폰을 꽂고 유유히 사라졌다.

나는 또다시 혼자가 되었다. 이런 외로움도 어느새 익숙함이 되었다. 하지만 사무엘이 떠나는 순간, 여행에서 만났던 인연들이 하나 둘씩 내 곁을 떠나 자신들의 다음 목적지 혹은 집으로 돌아가고 있다는 아련한 느낌들이 찾아왔다.

내 여행도 점점 마지막을 향해 달려가고 있었다.

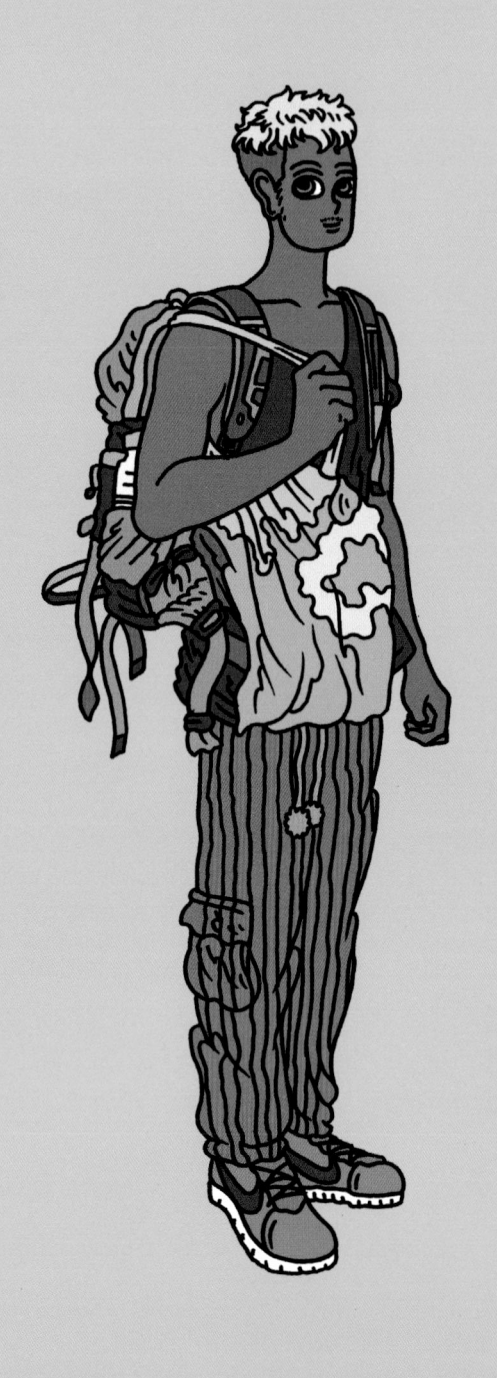

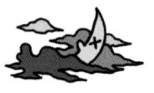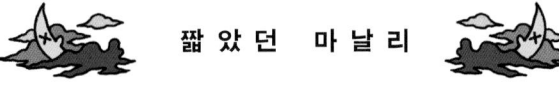# 짧았던 마날리

마날리를 떠나기 전날 음식점 TV 앞에는 꽤나 많은 한국인들과 일본인들이 모여 있었다. 바로 '한국 대 일본' 런던 올림픽 축구 경기가 열리는 숙명의 날이었다. 나는 사람들이 일본인처럼 생겼다고 하니 일본인인 척하고 일본인들이 모여 있는 TV앞에서 경기를 응원할까 하는 엉뚱한 생각도 잠시 했었다. 유러피안들은 모두 해시시와 술에 거나하게 취한 상태로 괴상한 성대모사와 방귀소리를 흉내내며 경기관람의 흥을 돋우었다. 골을 먹거나 아쉽게 득점을 날린 팀에 대해 방귀소리를 내며 조롱하듯이 말이다. 인종차별에 대한 표현은 전혀 아니었기에 모두들 웃으며 즐길 수 있는 시간이었다.

결국 경기는 2:0으로 한국의 승리로 끝이 났다. 일본인들은 풀이 죽은 채 맥주를 마시거나 말없이 숙소로 들어가버렸다. 우린 한국의 승리를 자축하며 더 많은 맥주를 들이켰고, 한식당의 오너 아주머니와 결혼했다는 스위스 아저씨는 흥에 겨워 '방귀 파스타'라는 명칭의 똥내나는 파스타를 서비스로 주기도 했다. 그렇게 방귀소리와 맥주, 식당을 가득 메운 블루스 음악 그리고 사람들을 계속 웃겼던 유러피안들과 함께 짧기만 했던 마날리에서의 마지막 밤을 함께 했다.

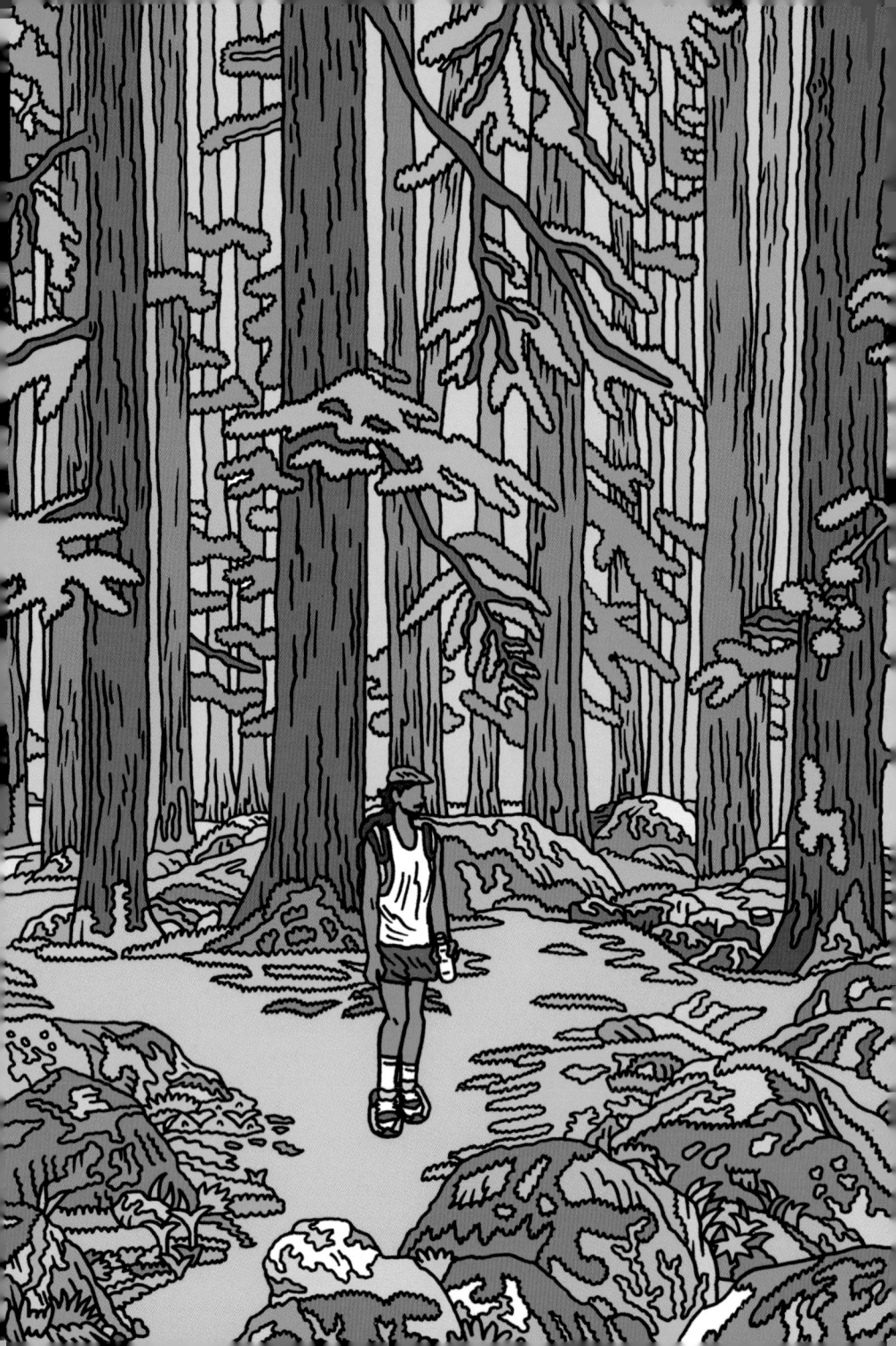

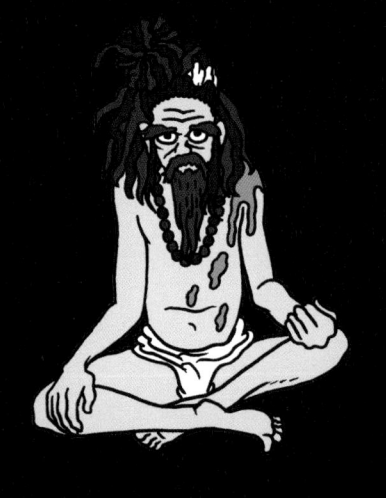

사두

영적인 깨달음을 위해 전 생애를
고행길에 오르는 수행자.
그들은 갠지스 강이 흐르는
바라나시로 몰려든다.

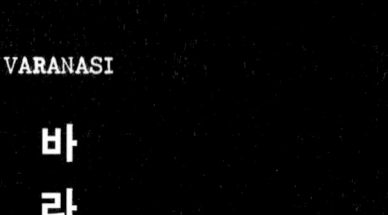

VARANASI

바
라
나
시

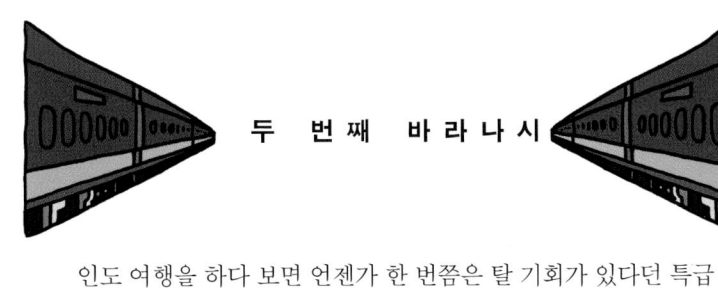

두 번째 바라나시

인도 여행을 하다 보면 언젠가 한 번쯤은 탈 기회가 있다던 특급 익스프레스 기차인 라즈다니^{Rajdhani}는 어느새 이번 여행의 마지막 여행지라고 할 수 있는 바라나시를 향해 달리고 있었다. 바라나시는 두 번째 방문이다. 왜 또 이런 더럽고, 시끄럽고, 위험하고, 자유까지 절제된 도시를 오게 되었을까. 바라나시는 지난 여행의 아쉬움을 수복하려는 듯 한국행 비행기가 뜨는 공항(콜카타)과 지리적으로 가깝다는 점 외에도 이상한 매력으로 나를 잡아당기고 있었다.

오후 4시, 뉴델리 역에서 출발한 라즈다니는 메인 기차역인 정션 역이 아니라 세컨드 기차역 정도로 취급되는 무갈사라이 역에 정차했다. 어느덧 시간은 새벽 1시 30분, 밤 8~9시면 대부분의 불빛이 소등되는 인도로서는 매우 늦은 시간이며 동시에 꽤 위험한 시각이다. 새벽인데도 릭샤꾼들이 벌떼처럼 몰려든다. 바라나시 가트 근처까지 대충 16km라는 거리와 늦은 시간임을 감안해서 흥정을 한 뒤 릭샤에 올랐지만 이 불빛 하나 없는 어둠속에서 혹시나 저번처럼 이 릭샤왈라가 나를 이상한 곳으로 데려가진 않을까 하는 불안한 마음은 가시지 않았다. 그래서 배낭에서 도난방지를 위해 구입한 쇠사슬을 꺼내 만일에 일어날

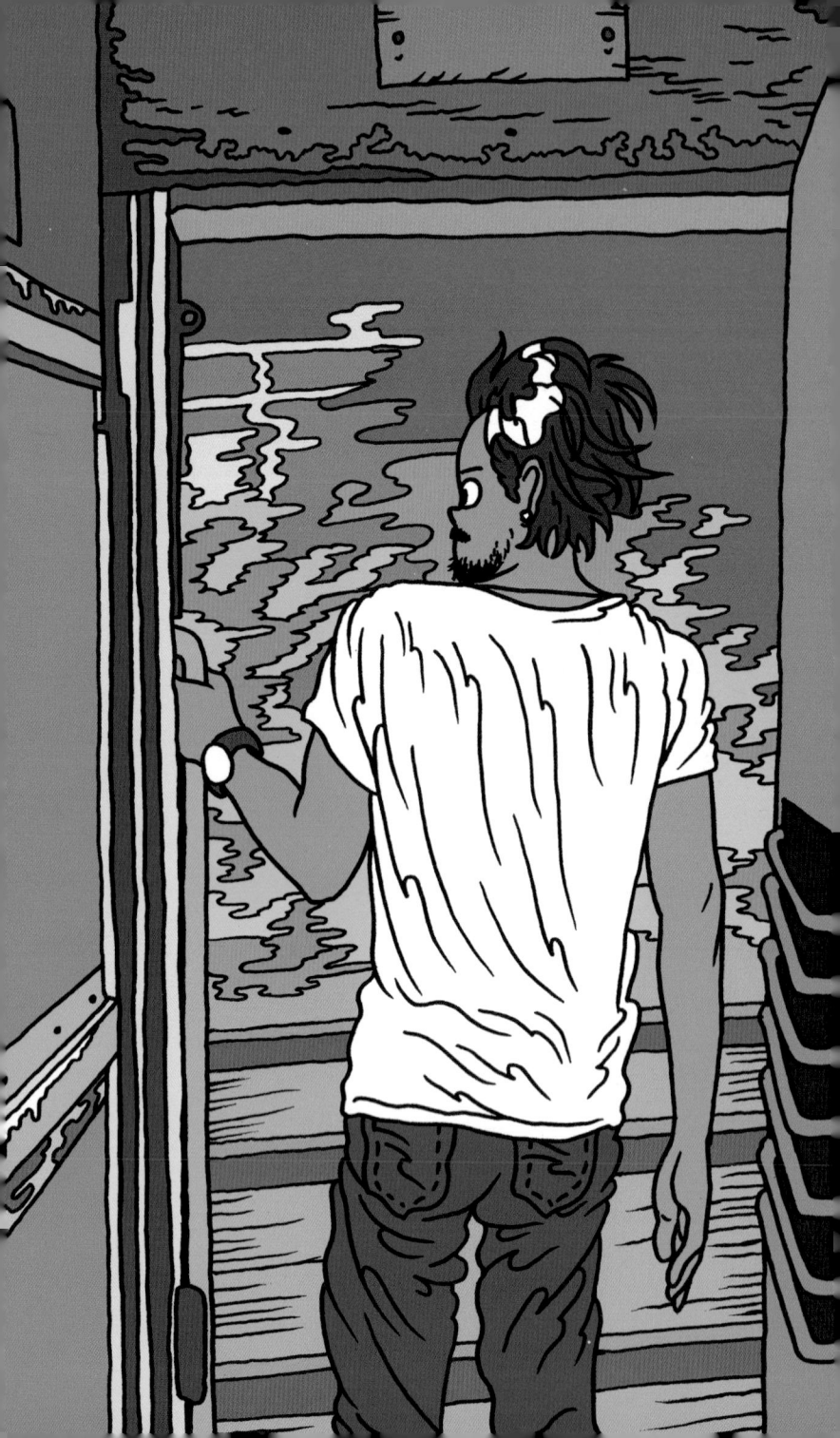

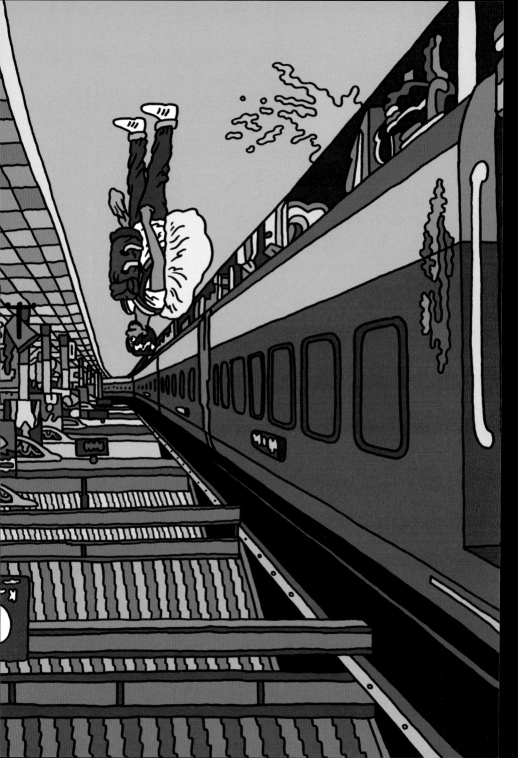

격투를 혼자 대비하고 있었다. 불상사가 일어날 경우 난 순순히 당하는 타입은 아니기 때문이다. 하지만 노파심도 잠시, 오토릭샤는 무사히 고돌리아 거리에 도착했다. 그때 허름한 인도인이 다가왔다.

"어디에 가시나요?"

"뱅갈리토라."

"제가 안내해 드리지요. 저는 오로지 새벽 여행자들을 위해 길 안내를 업으로 삼고 있지요. 50루피만 주시면 충분합니다."

길 찾는데 50루피라니! 어이가 없었지만 그를 따라가지 않는다면 불빛 하나 없는 이곳에서 꼼짝없이 밤을 지새야 할 판이었다. 하지만 그의 제안을 거절하고 무턱대고 홀로 바라나시의 어둠 속으로 들어간다면 그것은 더욱 위험천만이다. 바라나시는 좁은 골목들로 구성된 몇 개의 미로 구조이기 때문이다. 게다가 그 어두운 미로 속에서 거리의 굶주린 개떼를 만나거나 백팩을 노리는 사람을 만나지 말라는 법도 없다. 하는 수 없이 50루피에 그 길잡이를 잠시 고용하기로 했다. 물론 내 오른팔엔 쇠사슬이 들려 있었고, 우리는 바라나시의 어둠속으로 들어갔다.

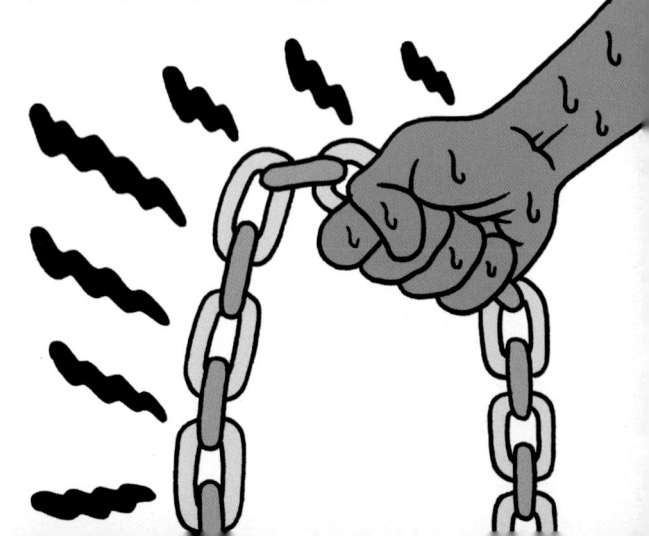

바 라 나 시 의   뒷 골 목

칠흑 같은 어둠 속이었다. 오직 '검은색'만이 내 눈앞을 가리고 있었다. 단 한줄기의 희미한 빛도 없는 어둠에 적응되기 전까진, '만약 사람이 죽는다면 천국도 지옥도 아닌 그냥 검은 화면만 보게 될 것'이라는 삼류만화 속 내용이 생각났다.

벌써 15분째 그의 좁은 어깨만을 의지하며 걸었다. 온몸에서는 땀이 비 오듯 쏟아졌다. 어둠 속에서 감각은 점점 무뎌지고 지금 내가 밟고 있는 것이 땅인지, 똥인지, 아니면 자고 있는 바라나시의 거지인지 알 수가 없었다. 한 골목을 지날 때마다 새로운 굶주린 개떼가 나타나 우릴 포위하며 금방이라도 공격하려 짖을 때면 그와 나는 쇠사슬과 발길질을 이용해서 개 무리들을 쫓아냈다. 그 흔한 손전등조차 없이 소리뿐인 어둠을 헤쳐 갔다. 조금 더 걸으니 간신히 숨을 내쉬는 가로등이 뱅갈리토라 골목의 모습을 희미하게 비추는 듯했다. '제대로 왔구나'.

새벽 3시가 조금 넘은 시각이었다. 신발에 소똥이 좀 묻은 것만 제외하면 무사히 바라나시의 뱅갈리토라 골목에 도착했다. 게스트하우스의 방이 꽉 차 인심 좋은 게스트하우스 현관 바닥에서 바라나시의 아침을 맞이하게 되었다.

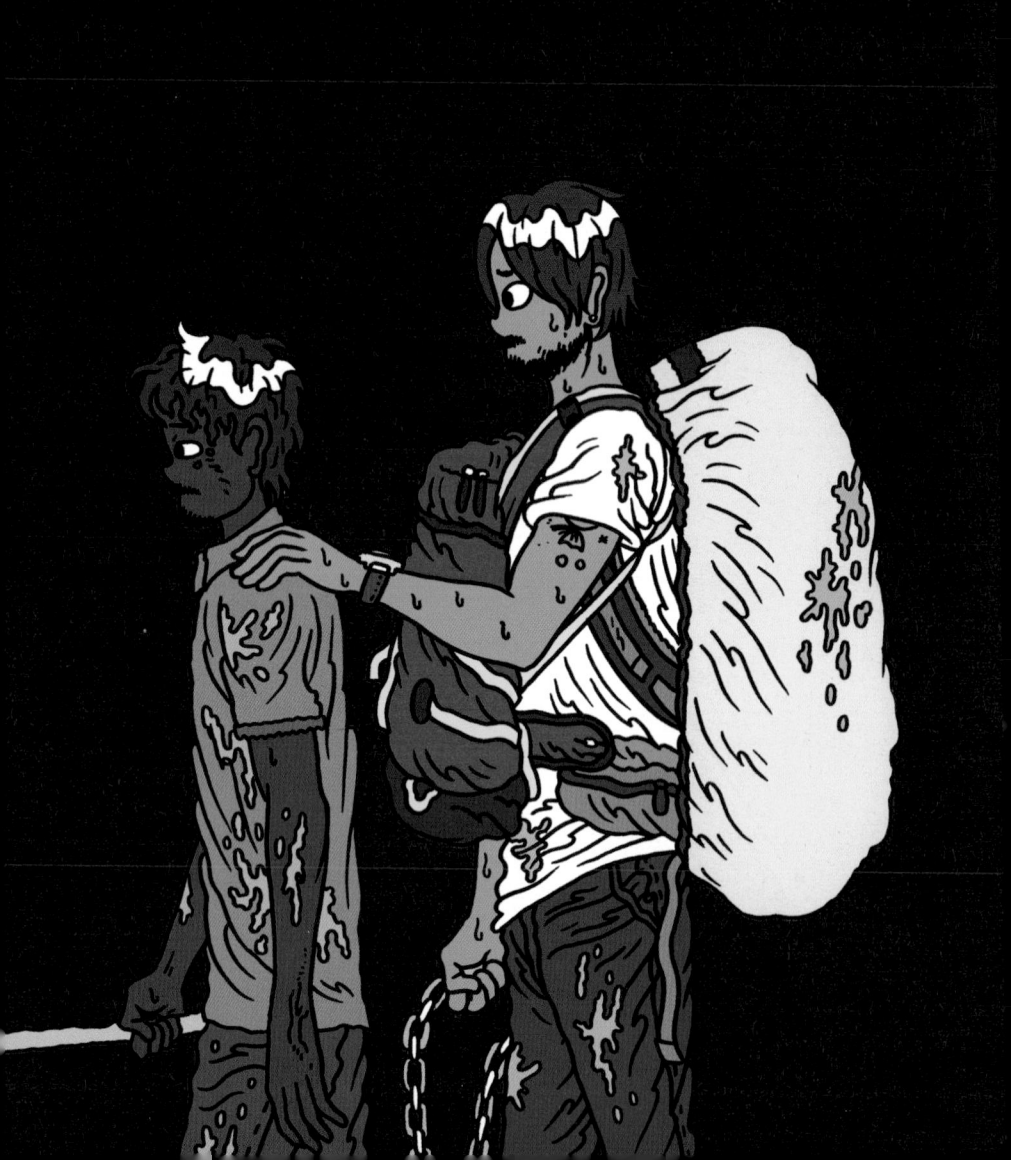

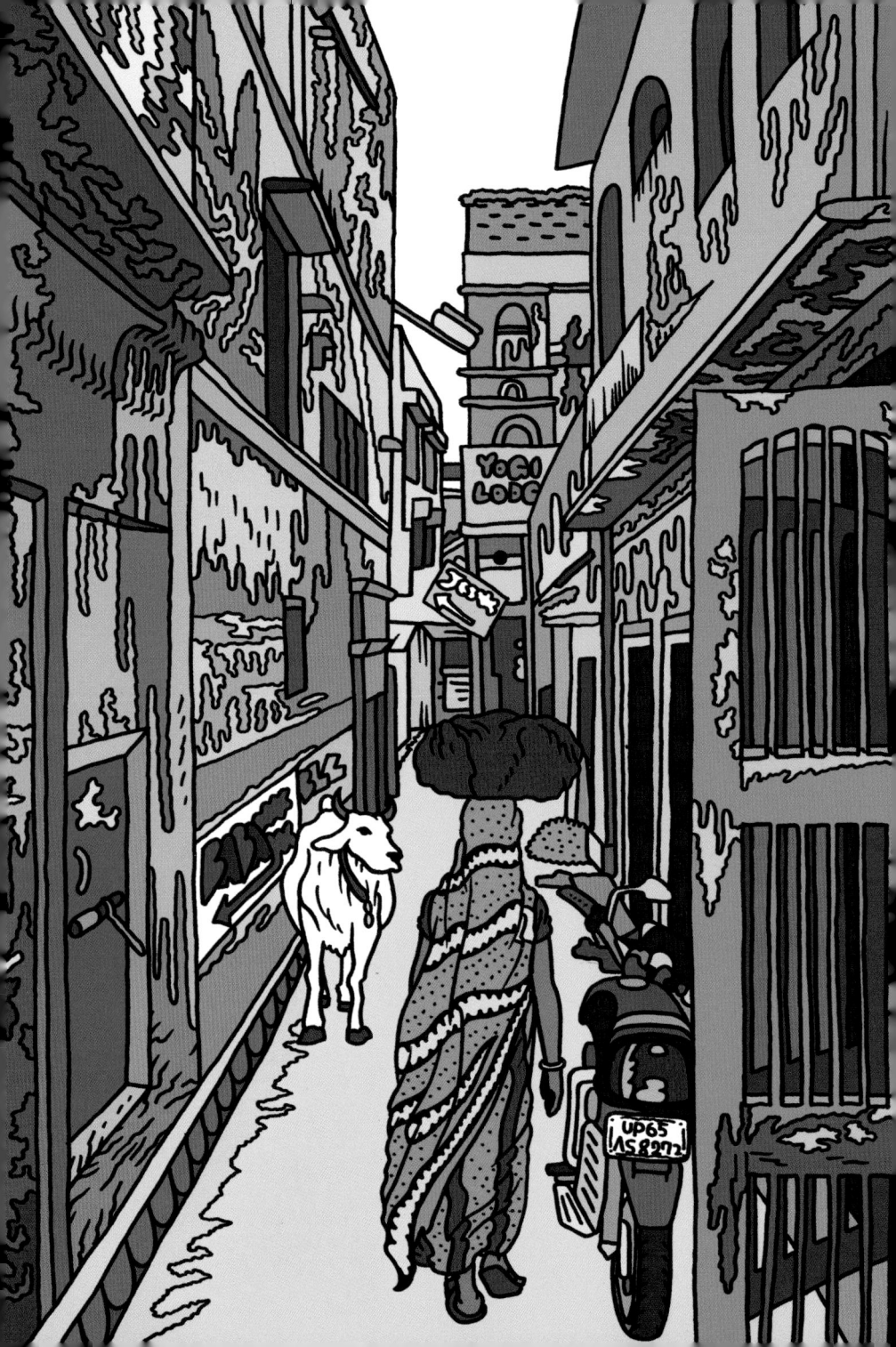

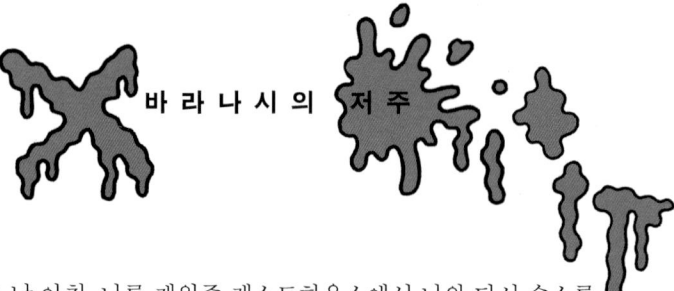

바 라 나 시 의 저 주

다음 날 아침, 나를 재워준 게스트하우스에서 나와 다시 숙소를 잡으러 길을 나섰다. 순간 머리가 핑 돌았다. 매우 더운 날씨임에도 불구하고 순간적으로 한기가 돌아 닭살이 돋았다. 씩씩하게 메고 다니던 7kg짜리 배낭은 갑자기 70kg라도 된 듯 내 몸을 짓누르기 시작했다.

인도의 나쁜 신이 내 머리 위에 올라앉아 긴 침으로 뒷덜미를 쿡쿡 찌르는 듯했다. 아픈 몸을 이끌고 겨우 숙소에 들어가 짐을 풀어놓았을 땐, 설상가상으로 거기에 복통까지 함께했다. 다이내믹하게도 구토와 설사를 한꺼번에 하게 되는, 굉장히 심각한 상태였다. 눈앞의 모습들이 마치 왕가위 영화의 카메라워킹처럼 느릿느릿하고 부유하게 움직였으며 속이 울렁거려 미칠 노릇이었다. 원인은 어제저녁으로 먹었던 라즈다니 기내식 때문이었다.

'이런 망할! 바라나시와의 재회가 또다시 이런 식이라니!'

평소 건강하던 사람들 중 바라나시에만 오면 몸이 약해지면서 행동이 좀비처럼 느릿느릿해진다는 사람들이 있다는 얘기가 생각났다. 나는 이것을 '바라나시의 저주'라고 부른다.

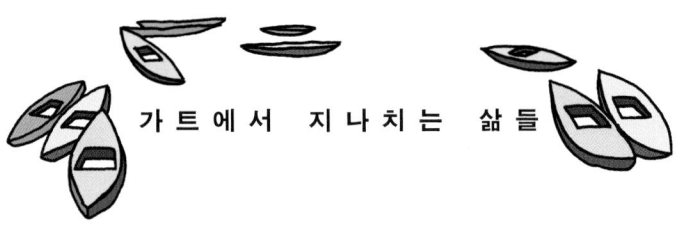

가트에서 지나치는 삶들

쉽게 끝나지 않는 물갈이와 급체 그리고 고열로 인한 몸살감기까지 고통의 3연타로 고생했던 지옥 같던 밤을 보내고 나서야 내 몸은 조금씩 정상으로 돌아오는 듯한 느낌이었다. 하지만 바라나시에 올 때마다 계속 느껴지는 찌뿌둥함과 몸이 땅으로 꺼지는 듯한 무거운 느낌은 지울 수 없었다. 바라나시는 위생이 안 좋기로 소문이 난 곳이라 음식으로 탈이 나면 여행의 마지막을 망칠 것이므로 나는 더욱 조심하기로 마음먹었다.

정신을 차리고 가트에 가보니 겨울에 바라나시를 방문했을 때와는 달리 몬순 시즌 때문에 강물이 꽤나 차오른 상태였다. 예전처럼 가트 하단 쪽에 앉아 하염없이 갠지스 강을 바라보며 음악을 듣는, 그런 감상적인 행위는 할 수가 없게 되었다. 아쉬운 대로 물이 잠기지 않은 '아시가트' 상단 쪽에서 화장터가 있는 마니카르니카 가트까지. 끝과 끝을 걷다 보면 정말 많은 삶의 행위들을 지나치게 된다. 깨달음을 얻고자 고행중인 수도자들과 강물 안에서 신에게 기도하는 사람들, 불타는 시체들, 기분 나쁘게 생긴 염소, 서로 언성을 높이며 싸우는 릭샤왈라들 그리고 내 속까지 뚫어볼 것만 같은 맑은 눈동자를 가진 아기까지.

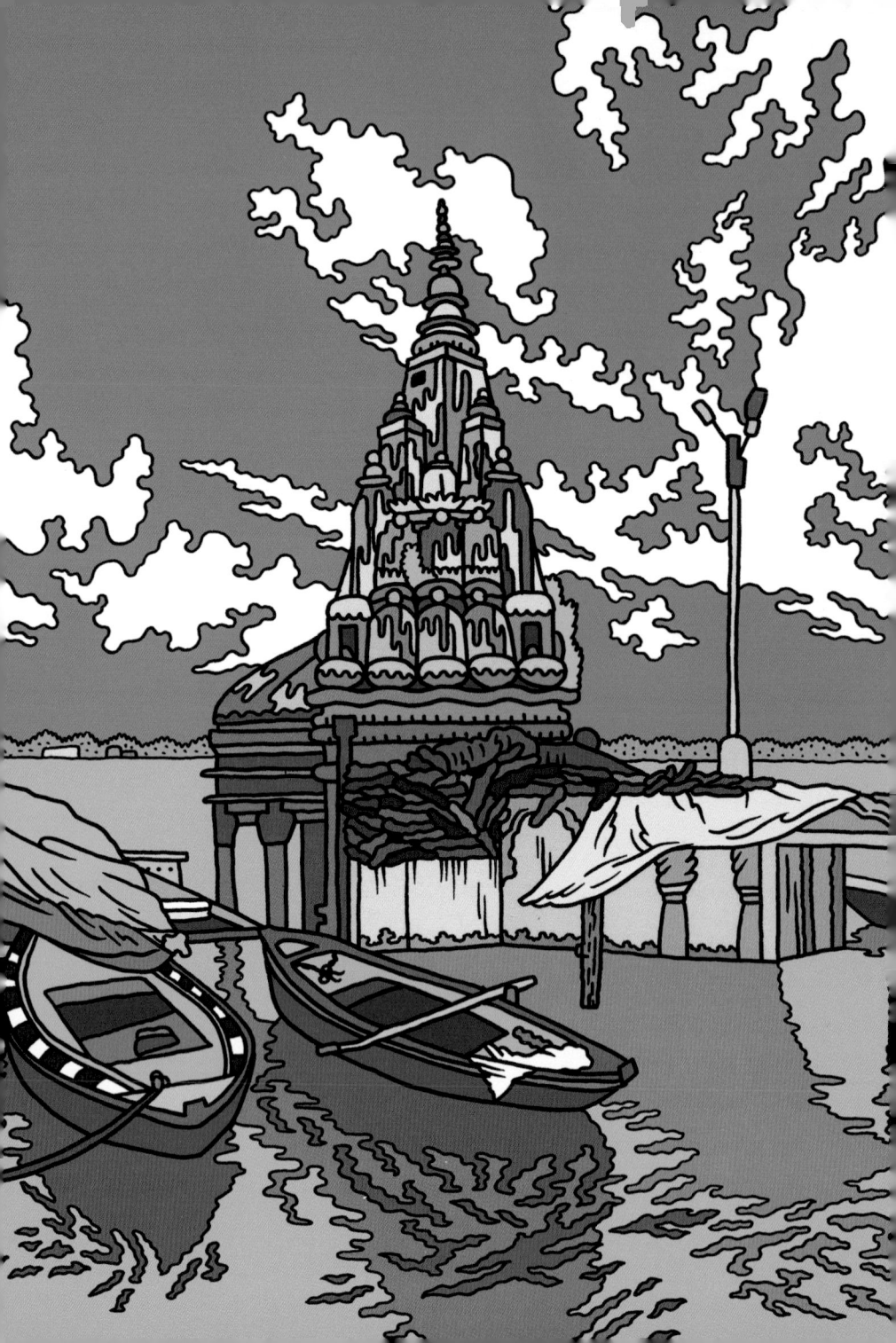

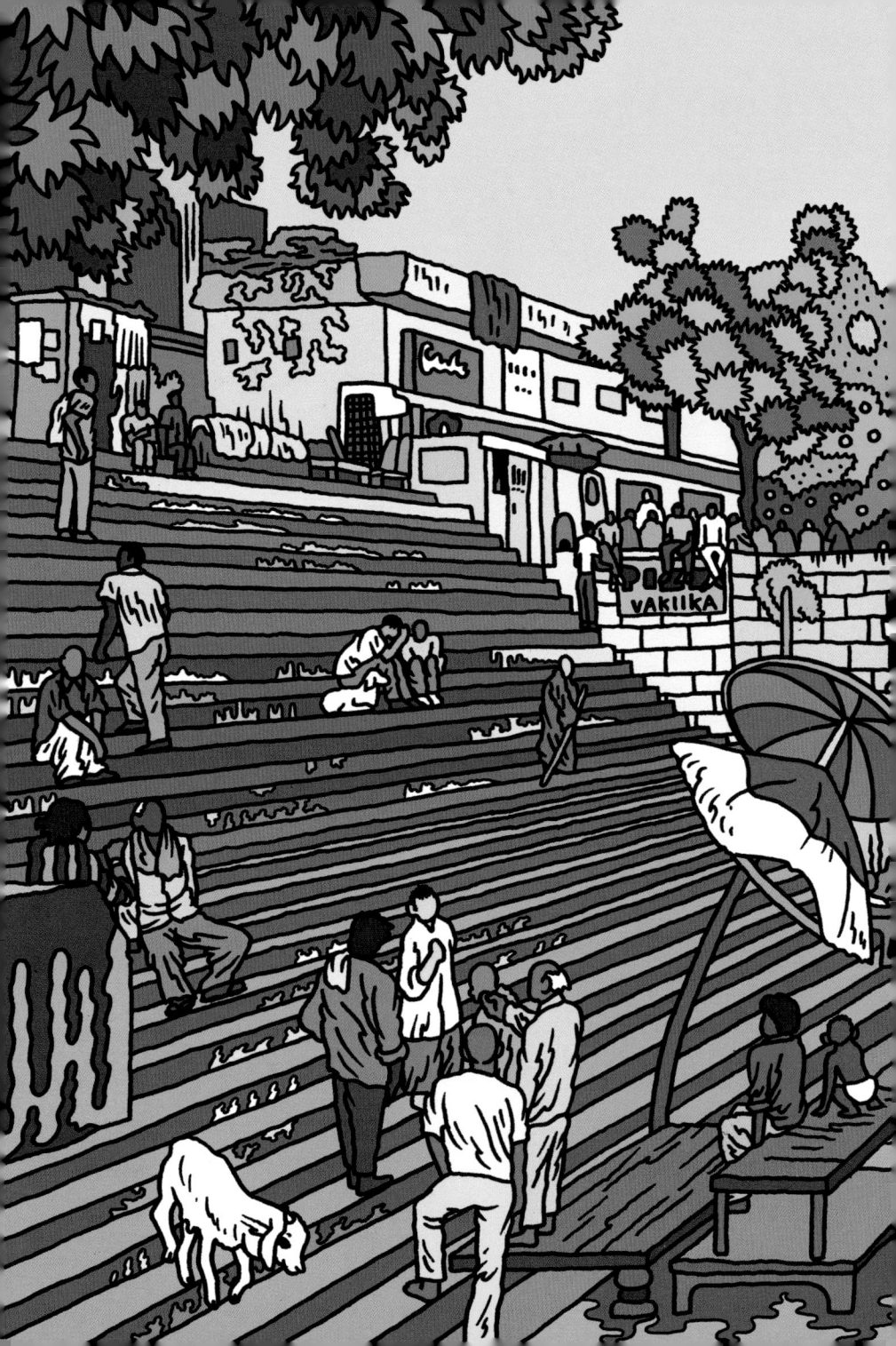

역시나 여전했다.
2년이라는 짧은 시간에서도
많은 것들이 변했지만 본질은 변하지 않았기에
바라나시는 여전한 것이다.

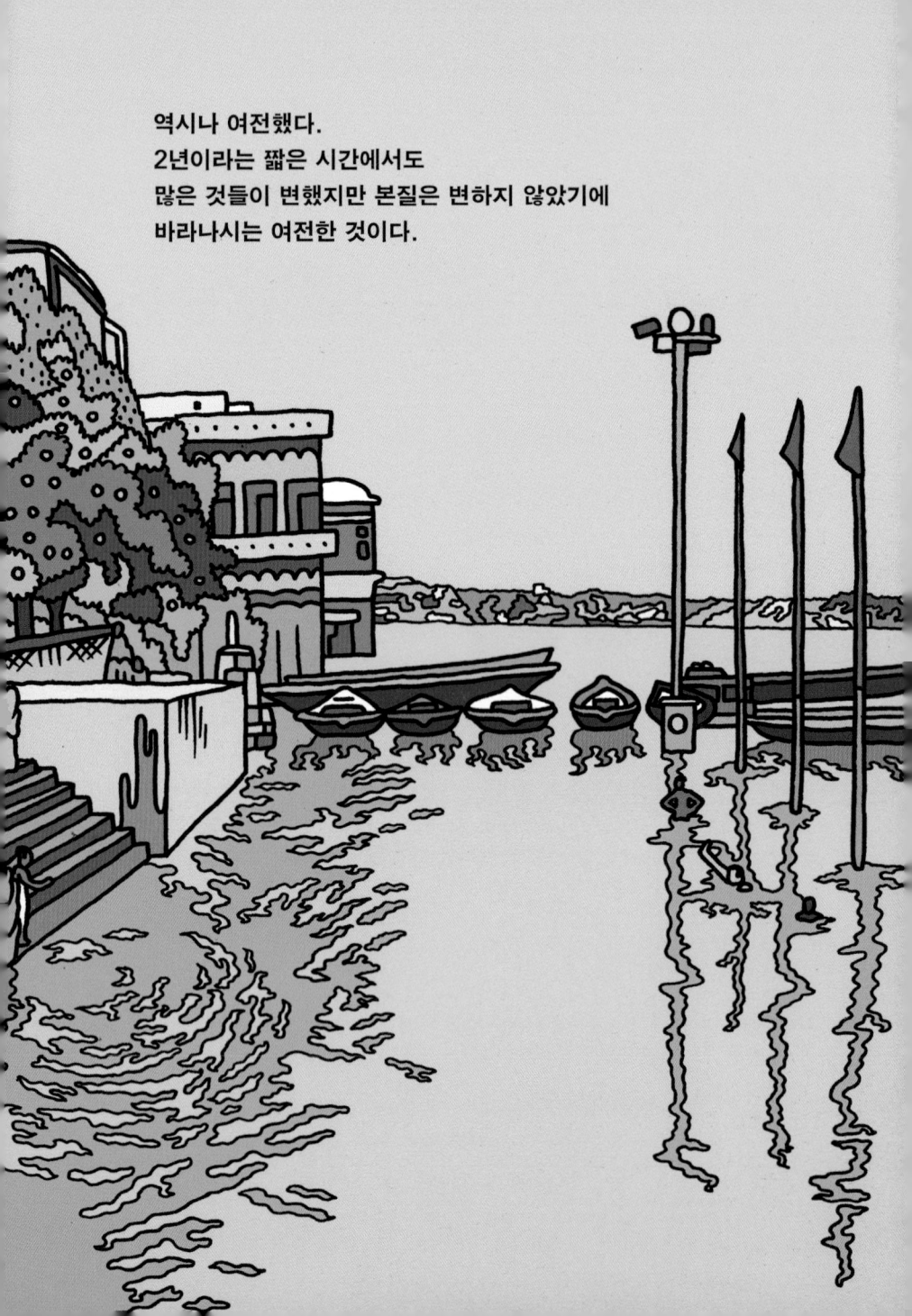

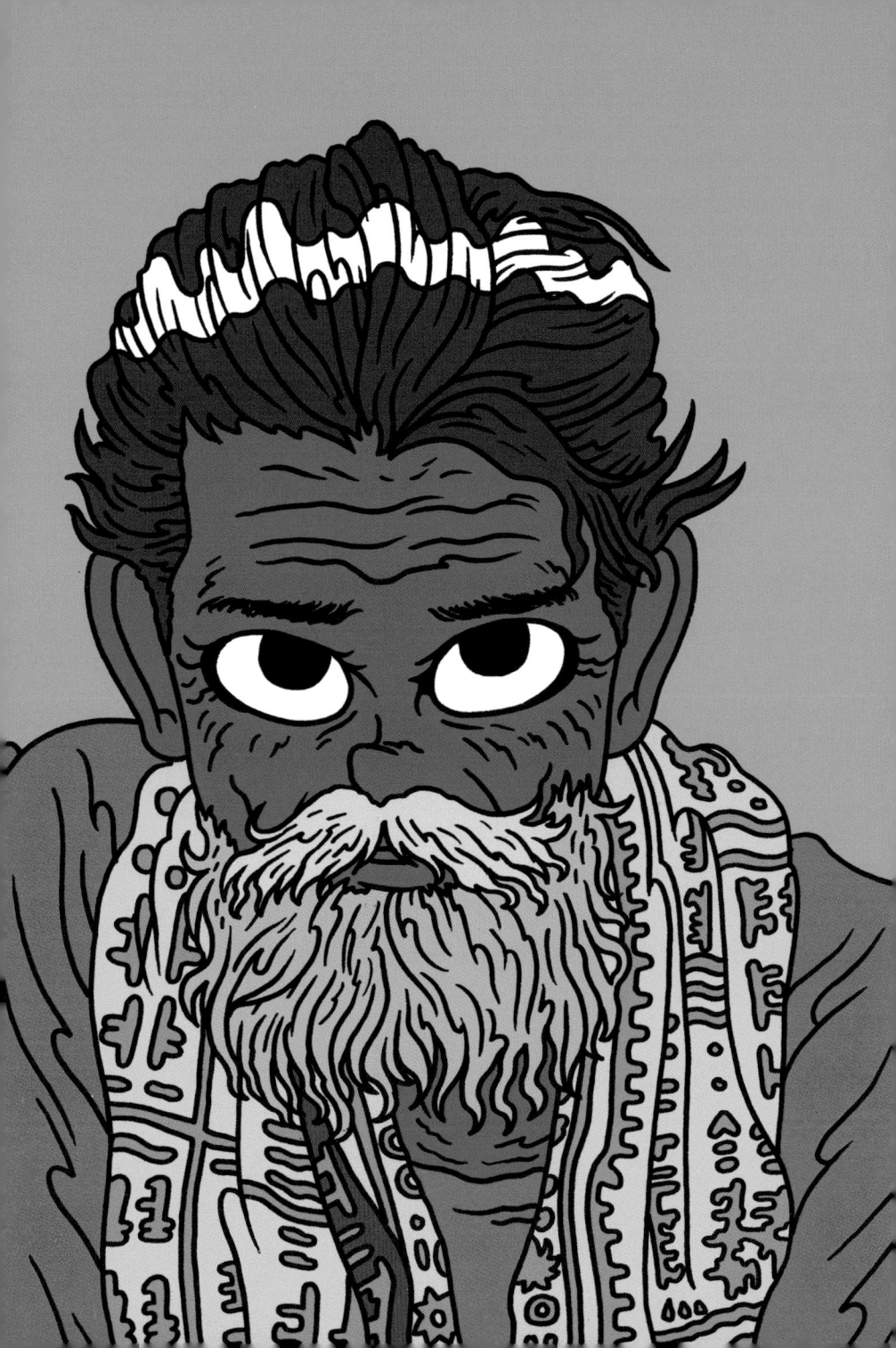

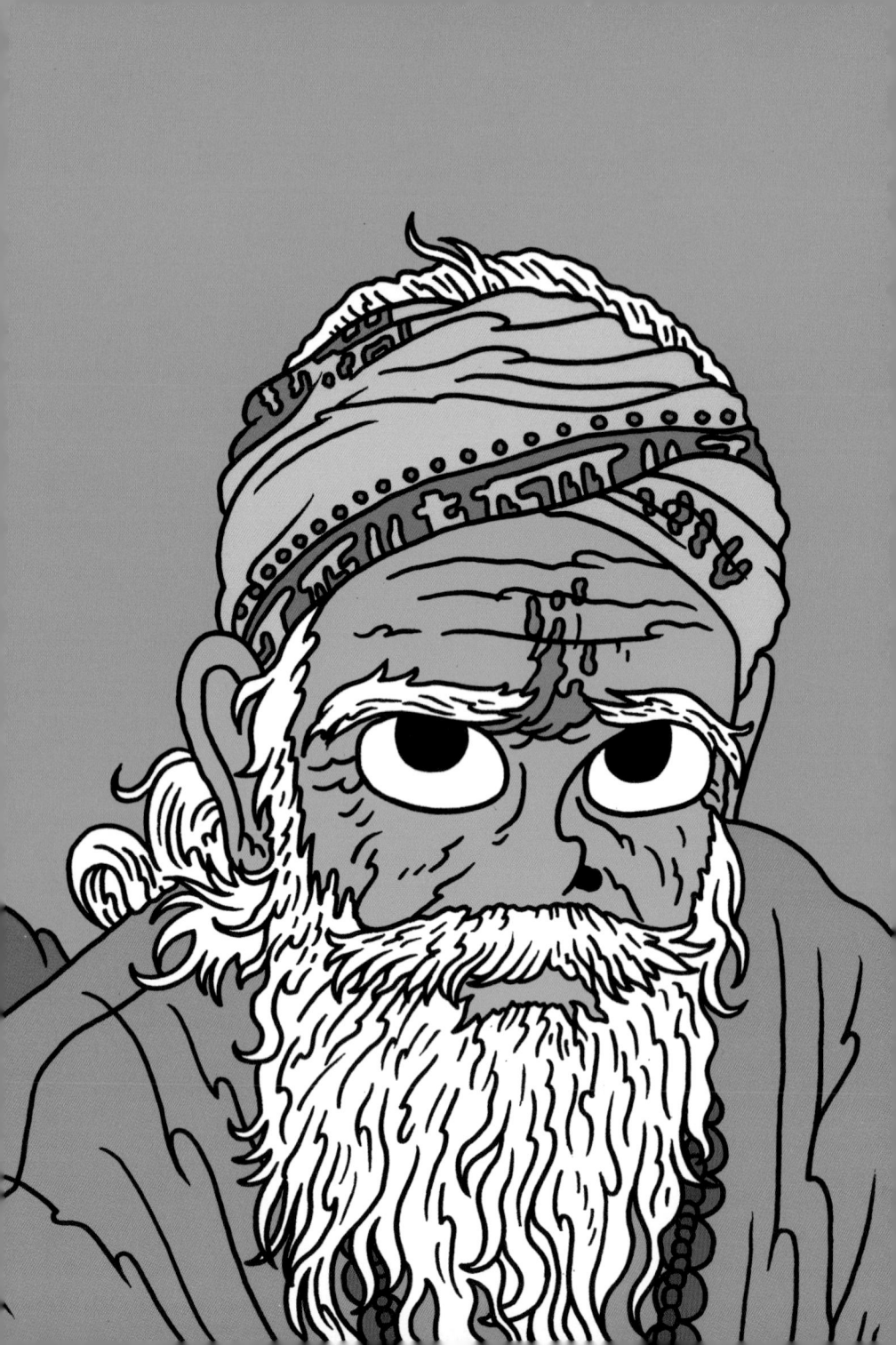

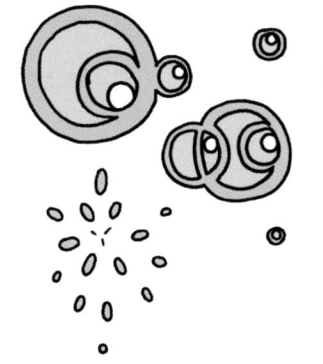
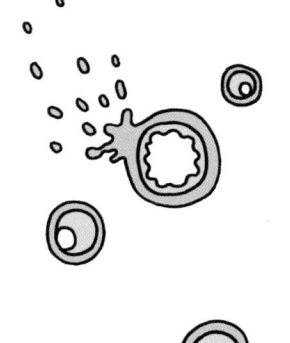

추 억

숙소로 돌아와 체크아웃을 한 뒤 게스트하우스들이 밀집되어 있는 바라나시 뱅갈리토라 골목을 돌아다니다 2년 전에 바라나시를 방문했을 때 묵었던 숙소로 방을 옮겼다. 고마운 것은 그때나 지금이나 방세가 똑같았다. 게다가 더욱 반가운 것은 숙소의 주인과 조카 녀석이 용케도 나를 기억한다는 것이었다. 로비에는 그동안 다녀간 여행자들의 흔적이 남겨진 방명록이 수북이 쌓여 있었다. 심심했던 나는 방명록을 보면서 나와는 다른 여행자들의 생각과 여행 과정에 빠져들었다. 두어 시간 동안 수백 명의 글을 보다가 눈에 익은 글씨를 발견했다. 2년 전에 내가 남겼던 흔적이었다. 악필에 지금보다도 더 서툰 글 솜씨였다. 그때의 나는 심리적으로 무척 방황하고 있어서 마치 바다 위를 표류하는 난파선 같았다. 인도에 처음 와서 많은 일들을 경험한 뒤 바라나시를 거쳐 히말라야를 보기 위해 홀로 다르질링으로의 기차를 기다리던 불안해 보이는 내 모습, 그림에 대한 의욕을 잃어버렸던 시절의 측은한 내 모습이 떠올랐다. 그러나 이젠 그림을 그리고 있고, 이렇게 다시 인도를 찾았으니 너무 다행이라고 생각되었다. 지나간 일은 다 그 나름대로 의미가 있는 일이다.

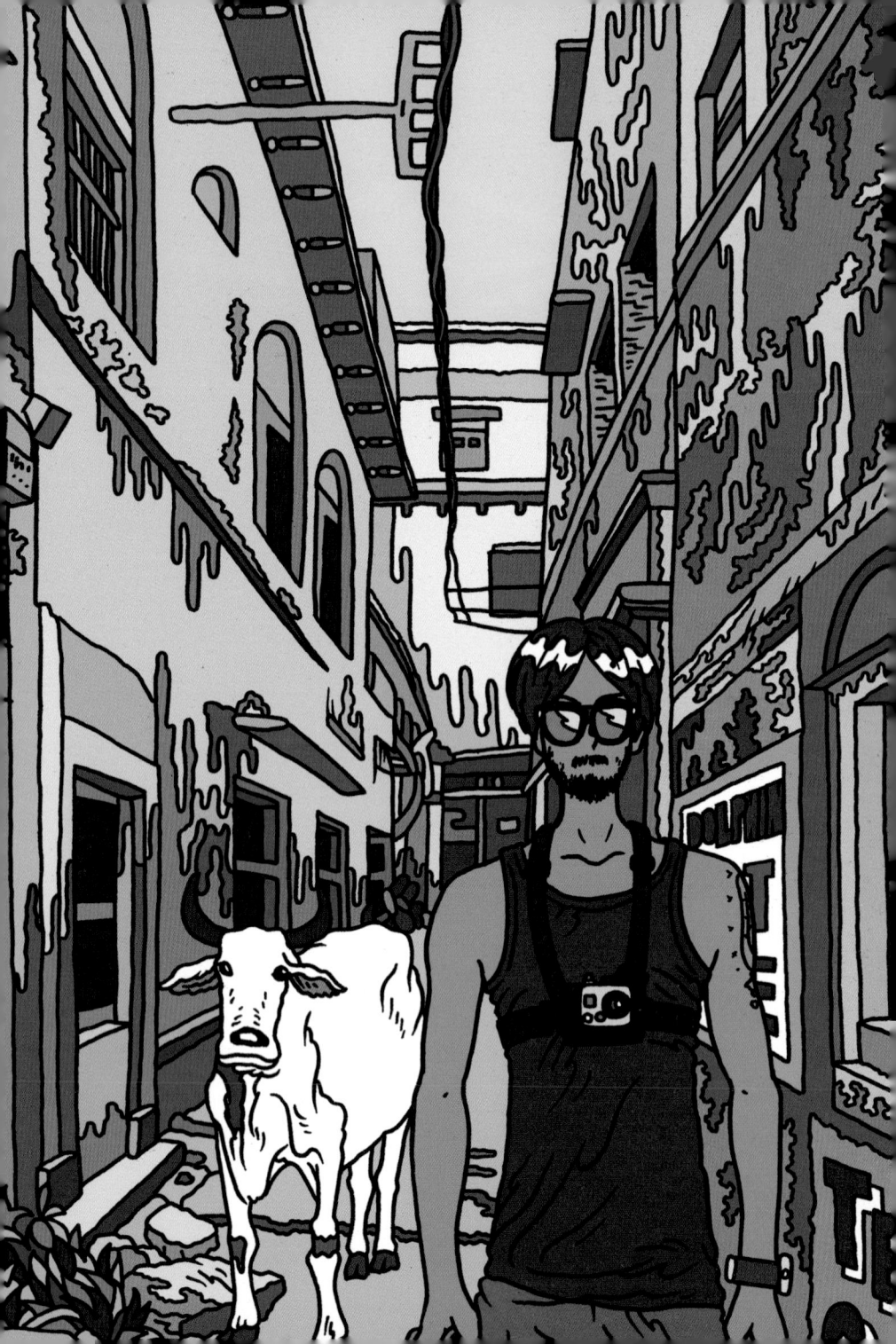

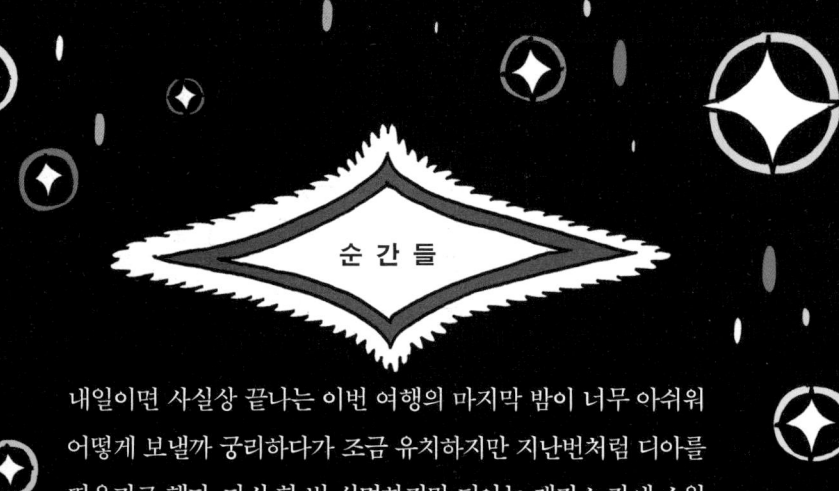

순 간 들

내일이면 사실상 끝나는 이번 여행의 마지막 밤이 너무 아쉬워 어떻게 보낼까 궁리하다가 조금 유치하지만 지난번처럼 디아를 띄우기로 했다. 다시 한 번 설명하지만 디아는 갠지스 강에 소원을 빌며 띄우는 꽃초이다. 하지만 이런 작은 의식마저도 쉽지 않은 곳이 인도다. 일단 디아 장수가 200루피라는 말도 안 되는 금액을 요구한 것에서부터, 디아를 사고 난 후엔, 가짜 수도승이 다가와 내 손을 잡으며 기도를 해준답시곤 100루피를 요구해왔었다. 하지만 이쯤이면 인도 물가가 익숙해진 터라, 초는 10루피에 구입을 했고 가짜 수도승에겐 100루피 대신 가운뎃손가락을 추켜올려 선물로 주었다. 참, 소원 하나 비는 것도 쉽지가 않다.

웃기는 것은, 2년 전에도 그랬고 지금도 내가 이런 초를 사서 강에 띄우며 너무도 진지하게 소원을 빌었다는 사실이다. 이상하게도 종교가 없는 내가 바라나시에 오면 이런 것을 하게 된다. 그리고 로또를 하기 전 고민하듯이, 강물에 디아를 띄우기 전 오랜 시간 동안 어떤 소원을 빌지 꽤나 진지하게 고민도 해본다. 어두운 갠지스 강을 밝히는 디아를 보며 그동안 여행했던 모든 순간들이 주마등처럼 내 머리를 스쳐갔다.

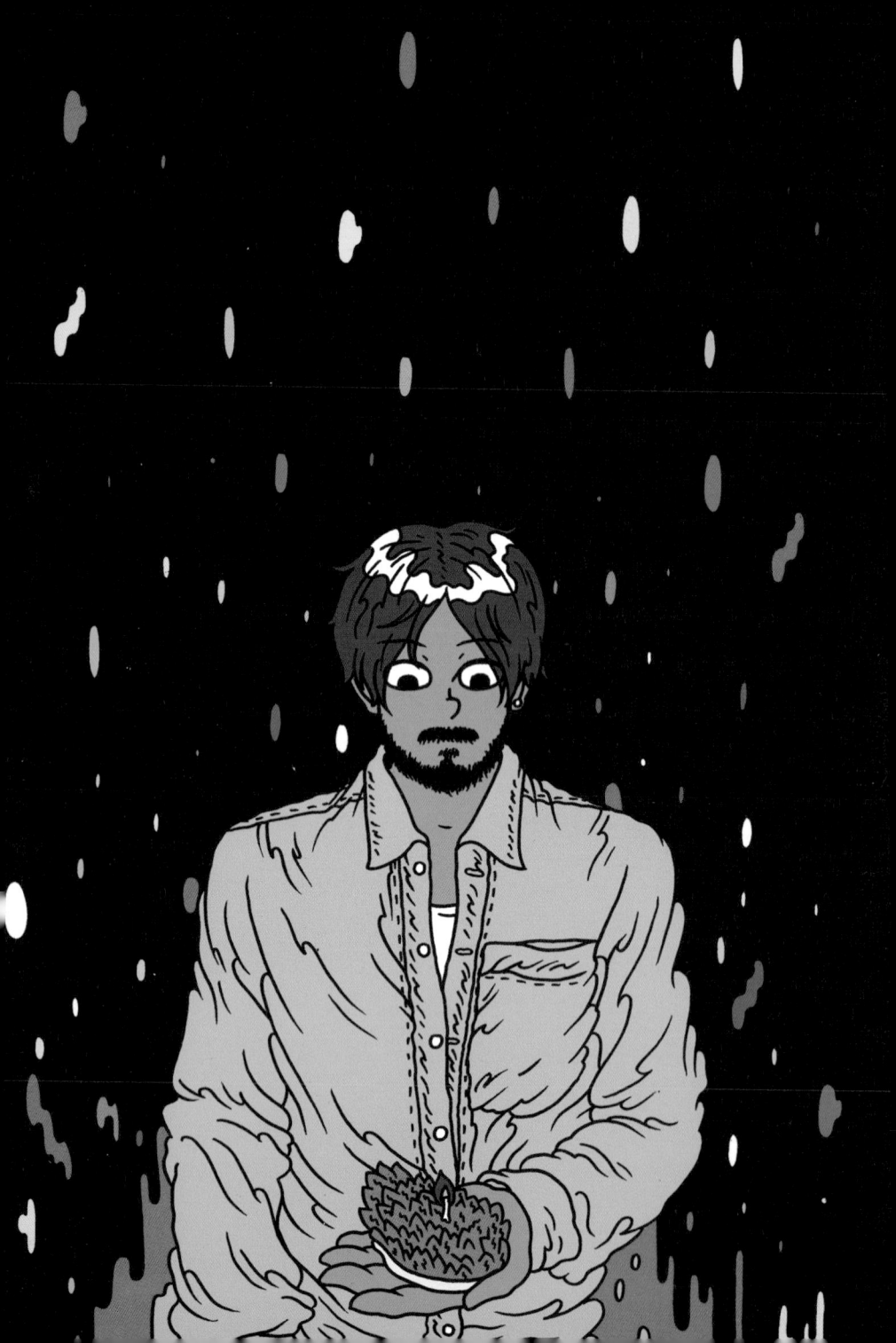

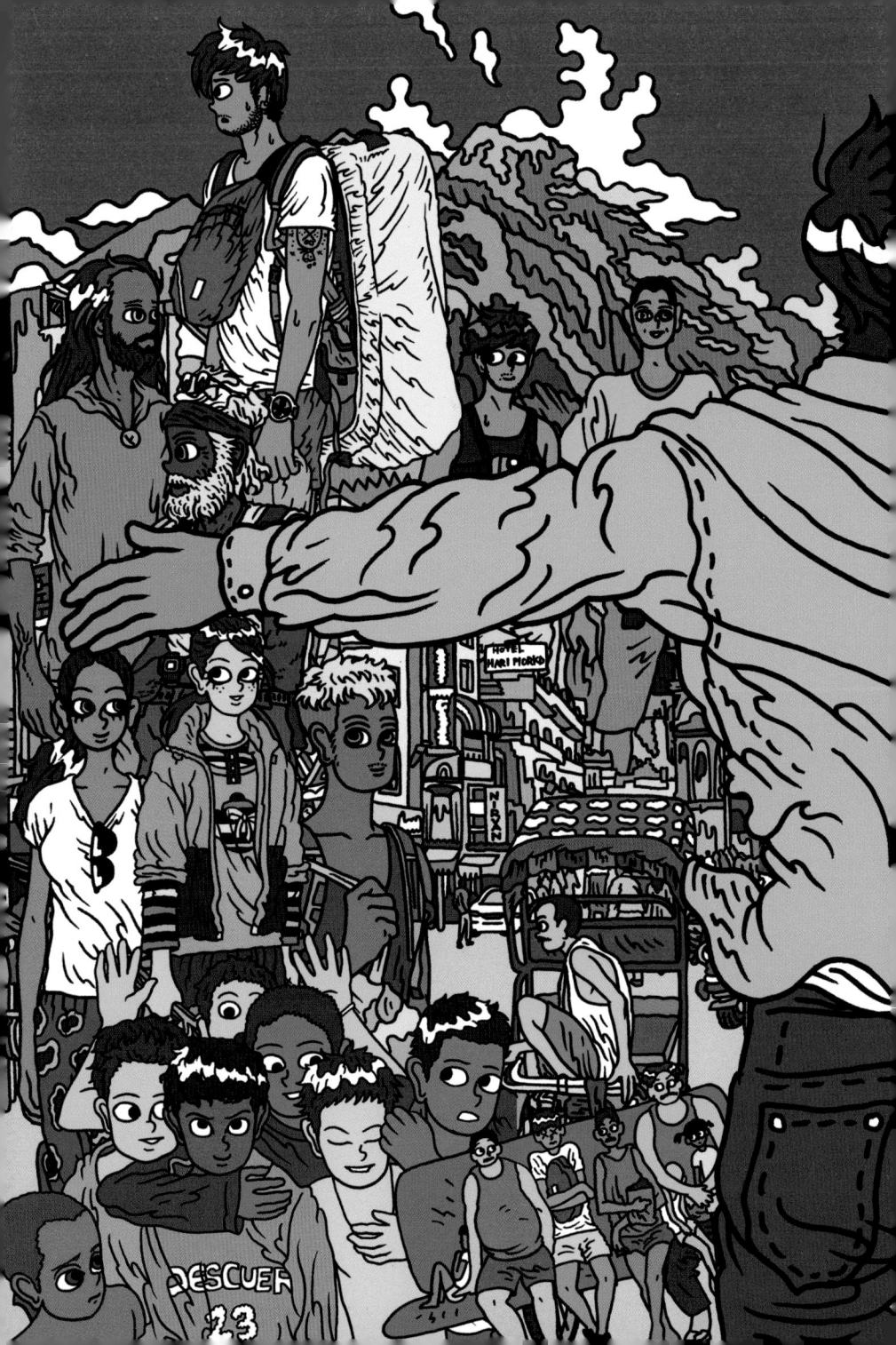

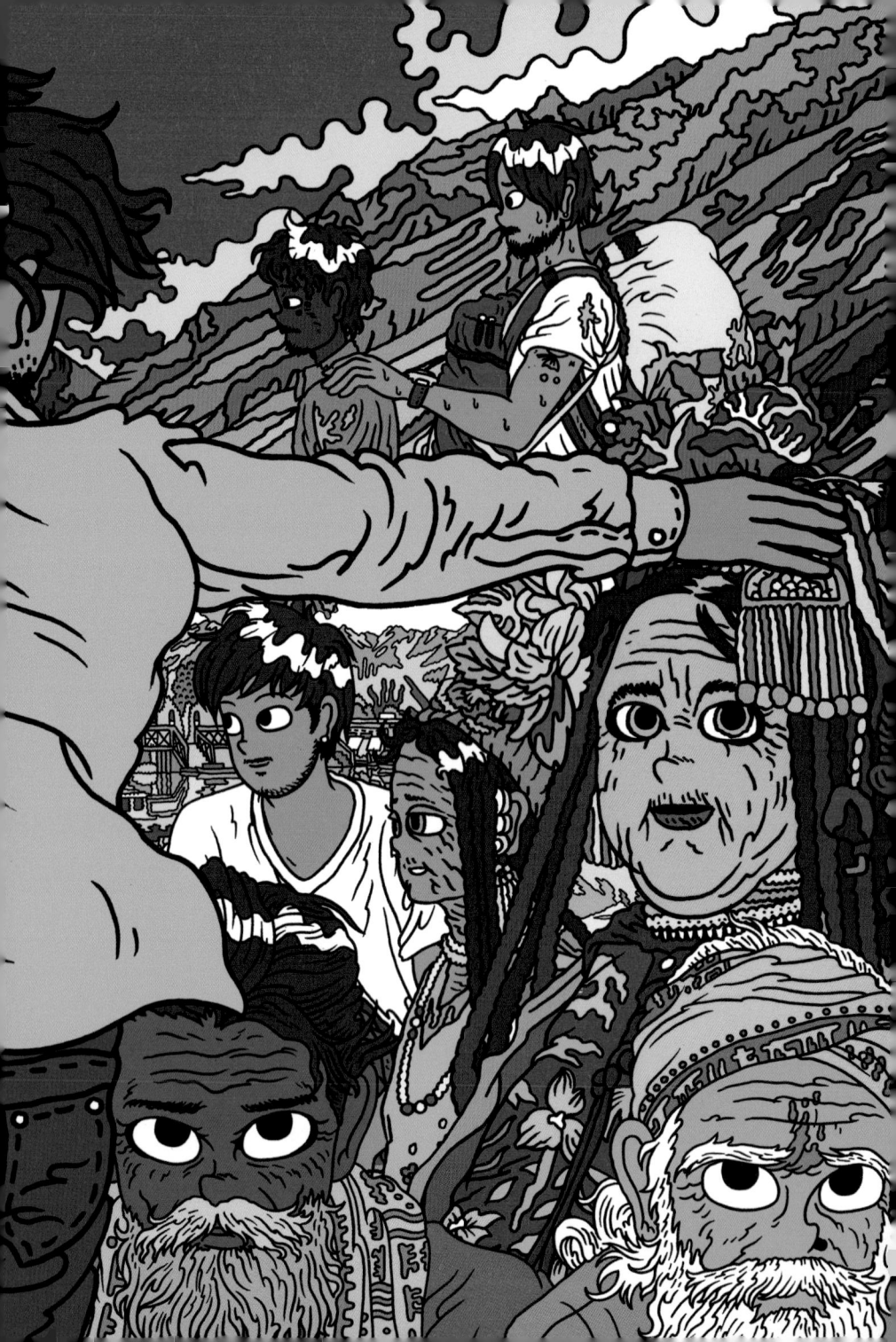

꿈만 같았던 또 한 번의 인도 여행이 끝났다. 집으로 돌아가면 지난번처럼 다시 오고 싶을 정도로 인도가 그리워질까? 과연 나는 언제쯤 또 훌훌 털어버리고 여행을 떠날 수 있을까?

24살, 방황하던 시절에 무작정 떠났던 첫 번째 여행은 내 20대 청춘의 전반을 지배했다. 그리고 이 두 번째 여행이 나를 크게 변화시켰다고 단언할 순 없다. 하지만 한 가지 분명한 것은 내가 전과는 달라졌다는 느낌이다.

넓은 세상과 부딪치며 나 자신을 발견하게 되었고, 내가 만든 틀 안에서 벗어나 자유로움을 느끼게 되었다. 집요하게 나를 괴롭히던 압박감을 떨쳐내고 세상을 관망하는 여유를 갖게 해주었다. 또한 여행에서 만난 자연의 무한한 생명력과 멋진 색(色)은 내 안에 웅크리고 있던 열정을 흔들어 깨워주었다. 그리고 내가 진정으로 하고 싶은 일이 무엇인지 깨닫게 해주었다.

여행 중 그린 그림들은 방황의 끝에서 그린 청춘의 아름다운 이야기였다.

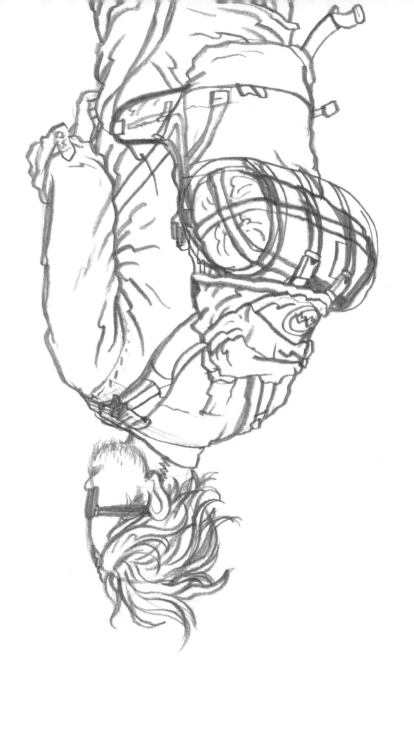

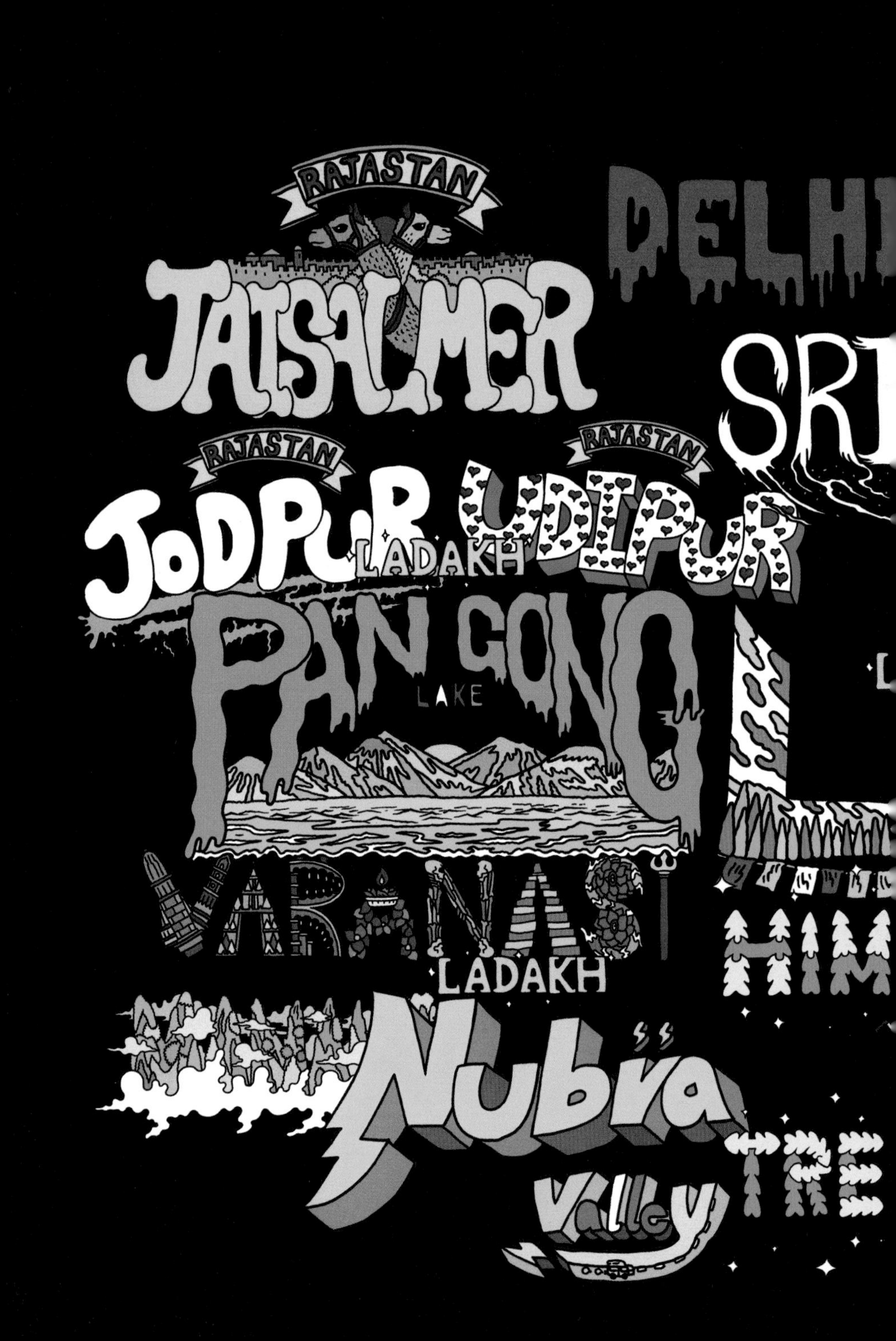
RAJASTAN
DELHI
JAISALMER
SRI
RAJASTAN
RAJASTAN
JODPUR
LADAKH
UDIPUR
PAN GONG
LAKE
VARANASI
LADAKH
HIM
Nubra
Valley
TRE

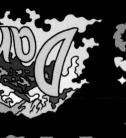
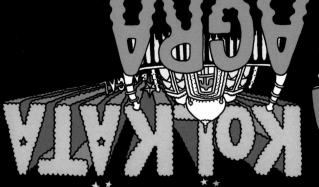

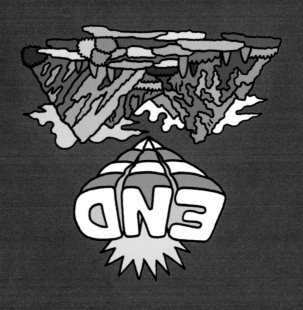